UMA JORNADA DE AUTODESCOBERTA

IAN MORGAN CRON
SUZANNE STABILE

UMA JORNADA DE AUTODESCOBERTA

O QUE O ENEAGRAMA REVELA SOBRE VOCÊ

Traduzido por CECÍLIA ELLER NASCIMENTO

mundocristão
São Paulo

CIP-Brasil. Catalogação na Publicação
Sindicato Nacional dos Editores de Livros, RJ

C957j

    Cron, Ian Morgan
    Uma jornada de autodescoberta: o que o eneagrama revela sobre você / Ian Morgan Cron, Suzanne Stabile; tradução Cecília Eller. - 1. ed. - São Paulo: Mundo Cristão, 2018.
    272 p. ; 21 cm.

    Tradução de: The road back to you : an enneagram journey to self-discovery
    ISBN 978-85-433-0279-9

    1. Personalidade - Aspectos religiosos - Cristianismo. 2. Tipologia - Aspectos religiosos - Cristianismo. 3. Eneagrama. I. Stabile, Suzanne. II. Eller, Cecília. III. Título.

17-46282

                            CDD: 248.4
                            CDU: 27-584

Categoria: Autoajuda

Publicado no Brasil com todos os direitos reservados por:
Editora Mundo Cristão
Rua Antônio Carlos Tacconi, 69, São Paulo, SP, Brasil, CEP 04810-020
Telefone: (11) 2127-4147
www.mundocristao.com.br

1ª edição: março de 2018
Impressão digital sob demanda

*Concede, Senhor, que eu me conheça
para que possa conhecer a ti.*

AGOSTINHO

Ian

Para Anne, Cailey, Aidan, Maddie e Paul, com amor.
E para Wendell e Ella, meus queridos companheirinhos.

Suzanne

Para Giuseppe, meu amor.
E para Joey, Jenny, Joel e BJ, nossa esperança.

Sumário

Agradecimentos

Ian Morgan Cron

Deixo registrado meu grato apreço por minha agente literária, Kathy Helmers, e minhas editoras, Jana Riess e Allison Rieck, por demonstrarem coragem mesmo em meio ao fogo; Jim e Solveig Chaffee e Chaffee Management, Mike e Gail Hyatt, pela amizade e hospitalidade; Karen e Steve Anderson, por seu amor e pela bela Cottage on Main em Franklin, Tennessee; Joe Stabile, Michael e Julianne Cusick, bispo Ian Douglas, Don Chaffer, Anthony Skinner, Chris e Laurel Scarlata, Melissa Greene, Chuch Royce, Rob Mather, Shauna e Aaron Niequist, Laura Addis, Josh Graves, Hunter Mobley, Steve e Debbie Taylor, Jenny e Sam Owen, Paul e Lisa Michalski, Jim Lemler e minha família da Christ Church Greenwich, Jeff Crosby, Cindy Bunch e todas as pessoas queridas da InterVarsity Press, além de todos aqueles que compartilharam suas histórias comigo, para que eu pudesse partilhá-las com vocês.

Suzanne Stabile

Acima de tudo, gostaria de agradecer a meu marido, Joe Stabile. Seu compromisso infindável comigo e com nosso casamento é, ao mesmo tempo, enobrecedor e desafiador, já que ele insiste que dediquemos a vida à edificação do reino. Nossos filhos, genros e

netos são a motivação para querer fazer minha parte para trans-
formar o mundo em um lugar melhor, e sou grata por todos eles.
Obrigada Joey e Billy, Will, Sam, Jenny e Cory, Noah, Elle, Piper;
Joel, Joley; e B. J. e Devon por tanto que nem consigo expressar!

Padre Richard Rohr me convidou para o estudo desta antiga sabedoria; portanto, tudo o que meu ensino se tornou reme-
te facilmente a ele. Não há palavras adequadas para agradecer às
milhares de pessoas que compartilharam finais de semana e histórias comigo ao longo dos últimos 25 anos. É por causa delas que
as informações que coletei sobre o Eneagrama se transformaram
em sabedoria.

Nunca me imaginei sendo coautora de um livro como este,
mas Ian Cron imaginou, e por isso sou grata. O respeito que ele demonstra por meu trabalho com o Eneagrama e seu modo de abrir
espaço para mim neste projeto me deram nova energia para os desafios que ainda estão por vir. Sheryl Fullerton, obrigada por ser minha agente literária e, muito mais do que isso, por ser minha amiga.
Agradeço a Kathy Helmers por nos representar junto à InterVarsity
Press. Expresso gratidão especial por nossa editora, Cindy Bunch,
por Jeff Crosby, Andrew Bronson e todos da editora que nos ajudaram a encontrar nosso caminho como coautores e me auxiliaram a
achar meu lugar como novata no mundo das publicações.

Há tantas pessoas que dedicam tempo e energia ao trabalho
no ministério Life in the Trinity. Carolyn Teel, minha melhor amiga há 46 anos; Mike George, o melhor amigo de Joe há 52 anos,
e sua esposa, Patsy. Ann Leick, a Community of Life dentro do
ministério Trinity, Cindy Short, B. C. e Karen Hosch, Dr. John e
Stephanie Burk, Tanya Dohoney, John Brimm, Tom Hoekstra, Jane
Henry e Luci Neuman, que sonharam com um futuro para nosso
ministério que dificilmente poderíamos imaginar. Dr. Shirley Cor-
bitt e Marge Buchanan, obrigada por me apoiarem ao longo de toda
a minha vida adulta. Meredith Inman, Laura Addis e Jim Chaffee,
obrigada por todo o trabalho que fazem por mim; e Dr. Bob Hughes,
obrigada por insistir que eu acredite que sou querida.

Sou e tenho sido bem amada por muitas pessoas que me incentivam a viver da melhor maneira e a fazer o que é meu papel em relação ao ensino do Eneagrama. Agradeço demais a cada um de vocês.

Por fim, agradeço ao restaurante P. F. Chang's. Quando Ian me ligou e sugeriu que escrevêssemos este livro, precisei de alguns dias para buscar discernimento e orar antes de lhe dar uma resposta. Durante esse tempo, certa vez Joe e eu jantamos no Chang's em Dallas. Meu biscoito da sorte continha esta mensagem: *"Você ama livros. Um dia, deveria escrever um".*

Com respeito e gratidão, queremos reconhecer e expressar nosso agradecimento a estes grandes mestres que abriram o caminho para que nós e tantos outros estudássemos o Eneagrama. Temos para com eles uma enorme dívida de gratidão por todas as maneiras pelas quais suas reflexões auxiliaram nossa obra.

Richard Rohr, franciscano
Claudio Naranjo
Renee Baron
Andreas Ebert
Don Riso
Russ Hudson
Helen Palmer
David Daniels
Virginia Price
Beatrice Chestnut
Kathleen Hurley
Theodore Donson
Elizabeth Wagele
Thomas Condon

Susan Reynolds
Sandra Maitri
Lynette Sheppard
Suzanne Zuercher, beneditina
Clarence Thomson
Margaret Keyes
Roxanne Howe-Murphy

1

Uma teoria curiosa de origem desconhecida

Certa manhã de sábado, meu celular tocou às sete da manhã. Só uma pessoa no mundo ousa me ligar a essa hora.

— É o meu caçula Ian? — perguntou minha mãe, fingindo não ter certeza de ter ligado para o número correto.

— Sim, sou eu — respondi, continuando a brincadeira.

— Em que você está trabalhando? — ela indagou.

Naquele momento, não estava trabalhando em nada. Eu estava em pé, de samba-canção, na cozinha, sem saber por que a Nespresso não parava de fazer barulho. Imaginei como seria triste se aquela conversa com minha mãe no início da manhã terminasse por causa de algum problema na cafeteira, o que me deixaria sem minha primeira xícara do dia.

— Estou pensando em escrever uma cartilha sobre o Eneagrama — eu disse, enquanto observava satisfeito um jato negro de amor em forma de cafeína encher a caneca.

— Sobre o sonograma? — ela disparou de volta.

— Não, eu falei...

— O anagrama? — ela completou, mandando um segundo gracejo antes que eu conseguisse detê-la.

— Eneagrama. *Eneagrama!* — repeti.

— Quem é essa "Anny", a grama?

Minha mãe tem 82 anos. Ao longo de 67 deles, ela fumou, conseguiu se esquivar de fazer exercícios e comeu *bacon* com a maior impunidade. Nunca precisou de óculos, nem de aparelho auditivo. É de uma esperteza e de uma vivacidade mental que fariam você pensar que nicotina e sedentarismo são os segredos para uma vida longa e feliz. Ela havia entendido o que eu dissera desde a primeira vez.

Ri e continuei, dando um dos meus discursos de elevador sobre o Eneagrama:

— Eneagrama é um antigo sistema de classificação da personalidade em tipos. Ele ajuda as pessoas a entenderem quem são e o que as impulsiona.

Seguiu-se um longo silêncio, completamente desconfortável, do outro lado da linha. Senti como se tivesse sido enviado de repente para dentro de um buraco negro em uma galáxia distante.

— Esqueça o angiograma. Escreva um livro sobre ir para o céu e voltar — disse ela. — Esses autores ganham dinheiro.

Estremeci.

— Mas eles também precisam morrer primeiro.

— É só um detalhe — ela murmurou. E demos risada.

A reação indiferente de minha mãe à ideia de escrever um livro sobre o Eneagrama me fez dar um tempo. Eu também tinha minhas próprias reservas em relação ao projeto.

Quando minha avó não sabia ao certo o que achar de algo, ela dizia que era "original". Suspeito que ela descreveria o Eneagrama desse jeito. Ninguém sabe ao certo quando ou onde essa ideia de mapa da personalidade humana ocorreu pela primeira vez; também não se sabe quem foi o primeiro a pensar nisso. Fica claro que se trata de uma obra em andamento há muito tempo. Alguns remontam sua origem a um monge cristão chamado Evágrio Pôntico, cujos ensinos formaram a base do que mais tarde ficou conhecido como os sete pecados capitais, e aos pais e mães do deserto do quarto século, que usavam o Eneagrama para aconselhamento espiritual. Alguns dizem que elementos do Eneagrama também aparecem em outras religiões, inclusive no sufismo (tradição mística do Islã) e no judaísmo. No início do século 20, um professor inegavelmente estranho chamado George Gurdjieff usou a antiga forma geométrica de nove lados, ou eneagrama, para ensinar questões exotéricas não relacionadas aos tipos de personalidade. (Eu sei, eu sei, se eu parar por aqui, posso muito bem acrescentar o Harrison Ford e um macaco e criar o pano de fundo para um filme do Indiana Jones. Espere só um pouco, pois a trama vai ficando mais refinada!)

No início da década de 1970, um chileno chamado Oscar Ichazo deparou com o Eneagrama e lhe fez contribuições significativas, assim como um de seus pupilos, o psiquiatra Claudio Naranjo, formado nos Estados Unidos, que desenvolveu o método acrescentando *insights* da psicologia moderna. Naranjo levou o Eneagrama de volta aos Estados Unidos e o apresentou a um pequeno grupo de estudiosos na Califórnia, incluindo um professor e sacerdote católico da ordem jesuíta, o padre Robert Ochs, que atuava no Seminário Loyola e, na ocasião, estava em um período sabático.

Impressionado com o Eneagrama, Ochs voltou para o Loyola, onde o ensinou para seminaristas e clérigos. Logo o modelo se tornou conhecido entre o clero, diretores espirituais, líderes de retiros e leigos como um instrumento útil para a formação espiritual cristã.

Se a origem imprecisa já não fosse o bastante para assustar qualquer um, ainda existe o fato de não haver evidências científicas provando que o Eneagrama seja um padrão confiável para mensurar a personalidade. E daí que milhões de pessoas afirmam que ele seja preciso? O entusiasta ambientalista Timothy Treadwell achava que podia ser amiguinho dos ursos e acabou morto por um deles.

Então, o que me levou a crer que seria uma boa ideia escrever um livro sobre um sistema de classificação da personalidade arcaico, historicamente questionável e sem evidências científicas?

Para responder a essa pergunta, preciso lhe apresentar um monge alto, de óculos, com olhos sábios e sorriso terno chamado irmão Dave.

Por dez anos, fui o pastor fundador de uma igreja em Connecticut. Eu amava as pessoas, mas, por volta do sétimo ano, a frequência média aos domingos era de quinhentos irmãos e eu estava perdendo a energia. Era claro que a igreja precisava de um pastor com dons diferentes, alguém com um tipo mais constante, no controle de tudo, do que um espírito empreendedor, que gosta de correr riscos, como eu. Por três anos, tentei o que pude (menos cirurgia) para me transformar no tipo de líder que achava que a igreja necessitava e queria que eu fosse, mas o projeto já estava fadado ao fracasso desde o início. Quanto mais eu tentava, pior a situação ficava. Dei mais passos em falso do que alguém que corre por um campo minado com sapatos de palhaço. Quando fui embora, muitas confusões, mágoas e incompreensões haviam acontecido. Aquele fim partiu meu coração.

Depois que saí, senti-me desiludido e confuso. Então, um amigo preocupado me incentivou a procurar o irmão Dave, monge beneditino e líder espiritual que já somava setenta e poucos anos de idade.

Na primeira vez em que vi o irmão Dave, com seu hábito preto e sandálias, ele estava em pé no caminho gramado ao fim da estrada do monastério, esperando para me cumprimentar. Tudo nele, desde a forma como usou as duas mãos para segurar a minha até seu modo de sorrir e dizer: "Bem-vindo, viajante, posso lhe fazer um café?", me disse que eu havia chegado ao lugar certo.

Há monges que passam o dia na loja de presentes do mosteiro vendendo velas para votos e queijos caseiros redondos e gigantescos, mas o irmão Dave não é assim. Ele é um líder espiritual que sabe a hora de consolar e a hora de confrontar.

Em nossas primeiras sessões, o irmão Dave me ouviu com paciência enquanto eu contava a ladainha de equívocos e erros que cometera no ministério, os quais, em retrospectiva, me aturdiam. Por que eu dissera e fizera tantas coisas que na ocasião pareceram certas, mas que, quando olho para trás, se mostram claramente uma grande insensatez e, em algumas ocasiões, causaram mágoa a mim e a outras pessoas? Como alguém com tantos pontos cegos pôde receber permissão para dirigir? Eu sentia que era um estranho para mim mesmo.

Em nossa quarta sessão, eu parecia um indivíduo perdido em uma trilha, meio louco, procurando o caminho na floresta, discutindo em voz alta consigo mesmo por que raios ele acabara se perdendo.

— Ian — disse o irmão Dave, interrompendo minha prolixidade —, por que você está aqui?

— Oi? — perguntei, como se alguém tivesse acabado de me dar uns tapinhas no ombro, acordando-me de um devaneio.

Ele sorriu e se inclinou para a frente na cadeira.

— Por que você está aqui?

O irmão Dave tinha o dom de fazer perguntas que, na superfície, pareciam quase insultar de tão simples, até você tentar responder. Olhei para as janelas com estrutura de chumbo dispostas na parede atrás dele. Através delas, contemplei um olmo gigantesco, cujos galhos tinham pontas que se curvavam em direção à terra por causa da força do vento. Esforcei-me para encontrar palavras que expressassem o que eu queria dizer, mas não conseguia. As palavras que me vieram à mente não eram minhas, mas retratavam com perfeição aquilo que eu queria comunicar.

— Não entendo a mim mesmo, pois quero fazer o que é certo, mas não o faço. Em vez disso, faço aquilo que odeio — disse eu, surpreso, pois alguém que tinha dificuldade em lembrar o próprio número de celular conseguia lembrar de cor as palavras de Romanos 7.

— Quero fazer o bem, mas não o faço. Não quero fazer o que é errado, mas, ainda assim, o faço — respondeu o irmão Dave, citando um versículo do mesmo capítulo.

Por um momento, ficamos sentados em silêncio, refletindo nas palavras de Paulo, que giravam e brilhavam no ar ao nosso redor como partículas de pó em um raio de luz do sol.

— Irmão Dave, eu não sei quem sou, nem como me envolvi nessa confusão toda — confessei, finalmente despertando do sonho. — Mas agradeceria muito se você me ajudasse a descobrir.

Ele sorriu e voltou a acomodar as costas na cadeira.

— Ótimo! Agora podemos começar.

Em nosso encontro seguinte, o irmão Dave perguntou:

— Você já ouviu falar do Eneagrama?

— Um pouco — respondi, remexendo-me na cadeira. — Mas é uma história meio maluca.

O irmão Dave demonstrou surpresa e riu enquanto eu lhe contava sobre meu primeiro contato com o Eneagrama, no início da década de 1990, enquanto era estudante de pós-graduação em um seminário conservador. Durante um retiro de fim de semana, deparei com um exemplar do livro do frade Richard Rohr, *O Eneagrama: As nove faces da alma*. Nele, Rohr descreve as características e motivações que impulsionam cada um dos nove tipos básicos de personalidade do Eneagrama. Com base em minha experiência de vida e naquilo que havia aprendido para me tornar conselheiro, as descrições dos tipos feitas por Rohr eram misteriosamente precisas. Eu tinha certeza de que havia encontrado um recurso extraordinário para os cristãos.

Na segunda-feira de manhã, perguntei a um de meus professores se ele já tinha ouvido falar do modelo. Pela expressão no rosto dele, parecia que eu tinha dito *pentagrama*. Ele argumentou que a Bíblia condena encantamentos, feitiçaria, horóscopos e bruxaria — nada disso mencionado por Rohr, pelo que eu me lembrava — e que eu deveria jogar o livro fora imediatamente.

Na época, eu era um evangélico jovem e me impressionava com facilidade. Embora meus instintos dissessem que a reação do professor beirava a paranoia, segui o conselho dele — com exceção da parte de jogar o livro no lixo. Para quem ama livros, esse é o pecado imperdoável que entristece o Espírito Santo. Eu sabia exatamente em que prateleira do meu escritório se encontrava o livro gasto escrito por Rohr.

— Que pena que seu professor o desaconselhou a aprender o Eneagrama — disse o irmão Dave. — Esse modelo está cheio de sabedoria para pessoas que querem deixar de ser um obstáculo para si mesmas e se tornar aquilo para que foram criadas.

— O que quer dizer "deixar de ser um obstáculo para si mesmo"? — perguntei, ciente de quantas vezes quis fazer exatamente isso na vida, sem saber como.

— Isso está ligado ao autoconhecimento. A maioria das pessoas acha que sabe quem é, mas, na verdade, não sabe — explicou o irmão Dave. — Elas não questionam as lentes que usam para enxergar o mundo: de onde vieram essas lentes, como moldaram sua vida ou até mesmo se a visão da realidade que oferecem é distorcida ou verdadeira. E o mais perturbador é que a maioria dos indivíduos não tem consciência de como as coisas que os ajudaram a sobreviver enquanto crianças agora os freiam quando adultos. Estão dormindo.

— Dormindo? — repeti, com o rosto registrando toda a confusão que sentia.

O irmão Dave olhou para o teto e franziu o rosto. Agora era ele quem estava procurando a combinação certa de palavras que desvendaria a resposta para uma pergunta aparentemente simples.

— Aquilo que não sabemos a nosso respeito pode e vai nos magoar — disse, apontando o dedo para mim e depois para si mesmo —, isso sem mencionar os outros. Enquanto não tivermos conhecimento de como enxergamos o mundo, das feridas e crenças que moldaram quem somos, permaneceremos prisioneiros da própria história. Continuaremos a passar pela vida em piloto automático, fazendo coisas que magoam e confundem a nós mesmos e a todos ao redor. Com o tempo, nós nos acostumamos tanto a cometer os mesmos erros vez após vez na vida a ponto de eles nos fazerem pegar no sono. Mas precisamos acordar.

Acordar. Não havia nada que eu quisesse mais.

— O trabalho com o Eneagrama ajuda as pessoas a desenvolver o autoconhecimento de que necessitam para compreender quem são e por que enxergam o mundo e se relacionam com ele da maneira que o fazem — continuou o irmão Dave. — Quando isso acontece, você deixa de ser um obstáculo para si mesmo e se torna mais semelhante a quem Deus o criou para ser.

Depois de ficar sabendo que seu compromisso da tarde fora cancelado, o irmão Dave passou mais tempo comigo para conversar sobre a importância do autoconhecimento no caminho espiritual. É como João Calvino afirmou: "Sem conhecimento do eu, não há conhecimento de Deus".

— Há séculos, grandes mestres cristãos têm falado que conhecer a si mesmo é tão importante quanto conhecer a Deus. Algumas pessoas dizem que isso é psicologia barata, quando, na verdade, é teologia das mais sensatas — disse ele.

Por um instante, pensei em todos os professores de religião e pastores que havia conhecido e que fizeram coisas que destruíram sua vida e seu ministério, não raro em escala épica, porque não conheciam nem a si mesmos, nem a capacidade humana de se enganar. Estudavam e conheciam a Bíblia de capa a capa, mas não a si próprios. Lembrei-me de quantos casamentos cristãos eu vira se desintegrar porque nenhum dos cônjuges entendia o esplendor e o esfacelamento interior da própria alma.

Então pensei em mim. Sempre achei que tivesse mais consciência de quem sou do que a média das pessoas, mas, se os três anos anteriores haviam me ensinado alguma coisa, era que eu ainda precisava crescer muito no que se referia a conhecimento pessoal.

O irmão Dave olhou para o relógio e se levantou devagar.

— Estarei fora dirigindo retiros ao longo do próximo mês — anunciou, alongando-se para fazer o sangue voltar a circular depois de nossa conversa de quase duas horas sentados. — Nesse meio-tempo, tire o pó de seu exemplar do livro do Rohr e leia-o de novo. Você vai gostar de ver como ele analisa o Eneagrama mais da perspectiva da espiritualidade cristã que da psicologia. Vou lhe mandar por *e-mail* o nome de alguns outros livros que você pode ler também.

— Nem sei como lhe agradecer — falei, enquanto levantava da cadeira e colocava a mochila sobre os ombros.

— Teremos muito para conversar na próxima vez em que nos encontrarmos — prometeu o irmão Dave, dando-me um abraço antes de abrir a porta para me despedir. — A paz do Senhor! — eu o ouvi dizer a mim pelo corredor.

Como eu estava em um período sabático mandatório de três meses e não sabia o que fazer com o tempo que me sobrava, levei muito a sério o conselho do irmão Dave e me debrucei sobre o aprendizado do Eneagrama. Por semanas, quase todas as manhãs eu caminhava até a cafeteria no final de nosso quarteirão e imergia nos livros que ele havia recomendado, fazendo anotações em um diário. À noite, relatava à minha esposa, Anne, tudo o que estava aprendendo sobre o Eneagrama. Intrigada, ela também começou a ler sobre o assunto. Naquela época de nossa vida juntos, tivemos algumas das conversas mais ricas e significativas de todo o nosso casamento.

Será que nos conhecemos *de verdade*? Até que ponto nosso passado interfere no presente? Enxergamos o mundo com nossos olhos ou com os olhos da criança que um dia fomos? Que feridas ocultas e crenças equivocadas aprendidas quando crianças continuam secretamente, das sombras, a governar nossa vida? E como exatamente lidar com questões como essas nos ajuda a conhecer melhor a Deus?

Essas foram algumas das perguntas que despejei sobre o irmão Dave com toda avidez quando ele voltou de suas viagens. Sentado em seu escritório, contei alguns dos momentos reveladores que havia vivenciado enquanto estudava o Eneagrama.

— Como você se sentiu quando descobriu seu tipo? — perguntou ele.

— Bem, nem tudo foram flores. Aprendi algumas coisas dolorosas a meu respeito.

O irmão Dave se virou e pegou um livro da escrivaninha, abrindo-o em uma página marcada com um *post-it* vermelho.

— "Conhecer-se é, acima de tudo, saber o que lhe falta. É comparar-se com a Verdade, não o contrário. A primeira consequência do autoconhecimento é a humildade" — disse ele.

— Isso resume bem o processo — admiti com uma risadinha.

— É Flannery O'Connor. Ela consegue resumir quase tudo muito bem. — disse o irmão Dave. Então, prosseguiu — E Anne? Como tem sido para ela?

— Certa noite, na cama, ela leu uma descrição do tipo dela para mim e chorou. Anne sempre teve dificuldade em encontrar palavras para descrever como é viver na pele dela. O Eneagrama foi um presente para ela.

— Parece que vocês dois estão começando bem.

— Tem sido incrível. Aquilo que aprendemos com o Eneagrama até agora já começou a mudar nossa forma de pensar sobre casamento, amizades e criação de filhos.

— Não se esqueça, ele é apenas uma das ferramentas para aprofundar seu amor por Deus e pelos outros — advertiu o irmão Dave. — Existem muitas outras. O importante é que, quanto mais você e Anne crescerem em autoconhecimento, mais terão consciência da necessidade da graça de Deus. Além disso, sentirão mais compaixão por si e pelos outros.

— Gostaria de ler para você uma citação de Thomas Merton que encontrei — eu disse, enquanto folheava as páginas do meu diário.

O irmão Dave esfregou uma mão na outra e assentiu.

— Ah, Merton, agora você está nadando em águas profundas! — comentou sorrindo.

— Aqui está! — falei ao encontrar a página onde havia escrito o trecho. Limpei a garganta — "Mais cedo ou mais tarde, precisamos distinguir entre o que somos e o que não somos. Devemos aceitar o fato de que não somos o que gostaríamos de ser. Precisamos jogar fora o eu falso e exterior como a roupa barata e chamativa que ele é...".

Diminuí o ritmo, surpreso com o nó na garganta que dificultava que eu continuasse.

— Vá em frente — orientou em voz baixa o irmão Dave.

Respirei fundo.

— "Precisamos encontrar nosso verdadeiro eu, em toda a sua pobreza fundamental, mas também em sua dignidade tão grande e simples: criados para ser filhos de Deus, capazes de amar com um toque da sinceridade e do altruísmo do próprio Deus".

Fechei o diário e olhei para cima, ruborizado de vergonha por haver me emocionado tanto.

O irmão Dave pendeu a cabeça para um dos lados.

— O que Merton disse que mexeu com você?

Sentei-me em silêncio, sem saber ao certo como responder. Os sinos do monastério tocaram do lado de fora, chamando os monges para orar.

— Sinto como se estivesse dormindo há muito tempo, mas talvez agora eu esteja começando a acordar. Pelo menos é o que espero...

Sempre que eu dizia algo que o irmão Dave considerava significativo, ele fazia uma pausa para fechar os olhos e refletir nas palavras. Esse foi um desses momentos.

Dave abriu os olhos e disse:

— Antes que vá embora, posso orar pedindo uma bênção por você?

— Claro! — respondi, curvando-me para a frente na cadeira, para me aproximar o suficiente do irmão Dave de modo que ele pudesse envolver minhas duas mãos nas dele.

Que você reconheça em sua vida a presença, o poder e a luz de sua alma.

Que perceba que nunca está sozinho, que sua alma, em seu brilho e pertencimento, o conecta intimamente ao ritmo do universo.

Que você respeite sua individualidade e diferença.

Que você reconheça que o formato de sua alma é único, que você tem um destino especial aqui e que, por trás da fachada da sua vida, há algo belo e eterno acontecendo.

Que aprenda a ver seu eu com o mesmo prazer, orgulho e expectativa com que Deus enxerga você a todo instante.[1]

— Amém! — disse o irmão Dave, apertando minhas mãos.

— Assim seja! — sussurrei, apertando as mãos dele de volta.

A bênção do irmão Dave fez toda a diferença na minha vida. Ao longo dos anos, meu trabalho com o Eneagrama me ajudou a me ver "com o mesmo prazer, orgulho e expectativa" com que Deus me enxerga a todo instante. O aprendizado — e agora o ensino — do Eneagrama me mostrou um pouco da "tábua torta" que forma meu coração e o das outras pessoas. O autoconhecimento que adquiri me ajudou a dar fim a alguns comportamentos infantis e a me tornar mais adulto espiritualmente. Sem dúvida, ainda não cheguei lá, mas repetem-se as ocasiões em que sinto a proximidade da graça de Deus e, por um instante, tenho um vislumbre da pessoa que ele pretendia que eu fosse quando me criou. Na vida espiritual, isso é extremamente significativo.

Alguns anos depois de meus encontros com o irmão Dave, aceitei o convite de uma mulher chamada Suzanne Stabile para falar em uma conferência que ela estava organizando na Brite Divinity School. Nossa identificação um com o outro foi imediata. Percebemos que, se não fôssemos adequadamente supervisionados por adultos responsáveis, poderíamos nos envolver em todo tipo de confusão se nos tornássemos amigos.

Então nos tornamos amigos.

Quando Suzanne me contou que nosso amigo em comum Richard Rohr fora seu mentor espiritual por anos e a instruíra pessoalmente no Eneagrama, fiquei curioso e resolvi participar de uma de suas oficinas. Após ouvir uma hora de sua palestra, tive a certeza de que Suzanne não era uma professora qualquer do Eneagrama. Era uma professora de Eneagrama nível ninja Senhor Miyagi do *Karatê Kid*. Para minha sorte, Suzanne começou de onde o irmão Dave havia parado comigo anos antes e gentilmente me conduziu pela etapa seguinte de minha jornada rumo à compreensão e à aplicação da sabedoria do Eneagrama à minha vida cristã.

Muitos *insights* e histórias destas páginas foram tirados das palestras de Suzanne; outros vêm da minha vida e daquilo que aprendi ao longo dos anos, participando de oficinas e estudando inúmeros livros de professores e pioneiros no Eneagrama, como Russ Hudson, Richard Rohr, Helen Palmer, Beatrice Chestnut,

Roxanne Howe-Murphy e Lynette Sheppard, para citar apenas alguns. Mais que tudo, porém, este livro é resultado da afeição e do respeito profundos que Suzanne e eu nutrimos um pelo outro. É só assim que sabemos compartilhar nosso pouquinho de experiência e conhecimento, no esforço de criar um mundo mais bondoso e compassivo. Esperamos que dê certo! Se não der, bem, mesmo assim foi bom demais tentar.

Quero deixar claro que não sou nenhum radical "sangue-nos-olhos" do Eneagrama. Não me aproximo das pessoas em festinhas para dizer que consigo adivinhar seu número no Eneagrama com base no sapato que escolheram usar. Gente que faz isso é um mal que implora por ser derrotado.

No entanto, mesmo que não seja fanático, sou um estudante grato. Pegando emprestado uma frase do matemático inglês George Box, "Todos os modelos estão errados, mas alguns são úteis". É assim que enxergo o Eneagrama. Não é infalível, nem livre de erros. Não é tudo, nem o fim de todas as coisas para a espiritualidade cristã. Trata-se, no máximo, de um modelo impreciso de personalidade... Mas é *muito útil*.

Dito isso, segue agora o meu conselho: se você achar que este livro pode ajudar você em seu caminho espiritual, ótimo. Se não, não o jogue fora. Em vez disso, guarde-o na estante. Talvez seja útil um dia. A vida nos matricula numa grade curricular desafiadora. Precisamos de toda ajuda que conseguirmos obter.

2

Descubra seu tipo

Os neurocientistas chegaram à conclusão de que o córtex pré-frontal dorsolateral do cérebro está associado à tomada de decisões e a avaliações de custo e benefício. Se alguém tivesse feito uma ressonância magnética em mim e em meus amigos numa noite de verão quando tínhamos 15 anos, o exame revelaria uma mancha escura indicando total ausência de atividade nessa região de nosso cérebro.

Naquela época, em um sábado à noite, nosso grupo teve a brilhante ideia de que seria uma sábia decisão entrar correndo nus em um jantar para os jogadores de golfe de um clube exclusivo em minha cidade natal, Greenwich, Connecticut. Além do risco certo de sermos presos por atentado ao pudor, havia mais um problema: Greenwich não é uma cidade grande, e era provável que alguém conseguisse nos reconhecer. Após vários minutos de deliberação, decidimos que Mike, um dos amigos, passaria em casa rapidinho e voltaria com máscaras de esqui para cada um de nós.

Então, por volta das nove horas de uma noite quente de agosto, seis rapazes pelados com máscaras de esqui, várias delas enfeitadas com pompons, correram feito gazelas assustadas por um belo salão com paredes cobertas por madeira de carvalho, cheio de banqueiros e herdeiras. Os homens aplaudiram e vibraram, enquanto as mulheres, cheias de joias, ficaram congeladas de choque em suas cadeiras. Nossa esperança era que a reação fosse o contrário, mas não tivemos muito tempo para parar e expressar nossa decepção.

E esse teria sido o fim da história, não fosse pela minha mãe.

— O que você e os meninos fizeram ontem à noite? — ela perguntou na manhã seguinte assim que entrei na cozinha e caminhei em direção à geladeira.

— Nada de mais. Ficamos na casa do Mike, depois fomos dormir por volta de meia-noite.

Minha mãe costuma gostar de conversar, então fiquei intrigado quando ela não perguntou como meus amigos estavam, nem quais eram meus planos para o dia. De imediato, fiquei meio apreensivo.

— O que você e papai fizeram ontem à noite? — perguntei, animado.

— Fomos como convidados dos Dorfmann ao jantar dos jogadores de golfe do clube que eles frequentam — respondeu ela com um tom em parte doce, em parte férreo.

A maioria das pessoas não imagina que uma mudança súbita de pressão atmosférica pode acontecer dentro de casa, despertando a esperança de que uma máscara de oxigênio caia de algum lugar acima da cabeça para substituir o ar que de repente foi sugado dos pulmões.

— Uma máscara de esqui? — ela interrogou, com o volume da voz aumentando à medida que ela caminhava em minha direção como um policial irlandês irritado, acariciando o cassetete com a palma da mão. — *Uma máscara de esqui?*

A ponta do nariz dela não estava a mais que dois centímetros da minha.

— Eu conseguiria identificar essa sua bunda magrela até mesmo no escuro — ela sussurrou, em tom de ameaça.

Fiquei tenso, imaginando o que viria em seguida, mas a tempestade passou tão abruptamente quanto começou. O rosto de mamãe relaxou em um sorrisinho furtivo. Ela virou para o outro lado e disse de ombros enquanto saía da cozinha:

— Sorte sua que seu pai achou engraçado.

Essa não foi a primeira vez que usei uma máscara para me proteger — longe disso.

Os seres humanos são programados para a sobrevivência. Quando crianças pequenas, instintivamente colocamos uma máscara chamada personalidade em cima de partes de nosso eu autêntico a fim de nos proteger do mal e construir nosso caminho no mundo. Formada por qualidades inatas, estratégias de enfrentamento, reflexos condicionados e mecanismos de defesa, entre várias outras coisas, nossa personalidade nos ajuda a saber e fazer o que sentimos que é necessário para agradar nossos pais, para ser aceitos e nos relacionar bem com os amigos, para corresponder às expectativas culturais e satisfazer nossas necessidades básicas. Ao longo do tempo, nossas estratégias de adaptação se tornam cada vez mais complexas. São engatilhadas de maneira tão previsível, frequente e automática que nem conseguimos dizer onde elas terminam e nossa natureza verdadeira começa. Ironicamente, o termo *personalidade* deriva da palavra grega para máscara (*persona*), refletindo nossa tendência de confundir as máscaras que usamos com nosso verdadeiro eu, mesmo depois de as ameaças da primeira infância ficarem para trás. Deixamos de ter uma personalidade; é a personalidade que nos tem! Agora, em vez de proteger nosso coração indefeso das feridas e perdas inevitáveis da infância, nossa personalidade — que nós e outros vivenciamos em nossas maneiras previsíveis de pensar, sentir, agir, reagir, processar informações e enxergar o mundo — nos limita ou aprisiona.

Pior de tudo, ao nos identificarmos em excesso com nossa personalidade, esquecemos nosso eu autêntico, a bela essência de quem somos, ou perdemos o contato com ele. Como Frederick Buechner descreve de forma tão pungente: "O eu original e reluzente é tão profundamente enterrado que a maioria de nós quase não o vive. Em vez disso, vivemos todos os outros eus, os quais vestimos e tiramos o tempo todo, como casacos e chapéus, para nos proteger do clima do mundo".[1]

Embora eu tenha formação como conselheiro, não sei exatamente de que maneira, quando ou por que isso acontece. Só reconheço que essa ideia de perda de conexão com meu eu verdadeiro parece real em minha experiência. Quantas vezes, ao observar meus filhos brincarem ou ao contemplar a lua em um momento de reflexão, já senti uma estranha nostalgia por algo com que perdi o contato há muito tempo! Enterrado nos recônditos mais profundos do ser, sinto que há uma expressão mais verdadeira e luminosa de quem eu sou. Enquanto permanecer distanciado dela, nunca me sentirei completamente vivo ou completo. Talvez você já tenha sentido a mesma coisa.

A boa notícia é que Deus identificaria nosso bumbum magrelo em qualquer lugar. Ele lembra quem nós somos — a pessoa que ele entreteceu no profundo do ventre materno — e deseja nos ajudar a restaurar nosso verdadeiro eu.

Seriam essas as palavras de um terapeuta disfarçadas de religião? Não. Grandes pensadores cristãos, de Agostinho a Thomas Merton, concordam que essa é uma das jornadas espirituais vitais, sem a qual nenhum cristão é capaz de desfrutar a plenitude a que tem direito desde que nasceu. Conforme Merton explicou: "Antes de podermos nos tornar quem realmente somos, devemos criar consciência do fato de que a pessoa que pensamos ser, aqui e agora, é, no máximo, um impostor e um estranho".[2] O papel do Eneagrama fica claro no momento em que emerge essa consciência.

O objetivo de entender seu "tipo" ou "número" no Eneagrama — esses termos são usados de maneira intercambiável neste livro — não é deletar sua personalidade, nem substituí-la por outra nova. Além de isso não ser possível, seria uma péssima ideia. Você precisa de uma personalidade; caso contrário, nunca seria chamado para um encontro. O propósito do Eneagrama é desenvolver o autoconhecimento e aprender a reconhecer os aspectos de nossa personalidade que nos limitam, para, assim, deixar de nos identificarmos com eles e nos tornarmos capazes de nos unir novamente a nosso melhor e mais verdadeiro eu, o "diamante puro, que resplandece com a luz invisível do céu", conforme disse Thomas Merton.[3] O alvo é a autocompreensão e o crescimento além das dimensões autossabotadoras de nossa personalidade, bem como o aperfeiçoamento nos relacionamentos e o aumento da compaixão pelos outros.

OS NOVE TIPOS DE PERSONALIDADE

O Eneagrama ensina que existem nove estilos diferentes de personalidade no mundo. Gravitamos naturalmente em torno de um deles e o adotamos durante a infância para lidar com a realidade e nos sentir seguros. Cada tipo ou número tem uma maneira diferente de enxergar o mundo e uma motivação propulsora que influencia poderosamente sua forma de pensar, sentir e se comportar.

Se você é como eu já fui, vai contestar de imediato a sugestão de que existem apenas nove tipos básicos de personalidade em um planeta com mais de sete bilhões de pessoas. Uma única visita à seção de tintas da Leroy Merlin para ajudar um cônjuge indeciso a encontrar "o vermelho perfeito" para as paredes do banheiro pode mitigar sua objeção. Conforme aprendi recentemente, há *literalmente* um número infinito de variações da cor vermelha dentre as quais você pode escolher uma para embelezar o banheiro de sua casa e arruinar seu casamento ao mesmo tempo. De igual forma, embora todos adotemos um (e apenas um) desses tipos na infância, existe um número infinito de expressões de cada número. Algumas delas podem se apresentar de maneira semelhante à sua; outras se manifestam de modo completamente diferente do seu. Ainda assim, todas continuam a ser variações da mesma cor primária. Então, não se preocupe. Sua mamãe não contou uma mentira. Você continua a ser particularmente especial para ela.

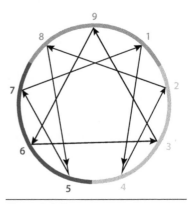

O nome Eneagrama deriva das palavras gregas para nove (*enea*) e para desenho ou figura (*grama*). Trata-se de uma forma geométrica de nove pontas que ilustra nove tipos de personalidade diferentes, mas interconectados. Cada ponto

Figura 1: O Eneagrama

numerado na circunferência está conectado a outros dois, por meio das setas que atravessam o círculo, indicando a interação dinâmica entre eles.

Se você já não tiver se adiantado no livro a fim de descobrir com qual número se identifica, a Figura 1 é um retrato rápido do diagrama. Também listei os nomes e uma breve descrição de cada número do Eneagrama. Convém ressaltar que nenhum tipo de personalidade é melhor ou pior que o outro. Cada um tem pontos fortes e fracos e nenhum se identifica particularmente com um dos sexos.

Tipo um: **O Perfeccionista.** Ético, dedicado e confiável, é motivado pelo desejo de viver da maneira correta, melhorar o mundo e evitar falhas e culpa.

Tipo dois: **O Auxiliador.** Cordial, cuidadoso e generoso, é motivado pela necessidade de ser amado e sentir-se útil, bem como de evitar reconhecer suas próprias demandas.

Tipo três: **O Realizador.** Voltado para o sucesso, preocupado com a imagem e projetado para a produtividade, é motivado pela necessidade de ser (ou parecer) bem-sucedido e evitar o fracasso.

*Tipo quatro: **O Romântico.*** Criativo, sensível e melancólico, é motivado pela necessidade de ser compreendido, vivenciar seus sentimentos exagerados e evitar ser considerado alguém comum.

*Tipo cinco: **O Investigador.*** Analítico, desapegado e adepto da privacidade, é motivado pela necessidade de adquirir conhecimento, conservar energia e evitar depender dos outros.

*Tipo seis: **O Leal.*** Comprometido, prático e espirituoso, pensa sempre no pior cenário e é motivado pelo medo e pela necessidade de segurança.

*Tipo sete: **O Entusiasta.*** Divertido, espontâneo e aventureiro, é motivado pela necessidade de ser feliz, planejar experiências estimulantes e evitar a dor.

*Tipo oito: **O Contestador.*** Dominante, intenso e confrontador, é motivado pela necessidade de ser forte e evitar sentir-se fraco ou vulnerável.

*Tipo nove: **O Pacificador.*** Agradável, acomodado e adaptável, é motivado pela necessidade de manter a paz, misturar-se aos outros e evitar conflitos.

Talvez você esteja começando a ter uma ideia do tipo em que se enquadra (ou de qual número explica seu tio de setenta anos que ainda se veste de mestre Yoda e participa de convenções sobre Star Wars). Mas o Eneagrama é mais que uma lista trivial de nomes inteligentes para os tipos; então, esse é apenas o começo. Nos próximos capítulos, aprenderemos não só sobre cada número, mas também como eles se relacionam uns com os outros. Não se desanime se a terminologia ou o diagrama, com suas linhas e setas ricocheteando para todos os lados, parecerem confusos. Prometo que logo tudo fará sentido.

> "O autoconhecimento humilde é um caminho mais certo para Deus do que a busca por conhecimento profundo."
>
> **Thomas à Kempis**

TRÍADES

Os nove números no Eneagrama são divididos assim: três deles compõem a Tríade do Coração (ou dos Sentimentos), outros três formam a Tríade da Cabeça (ou do Medo), e os demais constituem a Tríade Visceral (ou da Raiva). Cada um dos três números em cada tríade é impulsionado de diferentes maneiras por uma emoção relacionada a uma parte do corpo conhecida como um centro da inteligência. Em essência, sua tríade é outra maneira de descrever como você normalmente absorve, processa e responde à vida.

Tríade da Raiva ou Visceral (8, 9, 1). Esses números são impulsionados pela raiva. O Oito a exterioriza, o Nove a esquece e o Um a internaliza. Eles absorvem a vida e respondem a ela instintivamente, ou "no nível visceral". Tendem a se expressar de forma honesta e direta.

Tríade dos Sentimentos ou do Coração (2, 3, 4). Esses números são impulsionados pelos sentimentos. O Dois se concentra exteriormente no sentimento dos outros, o Três tem dificuldade em reconhecer os próprios sentimentos e os das outras pessoas, e o Quatro concentra a atenção internamente nos próprios sentimentos. Absorvem a vida e se relacionam com ela baseando-se no coração; além disso, preocupam-se mais com a imagem do que os outros números.

Tríade do Medo ou da Cabeça (5, 6, 7). Esses números são impulsionados pelo medo. O Cinco o exterioriza, o Seis o esquece e o Sete o internaliza. É por meio da mente que eles absorvem o mundo e se relacionam com ele. Tendem a pensar e planejar com cuidado antes de agir.

Ordem dos capítulos. No que se refere às tríades, se você olhar para o sumário, perceberá que não optamos por descrever os tipos em ordem numérica, mas sim por agrupá-los e discuti-los dentro do contexto da respectiva tríade: Oito, Nove e Um estão juntos; depois vêm Dois, Três e Quatro; e, por fim, Cinco,

Seis e Sete. Escolhemos dispor os capítulos dessa maneira para ajudá-lo a ver as comparações importantes de cada número com seus "companheiros de tríade". Além de tornar mais fácil a compreensão do Eneagrama, essa ordem também ajudará você a identificar seu número.

NÚMEROS DE ASA, ESTRESSE E SEGURANÇA

Uma das coisas que amo no Eneagrama é como ele reconhece e leva em conta a natureza fluida da personalidade, que se adapta constantemente com a mudança das circunstâncias. Há momentos em que ela está saudável, outros em que está regular, e ainda outros em que se encontra completamente maluca. A questão é que ela sempre se move para cima e para baixo em um espectro que varia de saudável para regular e problemático, dependendo de onde você se encontra e do que está acontecendo. No início de cada capítulo, descreverei rapidamente em termos amplos como cada número tipicamente pensa, sente-se e age quando está posicionado em um espaço saudável, regular ou problemático dentro de seu tipo.

Veja no Eneagrama que cada número tem uma relação dinâmica com quatro outros números. Cada número toca os dois que estão ao seu lado, bem como os dois que ocupam a extremidade das setas. Esses quatro outros números podem ser vistos como recursos que lhe dão acesso a suas características, ou "suco", ou "sabor", como gosto de chamá-los. Embora sua motivação e seu número nunca mudem, seu comportamento pode ser influenciado por esses outros números, tanto que você pode até se parecer com um deles de tempos em tempos. Conforme verá no próximo capítulo, você pode aprender a se movimentar deliberadamente em volta do círculo, usando esses números como suporte extra quando necessário.

Números de asa. São os que ficam à esquerda e à direita do seu número. É possível se inclinar na direção dessas duas asas e pegar algumas de suas energias e qualidades características. Por exemplo, meu amigo Doran é Quatro (o Romântico) com asa Três (o Realizador). Ele é mais extrovertido e inclinado a realizar para ser reconhecido do que um Quatro com asa Cinco (o Investigador), que é mais introvertido e retraído.

Números de estresse e segurança. Seu número de estresse é o número para o qual sua personalidade se move quando você está sobrecarregado, sob pressão ou no corredor de tintas da Leroy Merlin com um amigo ou cônjuge em dúvida. É indicado pela seta que aponta para *longe* do seu número no Eneagrama da Figura 2.

Por exemplo, as pessoas do tipo Sete, usualmente felizes e positivas, se movem rumo ao tipo Um (o Perfeccionista) e assumem suas qualidades negativas em situações de estresse. Podem se tornar menos sociáveis e adotar um pensamento mais dicotômico. É importante conhecer o número que você busca em situações de estresse para que, ao perceber que ele está sendo ativado, você possa tomar decisões melhores e cuidar de si mesmo.

Seu número de segurança indica o tipo para o qual sua personalidade se move e do qual extrai energia e recursos

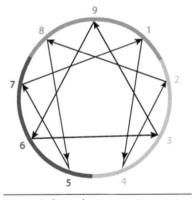

Figura 2: Setas de segurança e estresse

quando você está se sentindo seguro. É indicado pela seta que aponta *para* o seu número no Eneagrama. Por exemplo, as pessoas de tipo Sete assumem as qualidades positivas do número Cinco quando se sentem seguras. Isso significa que conseguem abrir mão da necessidade de ter em excesso e adotam a noção de que menos é mais.

Espiritualmente falando, é uma grande vantagem saber o que acontece com seu tipo e o número para o qual se desloca de maneira natural em situações de estresse. É igualmente valioso aprender as qualidades positivas do número para o qual você se move de forma instintiva em períodos de segurança. Uma vez familiarizado com esse material, você consegue saber e identificar quando está se dirigindo para uma conquista ou crise e fazer escolhas mais sábias do que no passado. Há muito a ser dito sobre essa questão de segurança e estresse, mas, como este livro é uma cartilha, abordaremos apenas o básico. Mas esteja ciente de que há muito mais para aprender sobre o assunto.

DESCUBRA SEU PECADO CAPITAL

Pode parecer algo tirado de um auto de moralidade típico da Idade Média, mas a cada número associa-se um pecado capital (nos capítulos adiante, Suzanne e eu falaremos com maior profundidade sobre como eles se apresentam). Para alguns, a palavra *pecado* evoca lembranças e sentimentos terríveis. O termo teológico pecado se transformou em arma e já foi usado contra tantas pessoas que é difícil abordar o assunto sem saber que talvez estejamos magoando alguém que "esteve na mira de um pregador", por assim dizer. Mas, por ser um pecador experiente e alcoólatra em recuperação, sóbrio há 28 anos, sei que é uma péssima ideia evitar encarar a realidade de nosso lado escuro e suas origens. Acredite: se você não fizer isso, o preço vai acabar saindo de sua folha de pagamento no fim do mês.

Levando em conta as suscetibilidades, permita-me dar uma definição de *pecado* que me foi útil e a qual podemos usar em nosso diálogo. Richard Rohr escreveu: "Pecado é uma fixação que impede o livre fluxo da energia da vida, do amor de Deus. [São] bloqueios construídos por nós mesmos que nos separam de Deus

> "Creio que ninguém consegue compreender de verdade as hábeis manobras que faz para escapar da severa sombra do autoconhecimento."
>
> **JOSEPH CONRAD**

e, portanto, de nosso potencial autêntico".[4] Sendo alguém que frequenta uma sala no subsolo de uma igreja várias manhãs por semana para me encontrar com outros que necessitam de apoio para se manter distantes de apenas *uma* das minhas muitas fixações, identifico a verdade dessa declaração. Todos nós temos formas preferidas de evitar a Deus para conseguir o que queremos e, a menos que as admitamos e as encaremos de frente, um dia elas transformarão nossa vida em uma grande bagunça.

Cada número do Eneagrama tem uma "paixão" ou um pecado capital peculiar que impulsiona seu comportamento. Os mestres que desenvolveram o Eneagrama perceberam que cada um dos nove números tinha uma fraqueza ou tentação particular para cometer um dos sete pecados capitais, extraídos da lista elaborada pelo papa Gregório no sexto século, com o acréscimo do medo e do engano (com o tempo, uma pessoa sábia adicionou esses dois, o que é ótimo, pois agora ninguém precisa se sentir excluído). O pecado capital é como um comportamento viciante e involuntário, do qual só conseguimos nos livrar quando reconhecemos quanto lhe entregamos a chave para dirigir nossa personalidade. Por favor, não pense que a expressão *pecado capital* soa arcaica demais para ainda ser relevante. Trata-se de sabedoria atemporal e importante! Enquanto não tivermos consciência de qual é nosso pecado capital e de como ele espreita livremente nossa vida, permaneceremos cativos. Aprender a controlar seu pecado capital em vez de permitir que ele o controle é um dos objetivos do Eneagrama.

Existem outros sistemas de classificação ou inventários de personalidade em tipos, como o de Myers-Briggs ou o teste dos Cinco Fatores; eles são maravilhosos, mas sua orientação é exclusivamente psicológica. Há outros que fazem descrições e incentivam a pessoa a aceitar quem é, o que não ajuda muito no caso dos imbecis. Independentemente disso, somente um desses instrumentos leva em conta o fato de que somos criaturas espirituais.

O Eneagrama não é exclusivamente psicológico, nem uma teoria de autoajuda para as pessoas se sentirem bem consigo mesmas quando ensinado de forma correta. (Aliás, se eu pudesse me "autoajudar", você não acha que eu já teria feito isso a esta altura do campeonato?) O verdadeiro propósito do Eneagrama é revelar a você seu lado obscuro e oferecer conselho espiritual sobre como abri-lo para a luz transformadora da graça. Enfrentar nosso pecado capital face a face pode ser difícil e até doloroso, pois traz ao nível da consciência as piores partes de quem somos, sobre as quais preferiríamos nem pensar. David Benner adverte: "Quem estiver em busca de bajulação não deve trabalhar com o Eneagrama. Mas quem procura conhecer-se com profundidade deve empenhar-se em aprendê-lo".[5] Então, prossigamos com coragem!

Segue-se uma lista dos sete pecados capitais (mais dois) e o número com o qual ele se relaciona, bem como uma breve descrição de cada um (confira a Figura 3). As descrições foram extraídas da obra *A sabedoria do Eneagrama*, de Don Riso e Russ Hudson.

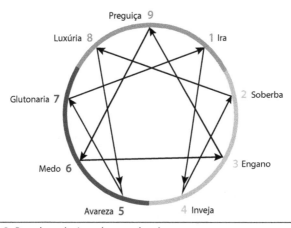

Figura 3: Pecados relacionados a cada número

Um: **Ira.** O tipo Um sente a necessidade compulsiva de tornar o mundo perfeito. Incisivamente consciente de que nem ele próprio, nem ninguém é capaz de alcançar seu padrão impossivelmente elevado, sente ira na forma de ressentimento latente.

Dois: **Soberba.** O tipo Dois direciona toda a sua atenção e energia a atender às necessidades dos outros, enquanto nega as próprias. As crenças secretas de que só ele sabe o que é melhor para os outros e de que é alguém indispensável revela seu espírito orgulhoso.

Três: **Engano.** O número Três valoriza a aparência acima da essência. Ao abandonar o eu verdadeiro e projetar uma imagem falsa, que agrada as pessoas, ele acredita na própria *performance* e se engana, crendo *ser* sua *persona*.

Quatro: **Inveja.** O tipo Quatro acha que está perdendo algo essencial, sem o qual nunca será completo. Inveja aquilo que imagina ser a plenitude e a felicidade dos outros.

Cinco: **Avareza.** O número Cinco acumula coisas que acha que lhe garantirão uma vida independente, sustentada por si próprio. Essa retenção acaba levando à contenção de amor e afeto pelos outros.

Seis: **Medo.** Sempre pensando no pior cenário e questionando sua habilidade de administrar a própria vida, o tipo Seis busca em figuras de autoridade e sistemas de crença (e não em Deus) o apoio e a segurança pelos quais anseia.

Sete: **Glutonaria.** A fim de evitar sentimentos dolorosos, o tipo Sete se enche de experiências positivas, planejando e antecipando novas aventuras, sempre alimentando ideias interessantes. Sem nunca se dar por satisfeito, faz uma busca tão frenética por essas distrações que acaba chegando ao ponto da glutonaria.

Oito: **Luxúria.** O número Oito deseja intensidade. Isso pode ser visto nos excessos que evidencia em todas as áreas da vida. Dominante e confrontador, ele apresenta um exterior duro e intimidador a fim de mascarar a própria vulnerabilidade.

Nove: **Preguiça.** Para o tipo Nove, a preguiça se refere não só à inatividade física, mas também à espiritual. Ele adormece em relação às próprias prioridades, ao seu desenvolvimento pessoal e à responsabilidade por se tornar senhor de si.

OS NOVE TIPOS NA INFÂNCIA

É estarrecedor pensar em quantas mensagens nossa mente e nosso coração acríticos captam e internalizam durante a infância, bem como quantas horas e quanto dinheiro gastamos mais tarde em terapia tentando arrancá-las como se fossem carrapichos no pelo de um cão pastor. Algumas mensagens e crenças que captamos quando crianças produzem vida, ao passo que outras ferem. A maioria de nós entrega a vida de maneira inconsciente às mensagens que mais prejudicam nossa beleza. Deveríamos nos lembrar disso com mais frequência. Seríamos mais gentis uns com os outros se o fizéssemos.

Nos capítulos seguintes, veremos como cada número costuma se manifestar durante a infância — o Dois aprendendo a dar com alegria seus biscoitinhos durante o lanche para comprar amor, e o Cinco observando as outras crianças brincarem antes de tentar decidir se vai participar. Tais crianças estão refletindo tanto suas tendências naturais quanto a máscara que inconscientemente usam na esperança de se proteger. Estão crescendo para se assemelhar cada vez mais a seu número.

A boa notícia é que existem mensagens de cura que podemos escolher para mudar a direção de nossos pensamentos, comportamentos e crenças. O aprendizado de uma mensagem de cura única para cada número é um auxílio útil para nos ajudar na jornada de volta ao nosso eu verdadeiro, à plenitude pela qual tanto ansiamos. Essa mensagem pode se tornar um bálsamo de compaixão por nós mesmos, ensinando-nos a reagir aos velhos padrões, lembrando-nos de abrir mão do falso eu que desenvolvemos para nos proteger durante a infância e nos revestir do eu verdadeiro.

SEU TIPO NOS RELACIONAMENTOS E NO TRABALHO

Certa vez, trabalhei com alguém cuja consciência de si próprio era tão baixa que poderia ser considerada insignificante. Sua falta de autoconhecimento e incapacidade de ajustar seu comportamento magoou tantos colegas de trabalho que acabou sendo removido pela Agência Governamental de Segurança e Saúde Ocupacional por ser um risco à saúde e segurança no ambiente de trabalho.

A verdade é que quem carece de autoconhecimento sofre não só na esfera espiritual, mas na profissional também. Recentemente, li um artigo na *Harvard Business Review* no qual o empresário Anthony Tjan escreveu: "Há uma qualidade que supera todas as outras, evidente em quase todos os grandes empreendedores, administradores e líderes. Trata-se da consciência de si próprio. A melhor coisa que os líderes podem fazer a fim de melhorar a eficiência é aumentar a consciência do que os motiva e afeta suas decisões".[6] Diversos outros livros e artigos de revista sobre o tema da autoconsciência dizem a mesma coisa: *conheça a si mesmo.*

Neste livro, veremos de que maneiras os comportamentos associados ao nosso número específico podem nos ajudar ou atrapalhar em nosso trabalho e no relacionamento com os colegas. Também pode nos auxiliar no processo de escolha de qual carreira seguir e nos ajudar a identificar se estamos no caminho certo ou se o ambiente profissional no qual trabalhamos é o mais apropriado, com base nos pontos fortes e fracos de nossa personalidade.

Deus quer que você aprecie seu trabalho e seja eficaz no que faz (a menos que, a exemplo de minha esposa, você tenha escolhido dar aulas para o oitavo ano. Nesse caso, você recebe exatamente aquilo que pediu). Como recurso para expandir o autoconhecimento e a autoconsciência, o Eneagrama pode ajudá-lo a ter um desempenho melhor e a sentir mais satisfação em sua vocação. Não por acaso, empresas e organizações como Motorola, o time de beisebol Oakland Athletics, a CIA e o clero do Vaticano, entre outros grupos, o usaram para ajudar seu pessoal a encontrar mais alegria no trabalho. Até mesmo as faculdades de administração das universidades de Stanford e Georgetown incluíram o Eneagrama no currículo.[7]

O Eneagrama também oferece excelentes *insights* sobre como seu tipo de personalidade se relaciona com cônjuges ou amigos. Também revela aquilo de que mais necessitamos e o que mais tememos nessas interações. Todos nós levamos uma porção de fragilidade em nossas conexões com os outros, mas você precisa entender que cada número do Eneagrama é capaz de nutrir relacionamentos saudáveis e produtores de vida.

> "Amo muitas pessoas, mas não entendo nenhuma delas."
>
> **FLANNERY O'CONNOR**

Cada número compreende uma gama de comportamentos sadios, regulares e problemáticos. Com mais consciência de quem você é, torna-se possível garantir que seu comportamento típico ficará mais do lado saudável e não sabotará suas interações com as pessoas que você mais ama.

FORMAÇÃO ESPIRITUAL

"A autoaceitação não prescinde da tentativa de se tornar uma pessoa melhor", observou Flannery O'Connor, e ela está certa. Seu número no Eneagrama não é como um bilhete materno que você pode entregar para o universo sempre que se comportar mal, dizendo: "A quem interessar possa, você precisa desculpar meu filho John. Ele é Nove (ou qualquer outro número) e, por isso, incapaz de se comportar melhor do que o que você viu até agora". Pelo contrário, depois de conhecer seu número no Eneagrama, você já não tem justificativa nenhuma para não mudar. Agora você sabe demais para usar a desculpa: "É assim que eu sou, então pode tratar de aceitar".

Há pouco tempo, em uma reunião dos Alcoólicos Anônimos, ouvi alguém dizer: "As descobertas pessoais custam pouco". Meu amigo, que verdade! Como o padre Rohr destaca: "Informação não é transformação". Depois de descobrir seu número, você deve a si mesmo e às pessoas que você ama (ou mesmo às que não ama) tornar-se uma presença mais bondosa e compassiva no mundo.

Que uma praga caia sobre qualquer um que ler este livro e sair apenas com algo "interessante" sobre o que papear em um jantar. O propósito do Eneagrama é nos mostrar como podemos abrir mão da paralisia artrítica que nos mantém presos a formas de viver antigas e autossabotadoras, a fim de nos despertar para experimentar mais liberdade interior e nos tornar a melhor versão de nós mesmos.

Ao fim de cada capítulo, há uma seção de transformação espiritual que oferecerá algumas sugestões para cada tipo sobre como fazer bom uso de tudo o que foi exposto. São informações úteis, contanto que você não desperdice tempo tentando colocar qualquer uma delas em prática sem o poder transformador da graça de Deus. Qualquer pessoa que disser que está "tentando" ser um bom cristão já revela de cara que não faz a menor ideia do que é ser cristão. O cristianismo não é algo que você faz, mas sim algo que é feito para você. Depois de conhecer o lado obscuro de sua personalidade, simplesmente dê a Deus consentimento para fazer aquilo que você nunca conseguiria realizar sozinho, a saber, efetuar uma mudança duradoura e significativa em sua vida.

COMO LER CADA CAPÍTULO E DESCOBRIR QUAL É O SEU TIPO

É tentador, mas, à medida que ler os capítulos que se seguem, não tente se classificar apenas com base nos comportamentos. No início de cada capítulo, você encontrará uma série de declarações que começam com "eu", as quais têm o propósito de lhe dar uma ideia de como as pessoas daquele número específico descreveriam como é viver consigo mesmas. Enquanto lê as listas, não se esqueça de que *seu número é mais determinado não pelo que você faz, mas pelo motivo que o leva a fazê-lo*. Em outras palavras, não se prenda muito às características que identificam o tipo. Em vez disso, leia com cuidado sobre a *motivação* subjacente que impulsiona as características ou os comportamentos de cada número para ver se você se identifica. Por exemplo, vários números diferentes podem ter a tendência de subir de posição no trabalho, mas as razões para fazê-lo são diferentes: motivado pela necessidade compulsiva de melhorar as coisas, o Um busca avançar porque ouviu dizer que somente as pessoas que ocupam o topo da administração têm autoridade para consertar as inúmeras imperfeições nas quais não consegue deixar de se concentrar durante as operações diárias da empresa. O Três pode subir porque ocupar o maior escritório é importante para ele. E o Oito pode subir no trabalho só para ver quem será tolo o bastante para tentar impedi-lo. É a motivação que importa! Encontrar seu número é se perguntar por que você faz aquilo que faz.

A identificação de seu tipo será facilitada se, enquanto lê, você pensar em como era aos vinte e poucos anos, em vez de refletir sobre como é agora. Muito embora seu tipo de personalidade seja imutável, ele nunca é tão vistoso ou claro quanto no início da idade adulta. Nessa época, conforme diz James Hollis, ainda não vivemos o suficiente para descobrir que somos "a única pessoa consistentemente presente em todas as cenas do longo drama que chamamos de vida".[8] Em outras palavras, a causa da maioria de seus problemas é você mesmo. Também é importante pensar mais sobre como você age, pensa e se sente em casa.

Procure o tipo que descreve melhor quem você é, não o tipo que gosta de pensar que é ou que sempre quis ser. Se eu pudesse escolher, gostaria de ser um Sete charmoso e feliz da vida como Stephen Colbert, mas sou um Quatro, uma versão caseira do Bob Dylan, mas sem seu talento. (Ao longo do livro, darei exemplos de famosos de cada número. São palpites meus, não fatos relatados pelas pessoas em questão.) Como Anne Lamott diz: "Todo mundo é estragado, quebrado, carente e assustado".[9] Então, não faz sentido querer ser estragado de maneira diferente do que você já é. Enquanto tenta encontrar seu tipo, é uma boa ideia pedir que amigos próximos, o cônjuge ou seu líder espiritual leiam as descrições e deem uma opinião sobre qual tipo eles acham que mais se parece com você. Só não mate o mensageiro!

Se, ao ler uma descrição, você começar a se sentir melindroso porque capturou seu interior de uma forma que só um *hacker* poderia saber, é bem provável que esteja identificando seu número. Quando li sobre meu número pela primeira vez, senti-me humilhado. Não é agradável ser um rato em uma cozinha escura, tão concentrado em devorar as migalhas que não ouve os furtivos donos da casa se aproximando e, por isso, não tem tempo de procurar abrigo antes que eles de repente acendam a luz e peguem o animal no ato com um pão na boca. Em contrapartida, também me senti consolado. Não sabia que existiam outros ratos como eu. Portanto, se isso acontecer, não se desespere. Lembre que cada número tem pontos fortes e pontos fracos, bênçãos e obstáculos. O embaraço passará, mas, nas palavras do escritor David Foster Wallace: "A verdade o libertará, mas só depois de acabar com você".[10]

Não espere se identificar com cada característica de seu número. Isso não vai acontecer. Só fique de olho naquele que chegar mais perto de descrever quem você é. Se servir de consolo, saiba que algumas pessoas levam meses para explorar os números e reunir a opinião de outros antes de sentir confiança na identificação do próprio tipo.

Muitas vezes, ouço falar acerca de estudantes do Eneagrama que tomam o que estão aprendendo sobre os tipos e o usam como arma para desconsiderar ou ridicularizar outras pessoas. E me dá nos nervos quando ouço alguém dizer para outro algo do tipo: "Ah, você é tão Seis" ou "Pare de ser Três desse jeito", em especial quando o indivíduo que está ouvindo não faz a menor ideia do que seja o Eneagrama. *O Eneagrama* só deve ser usado para edificar os outros e ajudá-los a avançar em sua jornada rumo à plenitude e ao conhecimento de Deus. Ponto final. Esperamos que você leve isso a sério.

Algumas descrições de tipos podem parecer suspeitamente semelhantes a um familiar, colega de trabalho ou amigo. Talvez você se sinta tentado a ligar para sua irmã e contar que agora entende que o fato de ela ter transformado sua infância em um inferno está muito mais ligado ao tipo de personalidade dela do que a possessão demoníaca, conforme você acreditava até então. Não faça isso. Todos vão odiar você.

"Eu não quero ser classificado ou confinado a uma caixa." As pessoas expressam essa preocupação para Suzanne e para mim o tempo inteiro. Não tenha medo! O Eneagrama não coloca você dentro de uma caixa. Ele mostra a caixa na qual você já está e aponta como sair dela. Isso só pode ser bom, certo?

O que vou dizer agora é muito importante: às vezes, você pode sentir que estamos nos concentrando demais nas características negativas de cada número, em vez de focar os aspectos positivos. É verdade, mas isso é só para ajudá-lo a descobrir seu tipo com mais facilidade. Em nossa experiência, as pessoas se identificam mais rapidamente com o que não está funcionando em sua personalidade do que com o que vai bem. Como Suzanne gosta de dizer: "Não nos conhecemos por aquilo que fazemos certo, mas sim pelo que fazemos errado". Tente não se aborrecer com isso.

Por fim, tenha senso de humor e seja compassivo em relação a si mesmo e aos outros.

O universo não é nada democrático. No momento de sua concepção, não surgiu um homem de jaleco branco com uma prancheta na mão perguntando se você preferia uma genética semelhante à do papa Francisco ou à de Sarah Palin. Você não escolheu seus pais, seus irmãos lunáticos, nem o lugar que ocupa na ordem de nascimento em sua família. Não escolheu a cidade em que nasceu, nem o lado da rua onde ficava a casa de sua infância. O fato de não sermos consultados nessas questões tem sido um motivo de briga minha com Deus. Com o tempo, porém, aprendi que, além dos pecados que surgem do desejo egoico de que o mundo inteiro se organize em torno de nossa vida, enfrentamos muitos desafios que não foram criados por nós, mas que demandam nossa responsabilidade de fazer algo para que sejam resolvidos. Em qualquer um desses casos, sempre demonstre uma opinião compassiva em relação a você, como Deus faz. O desprezo por si próprio nunca produz mudanças duradouras que trazem cura à nossa vida. Só o amor consegue isso. Essa é a física do universo espiritual, pela qual todos devemos ser gratos e dizer: "Amém!".

E, como o irmão Dave diria: "Agora podemos começar".

COMO É SER DO TIPO OITO

(Não entendeu por que estamos começando com o Oito? Leia novamente a p. 36.)

1. Já me disseram que sou direto e agressivo demais.
2. Fazer as coisas pela metade não é meu dom espiritual.
3. Gosto de uma boa discussão, só para testar a resistência das outras pessoas.
4. Nos relacionamentos importantes para mim, insisto em ser honesto sobre os conflitos e em continuar a briga até resolver as coisas.
5. Tenho dificuldade em confiar nas pessoas.
6. Vale a pena lutar por justiça.
7. Consigo farejar a fraqueza das outras pessoas assim que as conheço.
8. Não tenho problema para dizer "não".
9. Aceito oposição numa boa. Pode mandar vir.
10. Tomo decisões rápidas e instintivas.
11. Não gosto quando as pessoas ficam fazendo rodeios.
12. Desconfio de gente que é legal demais.
13. Quando entro em um lugar, sei imediatamente quem ali tem mais poder.
14. Não respeito muito as pessoas que não sabem se defender.
15. Um dos meus lemas é: "Um bom ataque é melhor que uma boa defesa".
16. Não mexa com as pessoas que eu amo.
17. Sei que sou respeitado. Mas às vezes sinto vontade de ser amado.
18. Não tenho dificuldade em confrontar uma pessoa intimidadora.
19. Se Deus quisesse que todos soubessem de nossas emoções, teria colocado nosso coração do lado de fora do corpo.
20. Debaixo do meu exterior durão, existe um coração terno e amoroso.

TIPO OITO

O Contestador

Lidere-me, siga-me ou saia do meu caminho.

GENERAL GEORGE S. PATTON JR.

O **Oito saudável** é um ótimo amigo, líder excepcional e auxiliador daqueles que não conseguem lutar para se defender. Tem a inteligência, a coragem e a energia para fazer o que os outros dizem ser impossível. Aprendeu a usar o poder na medida certa, no momento certo. É capaz de colaborar e valorizar as contribuições dos outros. Compreende a vulnerabilidade e até a aceita em algumas ocasiões.

O **Oito regular** é mais um rolo compressor do que um diplomata. Pensa de maneira maniqueísta, então as pessoas são boas ou más, as opiniões são certas ou erradas e o futuro é brilhante ou desolador. Prefere liderar, tem dificuldade em seguir orientações alheias e usa a agressão para se proteger emocionalmente. Muitos Oitos são líderes, e os outros o seguem com pouca ou nenhuma hesitação. Tem pouca paciência com pessoas indecisas ou que não conseguem se virar sozinhas.

O **Oito problemático** vive preocupado com a ideia de que será traído. Receoso e com dificuldade em confiar nos outros, recorre à vingança quando prejudicado. Acredita que pode mudar a realidade, cria as próprias regras e espera que os outros as sigam. O Oito que se encontra nesse espaço destrói tanto quanto constrói, crendo que o mundo é um lugar no qual as pessoas são objetos para seu usufruto e as contribuições dos outros têm pouco ou nenhum valor duradouro.

Quando nos mudamos para Nashville, nossa família foi convidada para um jantar na casa de um novo vizinho. Enquanto comíamos, meu filho Aidan, na época com 13 anos, começou a contar uma história que havia ouvido e da qual tinha gostado, narrada no programa *All Things Considered* [Considerados todos os aspectos], da emissora de rádio pública NPR. Aidan mal tinha dito três frases, contando a premissa da história, quando um homem de meia-idade do outro lado da mesa o interrompeu soltando as seguintes palavras: "Só quem ouve a NPR são moderninhos que gostam de beber de madrugada, usar *jeans* justinho e fumar cigarro aromatizado".

Os olhos de Aidan foram ficando esbugalhados enquanto seu rosto avermelhava. Ele ainda não sabia que a maior parte de nossa vizinhança é politicamente conservadora e alguns moradores acham que a NPR não passa de uma máquina de propaganda ideológica para comunistas educados nas melhores universidades dos Estados Unidos. O vizinho então deu início a um longo discurso sobre esquerdistas que inventam o aquecimento global para destruir o capitalismo, o plano da Suprema Corte de impor as leis islâmicas e algo sobre o direito de seu *pitbull* levar um revólver ao parque para cães.

Um silêncio excruciante pesou sobre o ambiente. Eu estava prestes a dizer algo para defender Aidan quando ouvi, vindo de onde minha filha Cailey estava sentada, aquele limpar de garganta inconfundível que eu sabia que podia ser traduzido por: "Piloto para artilheiro, abrir portas para bombardear!". Ela estava bem em cima do alvo e se preparava para lançar seu arsenal retórico. Eu estava prestes a gritar: "Corra, Bambi, corra!", mas não deu tempo. Pedi a Deus misericórdia pela alma do homem.

Na época, Cailey tinha 22 anos e cursava o último ano na Midlebury College, uma das melhores instituições de ciências humanas do país. Essa moça é inteligente que só e não tem facilidade para suportar imbecis, ainda mais aqueles que resolvem pegar no pé de quem ela ama.

Cailey tirou o guardanapo do colo, limpou os cantos da boca, dobrou o tecido com calma e o colocou ao lado do prato. Então, virou-se para o homem que havia detonado seu irmão mais novo.

— Você só pode estar brincando, não é? — disse ela, fitando-o como uma pantera encara a presa.

As sobrancelhas do homem se arquearam quase até a testa.

— O que foi que você disse? — ele respondeu, sem a menor consciência de que acabara de abrir as portas do inferno.

Cailey se dirigiu para o restante de nós à mesa e apontou para o homem assim como um animador de circo aponta para o palhaço prestes a ser arremessado de um canhão:

— Amigos, eu lhes apresento mais um retardado que acredita sem pensar em qualquer coisa que ouve nos programas de rádio conservadores.

O homem se mexeu de maneira desconfortável na cadeira e fungou.

— Senhorita, eu...

Cailey fez um gesto de pare com a mão diante do rosto do homem, assim como um guarda de trânsito, e continuou, desmascarando e despedaçando todos os pontos fracos do argumento dele. Foi uma salva de críticas tão incessante que, após alguns minutos, senti a obrigação moral de intervir e dar fim àquilo.

— Obrigado, Cailey — falei.

— Senhor, faça-nos o favor e diga alguma coisa que preste da próxima vez que mexer a boca — disse ela, destruindo o homem com a ferroada final. Então Cailey desdobrou o guardanapo e o colocou de volta no colo.

— Pode me passar o sal? — disse ela, lambendo as patas.

Cailey é tipo Oito no Eneagrama.

O PECADO CAPITAL DO TIPO OITO

Os indivíduos de tipo Oito são chamados de Contestadores por serem agressivos, confrontadores, de alta voltagem, que abordam a vida assim como Alarico e os visigodos abordaram Roma: eles a detonam.

O pecado capital do Oito é a *luxúria*, mas não no sentido sexual. O Oito deseja intensidade. É um ser humano de alta voltagem, uma bomba de energia, que quer estar no lugar da ação e do movimento. Se não houver, ele inventa. O Oito tem mais energia que qualquer outro número no Eneagrama. É impetuoso, vívido e cheio de entusiasmo. Leva a vida a todo vapor e a suga até o fim; em seguida, bate o copo no balcão e pede mais uma rodada para todo mundo no bar.

O Oito não precisa de uma banda militar que toque "Salve o rei" para que as pessoas percebam que ele chegou. Quando um Oito entra no ambiente, você consegue sentir a presença dele antes mesmo de vê-lo. Sua energia exacerbada não preenche o espaço; ela o *domina.*

Imagine um vestiário masculino com um grupo de caras reclamando de como a aula de ioga foi "desafiadora". Agora pense no silêncio envolto por respeito que tomaria conta de todos eles se Dwayne "The Rock" Johnson aparecesse enrolado em uma toalha e olhasse em sua direção. De repente, aquele bando de homens agacharia pelo chão e diria: "Alguém viu minha lente de contato por aí?". Você entendeu a ideia.

Nem todas as pessoas de tipo Oito falam alto ou gesticulam exageradamente para transmitir sua opinião em uma conversa; nem todos têm porte físico intimidador. Essas coisas são estereótipos, não tipos de personalidade. O traço que define um Oito é o excesso de energia intensa que ele irradia por onde passa. Não importa se é introvertido ou extrovertido, grande ou pequeno, homem ou mulher, liberal ou conservador, todo Oito que já conheci transborda confiança, intrepidez e força. Como Zorba, o Grego, personagem de Nikos Kazantzakis, é uma pessoa vivaz que responde com gosto a tudo o que a vida lança em seu caminho.

**FAMOSOS
TIPO OITO**
Martin Luther King Jr.
Muhammad Ali
Angela Merkel

O Oito espiritualmente saudável e autoconsciente ama fazer aquilo que os outros afirmam ser impossível. Quando sua energia é controlada e canalizada, pode mudar o rumo da história. Pense em Martin Luther King Jr.

Em contrapartida, o Oito não desenvolvido espiritualmente que pontua baixo em um teste de autoconhecimento é alguém para se deixar longe das crianças. Pense em Josef Stalin.

TUDO SOBRE O TIPO OITO (OU O CONTESTADOR)

A raiva é a emoção dominante na vida do Oito. Trata-se de uma pessoa ferozmente independente, cuja energia opositora se expressa na necessidade de ser forte e de se levantar contra o poder. O Oito presume que os outros não são confiáveis, até que provem o contrário. Logo, não surpreende que a raiva seja sua emoção de prontidão. Ela fica tão próxima da superfície que, às vezes, dá para senti-la irradiando como de um aquecedor portátil. E, por sua facilidade de acessar a raiva, o Oito típico pode ter o pavio bem curto, disparando chicotadas nas pessoas sem pensar nas consequências. No entanto, seus rompantes de raiva são manobras de defesa inconscientes para evitar reconhecer ou revelar fraquezas e vulnerabilidades. O Oito usa a ira como fortificação para esconder e defender os sentimentos mais brandos e ternos da criança inocente e de coração aberto que um dia foi, aquela que ele não deseja que os outros vejam.

O Oito não vem equipado com regulador de intensidade. Ou está ligado ou desligado. É tudo ou nada. Entra para ganhar ou nem tenta. Quer expressar seus instintos animais e satisfazer o apetite de viver sem limites ou restrições impostas por qualquer outra pessoa. Essa maneira impulsiva de abordar a vida torna o Oito propenso a ser autoindulgente e excessivo. Pode trabalhar demais, festejar demais, comer demais, exercitar-se demais, gastar demais, fazer qualquer coisa demais. Para o Oito, muito de algo bom é quase o suficiente. Como diz meu amigo Jack, um sujeito tipo Oito: "Se vale a pena fazer algo, vale a pena fazer em excesso". (Não queira brincar de jogos que envolvem bebida alcoólica com o Jack. Não dá certo!)

Toda essa energia combativa, apaixonada e de sangue quente pode parecer avassaladora e ameaçadora para quem não é Oito. A maioria das pessoas vai para festas com a expectativa de se divertir e conversar com gente interessante, não de entrar em uma discussão verbal com o capitão prodígio do time de debate da Harvard. Tente não levar para o lado pessoal. Por mais estranho que pareça, o que para você soa intimidação, para o Oito é intimidade. Para ele, conflito é conexão.

Em minha experiência, noto que o Oito não se considera uma pessoa nervosa. Pelo contrário, ele se surpreende de verdade quando descobre que outros o acham intimidador, insensível e dominador. "Todas as vezes, na avaliação anual, eu recebia o mesmo *feedback*", contou-me Jim, ex-executivo de uma gravadora em Nashville e tipo Oito. "Meu chefe dizia que eu detonava nas vendas, mas minha equipe sempre reclamava com ele que eu era dominador, rude e passava por cima de suas ideias. Eu honestamente não tinha a menor noção de que era assim que as pessoas se sentiam perto de mim." O Oito se vê como alguém honesto, direto e que não teme enfrentar o que a vida lhe apresenta, sempre dando tudo de si em campo.

Para nossa sorte, o Oito se importa profundamente com a justiça. É defensor ferrenho das viúvas, dos órfãos, dos pobres e dos marginalizados. Não tem a menor dificuldade em falar a verdade para quem está no poder, e talvez seja o único número em todo o Eneagrama com coragem suficiente para confrontar e derrubar os opressores e ditadores do mundo. Entre no Facebook da minha filha Cailey e eu lhe garanto que você encontrará uma foto dela marchando em um protesto recente em prol do fim da brutalidade policial, em favor do aumento do salário mínimo ou fazendo pressão para que uma universidade corte o vínculo com empresas que produzem combustíveis fósseis. Se quiser *memes* de gatinhos fofos, terá de procurar em outro lugar.

Embora a preocupação do Oito com justiça, equidade e defesa dos marginalizados seja genuína, há outro drama envolvido. Após testemunhar ou vivenciar as consequências negativas da falta de poder quando criança, o Oito se identifica com a presa fácil e corre para seu auxílio.

A preocupação do Oito com a justiça é ótima até que ele coloque uma roupa justa e uma capa para assumir o papel de super-herói enviado para vingar os indefesos e restaurar o equilíbrio na escala da justiça. Essa é a tentação do Oito, que costuma ser mais maniqueísta que os outros. Ele vê as coisas em preto e branco, como se fossem boas ou más, justas ou injustas. As pessoas são amigas ou inimigas, fortes ou fracas, vencedoras ou perdedoras. Na cabeça do Oito, você e eu temos opiniões, enquanto ele tem os fatos. Crê absolutamente que seus pontos de vista e suas opiniões sobre as coisas são irrefutáveis. Rejeitam assumir uma abordagem moderada sobre qualquer coisa porque não ter clareza ou certeza absoluta em relação a seu posicionamento significa fraqueza ou — não queira Deus — covardia. Se tentar convencê-lo do contrário, sugiro que leve pijamas, pois a noite vai ser longa.

O Oito é capaz de começar uma briga em uma casa vazia. Um bom e velho conflito verbal lhe dá a oportunidade de se mostrar "grande" e tirar das pessoas qualquer ilusão anterior de que ele era fraco. O Oito valoriza a verdade, e nada como um confronto face a face para trazê-la à tona. Ele sabe que as pessoas podem mostrar quem realmente são no calor da discussão. Um confronto pode expor o que *realmente* está acontecendo por trás dos panos, revelar as reais intenções ou os objetivos ocultos das pessoas ou mostrar se os outros mantêm sua posição e merecem confiança.

Cada número tem um estilo de comunicação que lhe é peculiar. O conhecimento do estilo de conversa de cada número não só lhe dá um *insight* quanto ao tipo de outras pessoas, como também pode ajudá-lo a identificar o seu número. O estilo de comunicação do Oito é *autoritário*. Com frequência, suas frases são carregadas de imperativos e terminam com pontos de exclamação.

Enquanto a maioria das pessoas considera os conflitos qualquer coisa, menos revigorantes,

> "Você não perde nada quando luta por uma causa. Na minha opinião, os perdedores são aqueles que não têm uma causa com a qual se importar."
>
> **Muhammad Ali**

o Oito extrai deles sua energia. Se a conversa à mesa de Natal começa a ficar entediante, o Oito pega o telefone e dá uma conferida secreta em seus *e-mails* por baixo da mesa. Caso ainda esteja chato, tira uma carta da manga e diz algo do tipo: "Eu preferiria me jogar debaixo de um ônibus do que suportar mais quatro anos de governo deste presidente". Em seguida, ajeita-se na cadeira e observa a diversão.

O OITO QUANDO CRIANÇA

Mas de onde vêm essas forças da natureza? Uma história comum que ouvimos de pessoas tipo Oito é sobre algo que aconteceu em seus anos formativos e as forçou a abandonar prematuramente sua inocência infantil a fim de assumir responsabilidade pela própria vida e, com frequência, também pela vida de outros. Alguns Oitos cresceram em ambientes instáveis ou lares onde ser durão era recompensado com elogios. (Isso não se aplica a minha filha. Ela cresceu no Éden.) Outros contam que sofreram *bullying* na escola até ficar claro que não podiam depender de ninguém além de si mesmos. Essas lutas podem ou não refletir suas experiências de infância. Não rejeite a possibilidade de ser Oito ou qualquer outro número somente por não se identificar com uma história particular dos tempos de criança.

Independentemente do motivo, quando pequeno, o Oito capta esta mensagem prejudicial: "O mundo é um lugar hostil no qual somente os fortes sobrevivem, ao passo que os fracos ou inocentes são emocionalmente atingidos ou traídos. Então, coloque uma armadura e nunca permita que ninguém veja seu lado frágil". O Oito se preocupa muito com a possibilidade de ser traído. É por isso que muitos deles não confiam em mais do que um pequeno círculo de amigos ao longo da vida inteira.

Ao crescer um pouco, o Oito olha em volta no parquinho de areia ou em casa e vê um mundo onde os mais fortes sobrevivem e onde há dois tipos de pessoa: os que controlam os outros e os que se submetem. O Oito percebe que as crianças mais fracas acabam como seguidoras e promete para si mesmo: "Comigo não, amigo!".

Uma das minhas histórias preferidas sobre um Oito quando criança envolve Joey, filha de Suzanne. Quando Joey tinha 5 anos, Suzanne recebeu uma mensagem na secretária eletrônica deixada pela diretora da creche que a menina frequentava. Se você tem filhos, sabe que uma ligação como essa significa que seu filho ou jogou um balde de Lego em alguém ou precisa de alguma coisa crucial que você, pai ou mãe terrivelmente negligente, esqueceu-se de mandar. Também é possível que um mordedor em série não esteja reagindo ao "reforço positivo contínuo" naquela manhã e precise de uma focinheira. De todo modo, isso quer dizer que você precisará ter uma conversa face a face com o diretor.

Mas Suzanne ficou surpresa ao descobrir que o problema não era nenhum desses cenários típicos. Para seu espanto, ela descobriu que no início da semana Joey agendou um horário com a sra. Thompson, a diretora da creche.

— Suzanne, como você pode imaginar, *nunca* havia acontecido de uma criança de 5 anos solicitar uma reunião formal — explicou a sra. Thompson. — Minha secretária não sabia muito bem o que fazer, então resolveu marcar.

— Por que ela queria se reunir com você? — perguntou Suzanne.

— Bem, Joey entrou em meu escritório, ficou bem na minha frente e sugeriu que nos sentássemos. Eu sentei, mas ela não, para ficar no nível dos meus olhos. Ela me entregou uma pasta que estava carregando debaixo do braço e disse: "Muito obrigada por fazer esta reunião comigo, sra. Thompson. Estou com um problema e tentei conversar com minha professora sobre ele, mas ela não ajudou muito. Eu entendo que a maioria das crianças precisa tirar soneca. Mas eu não. Por isso, em vez de ficar entediada e ser obrigada a me deitar durante esse período, tenho uma ideia".

Então a sra. Thompson entregou a Suzanne a pasta de Joey contendo todas as suas tarefas — cada uma delas com uma estrela dourada. Joey havia levado a pasta para a diretora como prova principal de suas credenciais impecáveis e da genialidade de seu plano: como ela não precisava tirar soneca e suas tarefas não tinham um erro sequer, deveria receber permissão para ajudar as professoras corrigindo atividades durante o período de cochilo. "E posso fazer isso para você por apenas 1,47 dólares a hora", disse Joey, ajeitando a coluna para se colocar na maior altura possível.

— Suzanne, não posso pagá-la! É contra a lei! — disse a diretora, após terminar a história.

— E você obviamente disse que não, certo? — questionou Suzanne.

A expressão de descrença no rosto da diretora indicava que ela nem havia cogitado essa possibilidade. Joey não dera a impressão de que existia essa alternativa.

O objetivo dessa história não é mostrar que todas as pessoas tipo Oito são praticantes de *bullying* e que Joey tinha tendência para isso. (Aliás, a não ser que seja muito problemático, o Oito não costuma ser intimidador. Os valentões agem para compensar e acobertar os próprios medos, ao passo que o Oito não tem medo de ninguém. Como se preocupa com a justiça e deseja instintivamente proteger e defender os desamparados, é mais provável um Oito enfrentar o praticante de *bullying*.) A ideia é mostrar como vai longe o comportamento do Oito. Joey estava usando suas habilidades de Oito já aos 5 anos.

Assim como Joey, as crianças tipo Oito correm à frente do grupo e desejam permissão para agir de maneira independente. Elas confiam em si mesmas mais do que na maioria dos adultos e têm muita energia para enfrentar desafios e fazer as coisas.

O pequeno Oito entra na linha quando recebe limites, mas sua motivação tem menos a ver com agradar e mais com a esperança de ser recompensado com liberdade e independência pelo bom comportamento. Não sente necessidade de se conformar, mas sabe quando é vantajoso seguir as regras. Essas crianças literalmente assumem o controle quando parece que ninguém mais está no comando e, em geral, fazem uma boa tarefa — tão boa que, quando as pessoas apontam para nossa filha Cailey como evidência de que devemos ter sido pais razoavelmente bons, dizemos: "E o que leva você a pensar que temos alguma coisa a ver com isso?".

Infelizmente, o lado negativo dessa independência e autoconfiança é que tais crianças podem esquecer sua inocência cedo demais, e é difícil consegui-la de volta na vida. Elas precisam recuperar um pouco da abertura de coração que define a infância para outras pessoas. Precisam lembrar-se da época na vida em que não precisavam estar no comando ou no controle para se sentir seguras, quando podiam confiar que outros as protegeriam. Precisam das lições que os erros e a fraqueza nos ensinam: o valor de pedir desculpas, a experiência de perdoar e as lições que só aprendemos quando seguimos outro líder. Caso sua ousadia não seja moldada e canalizada a se tornar uma força para o bem durante seu desenvolvimento, mais tarde podem assumir posições de oposição frontal ao mundo.

O OITO NOS RELACIONAMENTOS

Amo as pessoas tipo Oito em minha vida. Não trocaria meu relacionamento com elas por nada neste mundo. Isso não quer dizer que é fácil se relacionar com um Oito, mas sim que o cuidado e a energia requeridos para ser amigo ou companheiro dele valem a pena.

O Oito quer que as pessoas o desafiem de volta. O Oito admira força. Só vai respeitá-lo se você estiver disposto a ficar no nível dele. Quer que os outros sejam iguais a ele e defendam aquilo em que creem. A última coisa a se fazer é hastear uma bandeira branca quando o Oito começar a bater no peito e tentar dominá-lo.

Certa vez, Ed, um Oito amigo da família, foi jantar conosco. Ele morava na casa ao lado quando eu era criança, me conheceu bebê e me viu crescer. Eu o amo como se fosse meu pai, mas lidar com ele pode não ser nada fácil. Durante a sobremesa, mencionei quanto havia gostado do filme *Birdman*.

— Aquele filme é horrível! — ele anunciou. — Longo demais, a trama é estúpida e Michael Keaton com certeza não é mais como antes. Não dá para entender como alguém consegue pensar que

Birdman é um bom filme — disse ele, agitando o garfo no ar como se fosse um sabre de esgrima.

Assim como a maioria dos Oito, Ed vive segundo a regra "preparar, apontar, fogo!". É um cara direto, que fala primeiro e talvez pense depois. Ao longo dos anos, aprendi a me recompor e a deixar para lá quando Ed subia em seu trator e me atropelava desse jeito. Mas, por ser estudante e professor do Eneagrama, decidi ver o que aconteceria se eu o enfrentasse no campo de batalha.

— Ora, ora, então temos um crítico de cinema por aqui? — eu disse com minha voz de menino grande, apontando o dedo na direção dele. — O *script* é ótimo, a direção foi impecável e aposto cinquenta dólares com você que Michael Keaton vai concorrer ao Oscar. Não dá para entender como alguém consegue pensar que *Birdman* é um filme ruim.

Ninguém à mesa se mexia. Meus filhos se prepararam para ficar órfãos. Ed se ajeitou para trás na cadeira por um instante e me olhou com curiosidade.

— Boa! — disse ele, sorrindo e pegando um pedaço de *tiramisù* com o garfo.

E pronto.

Todos voltamos à conversa normal, como se nossa discussão momentânea não tivesse passado de um belo intervalo comercial. É assim que funciona com o tipo Oito. Ele vai respeitá-lo se você se mantiver firme, e, após o confronto, é como se nada tivesse acontecido.

O Oito gosta da verdade nua e crua. A menos que você aprecie longas desavenças, nunca minta ou diga meias verdades para um Oito. É preciso falar a verdade, somente a verdade e nada além da verdade. Informação é poder, por isso o Oito gosta de conhecer todos os fatos. Para um exemplo disso, adiantemos quinze anos na história de Suzanne e Joey. Joey estava voltando da faculdade para casa quando sofreu um grave acidente de carro, no qual fraturou o ombro, deslocou o quadril e teve escoriações severas. Quando Suzanne viu Joey antes de a filha entrar para o centro cirúrgico, ficou chocada em encontrá-la tão ferida, com cada centímetro do rosto marcado pelos pedregulhos da estrada.

Controlando-se para não chorar, Joey perguntou:

— Mãe, eu estou horrorosa?

— Sim, querida — respondeu Suzanne. — Está.

As enfermeiras em volta suspiraram, o tipo de suspiro que Suzanne me conta ser universalmente reconhecido pelas mulheres como uma expressão intencional de julgamento. Quanto mais alto o suspiro, mais profundo o julgamento. Mas Suzanne sabia que o Oito *sempre* quer a verdade, então ela não enfeitou os fatos. O Oito não quer que você o proteja da realidade, nem o mime deixando de fora os detalhes desagradáveis. Na cabeça de um Oito, há muito em jogo. Se ele não souber a verdade, então não tem conhecimento do que realmente está acontecendo. E, se não souber o que realmente está acontecendo, não tem domínio sobre a situação — e isso é algo que um Oito *nunca* quer. Se você esconder informações relevantes, o Oito sentirá que você o deixou desamparado no vento, exposto ao perigo. Não queira perder a confiança de um Oito. Leva muito tempo para reconquistá-la, *então sempre lide com a verdade.*

O Oito gosta de estar no controle. O Oito nunca quer sentir que não está no controle. É por isso que ele não costuma dizer "Desculpe-me". Se você disser que ele falou ou fez algo que o magoou, o Oito vai piorar as coisas acusando você de ser sensível demais. Quando as coisas dão errado, o Oito que não tem autoconsciência é extremamente rápido em culpar os outros, em vez de admitir e assumir responsabilidade pelos próprios erros. Para um Oito espiritualmente imaturo, expressar remorso ou admitir seu papel naquilo que deu errado representa fraqueza. O Oito se preocupa com a possibilidade de, caso ele admita um mau comportamento e peça desculpas, você venha a usar isso contra ele no futuro. Se serve de consolo, quando, no silêncio do próprio coração, reconhecem que magoaram alguém a quem amam, alguns Oitos se martirizam sem misericórdia (contanto que estejam convencidos de que erraram).

Lembre-se de que o Oito tem uma personalidade imponente e dominadora, com a necessidade de ser "o chefe". A menos que você lhe coloque um freio, ele vai tomar conta dos bens, do calendário social da família, do controle remoto da TV e do contracheque. Por ser tão expansivo e envolvente, o Oito pode entrar no lugar onde você está e, em minutos, sua voz clara e alta, seus gestos exagerados e suas opiniões não solicitadas — mas oferecidas com toda empatia — começam a exercer controle sobre o ambiente como um exército em ocupação.

O Oito é do tipo "não reclame, nem explique". Não dá desculpas, nem espera que você o faça. Se você está em um relacionamento romântico com um Oito, precisa saber quem você é e ser independente. Ele não quer que você tire as energias dele, mas sim que traga a sua. Ama debates, aventuras arriscadas e irritar as pessoas.

Todo esse excesso e intolerância a limites significa que o Oito precisa de amigos e parceiros que o ajudem a se manter na linha. Conforme você aprenderá, o "autoesquecimento" é um marco de todos os três números na Tríade da Raiva (8, 9, 1). Além da inocência da infância, uma das coisas que o Oito esquece é que ele não é um super-humano invencível. Muitos Oitos se sentem fisicamente maiores e mais poderosos do que de fato são, por isso fazem exigências irracionais sobre o próprio corpo, colocando a saúde e o bem-estar em risco. Ele vai protestar quando você o advertir, mas precisa do lembrete de que a moderação é uma virtude, não uma ordem judicial.

O Oito tem um lado sensível. Se você tem a sorte de conviver com um Oito, saiba que, por baixo de toda a intensidade e energia nervosa, existe um coração cheio de ternura e amor.

O Oito pularia na frente de um trem em velocidade máxima ou levaria um tiro no peito por seu pequeno círculo de amigos.

Sinta-se honrado quando um Oito demonstrar ternura ou compartilhar pensamentos ou sentimentos vulneráveis com você. O grande problema de quem é Oito é confundir vulnerabilidade com fraqueza, portanto ele raramente baixa a guarda para permitir que outros vejam sua fragilidade ou seu desejo profundo de ser compreendido e amado. É por isso que muitos Oitos se sentem atraídos por tipos senti-

> "A luta agressiva por aquilo que é direito é o esporte mais nobre em que o mundo pode se empenhar."
>
> **THEODORE ROOSEVELT**

mentais do Eneagrama (2, 3, 4), que podem ajudá-lo a entrar em contato com suas afeições e expressá-las exteriormente.

O Oito está sempre disposto a apoiar as pessoas que desejam colocar em prática seu potencial. Sabe como capacitar os outros e extrair o que há de melhor neles. Vai se equipar e entrar de cabeça para ajudar alguém a obter aquilo que deseja na vida. Tudo o que pede é que você faça sua parte e dê 150% de si para alcançar a meta. Se você não o fizer, o Oito deixará de apoiá-lo e procurará outra pessoa disposta a se esforçar mais.

Quando o Oito está em um espaço saudável, ele é o máximo. Ri com facilidade, recebe com generosidade e conta o tipo de piada que faz você rir descontroladamente alto. Mas também é um competidor a ser levado a sério. Não importa se está jogando contra ele na final em Wimbledon ou apenas em uma partida entre amigos no gramado de casa, você logo descobre que o Oito detesta perder mais do que ama ganhar.

O antagonismo do Oito pode sabotar seus relacionamentos. O Eneagrama revela como nossas soluções costumam ser piores que os problemas em si. Ao testar as autoridades regularmente, mostrar-se francos e insensíveis, agir de modo confrontador, insistir que a própria perspectiva sempre é a correta ou agir por impulso, o Oito não se protege de ataques, da perda do controle ou de vivenciar danos e traições emocionais — ou melhor, de convidá-los.

Cansadas de receber ordens ou ser intimidadas por um Oito espiritualmente imaturo, as pessoas ou encerram o relacionamento com ele ou se unem a outros para derrubá-lo profissionalmente ou excluí-lo socialmente. O triste é que, quando isso acontece, apenas confirma os piores temores do Oito sobre a natureza perigosa do mundo, a impossibilidade de confiar nos outros e a probabilidade de traição.

O Oito procura uma resposta à pergunta: "Posso confiar em *mim mesmo* com *você?*". No fim das contas, ele quer encontrar alguém com quem se sinta seguro o suficiente para baixar a guarda e revelar seu coração.

O OITO NO TRABALHO

É possível encontrar um Oito em qualquer profissão. Pode ser um ótimo promotor ou advogado de defesa, técnico, missionário, empresário ou administrador. Como gosta de estar no comando, sem limites impostos pelos outros, com frequência o Oito trabalha por conta própria.

Quando funcionário, o Oito pode ser uma contribuição valiosa ou dar muito trabalho e, em geral, acaba fazendo ambos. Se você tem a sorte de contar com um Oito em sua equipe e quer que ele tenha um bom desempenho, mantenha os canais de comunicação abertos e não o surpreenda mudando as regras ou anunciando uma súbita mudança de planos. O Oito é extremamente intuitivo e lê o mundo de forma visceral, por isso consegue farejar engano ou falta de integridade a quilômetros de distância. Caso ele confie em você, pode ficar tranquilo. Se não, durma com um olho aberto.

O Oito sempre quer saber quem detém o poder, para desafiar e testar regularmente sua autoridade. Por isso, você precisa estabelecer limites, fornecer *feedback* regular e honesto, bem como criar fronteiras claras e razoáveis. O Oito segue um líder que sabe com clareza para onde está indo. Não tem a menor paciência para um líder indeciso ou sem a coragem para se comprometer com um curso de ação e ir em frente. Como o Oito procura um líder forte, ou você precisa ser essa figura e prover direcionamento claro, ou colocar outra pessoa com mais presença de espírito para ser responsável por ele.[1]

Também é importante mantê-lo em atividade. Um Oito entediado é como um cão filhote trancado em casa o dia inteiro. Ou você o mantém ocupado, ou ele corroerá tudo em sua casa até a estrutura. Mas, quando você estiver contra a parede, é ótimo ter um Oito na equipe. Ele é criativo, inteligente e destemido, ótimo solucionador de problemas, disposto até a dormir no chão para ter a certeza de que o trabalho ficará pronto.

O mundo corporativo capitalista idolatra o tipo Oito. (Também valoriza o Três, mas ainda não chegamos lá.) São pessoas como Jack Welch, ex-presidente da GE, cuja franqueza mal-afamada e estilo de liderança durão fizeram a linha de produção da companhia crescer exponencialmente, mas também lhe conferiram o apelido de "Jack Nêutron". (Não sabemos se isso o fez diminuir um pouco o ritmo.) A despeito de tudo, a presença dominadora do Oito e sua energia sem limites transmitem confiança para os outros, e as pessoas o seguem.

Isso se você for homem.

MULHERES TIPO OITO

O gênero faz diferença em como a vida se desenrola para um Oito. No meio da década de 1960, meu pai estava desempregado e nossa família, sem dinheiro — falida mesmo, do tipo que precisava colocar folhas de jornal dentro do sapato para manter os pés secos na chuva. Para colocar comida na mesa, minha mãe tipo Oito conseguiu o emprego de secretária em uma pequena editora em

Greenwich, Connecticut. Naquela época, grupos de homens que haviam estudado nas melhores escolas particulares para meninos dominavam o mundo editorial. Isso não deteve minha mãe. Quinze anos depois de ser contratada para datilografar e fazer café, ela foi nomeada vice-presidente e editora da empresa.

> "Quando um homem reduz o pessoal da empresa, é considerado decidido. Quando uma mulher o faz, é vista como vingativa."
>
> **CARLY FIORINA**

Assim é o Oito: extremamente determinado, durão, decidido, inovador, despachado, realizador daquilo que as pessoas dizem que não dá para fazer. Ele faz as coisas acontecerem.

Quando minha mãe reflete sobre os anos em que passou no mercado de trabalho, conta que as mulheres tipo Oito são o número mais incompreendido e injustiçado no Eneagrama. Em nossa cultura, um homem tipo Oito é respeitado e reverenciado. As pessoas os veem como leões que mostram a que vieram. Infelizmente, todos conhecemos a palavra que essas mesmas pessoas usam para descrever uma mulher que assume o comando no ambiente de trabalho ou na comunidade, alguém que se posiciona em defesa daquilo em que acredita, se recusa a ser maltratada pelas pessoas e consegue realizar a tarefa necessária.

Nem preciso dizer qual é, certo?

Muitas mulheres tipo Oito passam pela vida coçando a cabeça e pensando: "Por que as pessoas me veem e me tratam assim?". Os inseguros e os que se sentem ameaçados com facilidade poderiam fazer a gentileza de colocar uma mordaça na boca e tirar essas mulheres do castigo para que continuem a viver sem mais interrupções?

ASAS

Lembre-se, cada tipo básico de personalidade incorpora os atributos de pelo menos um dos números de qualquer um de seus lados no diagrama. Isso se chama *asa*. Se você é tipo Oito e sabe qual de suas asas colore mais sua personalidade, pode dizer: "Sou Oito com asa Sete" ou "Sou Oito com asa Nove". Ou ainda, como dizem meus amigos escoceses: "Sou Oito com um tiquinho de Sete no sangue".

Ainda não aprendemos as características distintivas do Sete (o Entusiasta) e do Nove (o Pacificador), mas isso não precisa nos impedir de ver como cada uma dessas asas acrescenta cor e sabor à personalidade de um Oito.

Oito com asa Sete (8a7). Essa combinação pode ser extravagante. As pessoas Oito com asa Sete são extrovertidas, cheias de energia e divertidas, refletindo a personalidade radiante do Sete. Também são ambiciosas, impulsivas e, às vezes, inconsequentes. Curtem a vida ao máximo. São as mais ativas de todos os números e também as mais empreendedoras. A energia do Sete mascara a parte mais desconfiada do Oito, por isso o 8a7 tende a ser mais sociável e gregário do que outros indivíduos tipo Oito.

Oito com asa Nove (8a9). O Oito com asa Nove aborda a vida de maneira mais comedida. É mais acessível e aberto à cooperação, em vez de pender para a competição; isso harmoniza com a tendência do Nove de desempenhar um papel pacificador. Por causa do dom de mediação do Nove, esse Oito não é comum — um 8a9 pode ser um indivíduo conciliador. É apoiador, modesto e menos espalhafatoso. Os outros gostam de seguir sua liderança. Quando o dom do Nove de ver os dois lados da questão fica disponível para o Oito, este se torna um negociador de sucesso tanto em situações de pouca relevância quanto nas mais importantes.

ESTRESSE E SEGURANÇA

Estresse. Quando o Oito se estressa, ele se desloca para o Cinco (o Investigador) e assume as características mais prejudiciais associadas a esse número. Ele se retrai e se desconecta ainda mais de suas emoções. Alguns têm insônia e deixam de cuidar de si, comendo mal e abandonando os exercícios físicos. Nesse território, o Oito se torna mais reservado e hipervigilante, com medo de ser traído. Também pode não dar o braço a torcer e se tornar ainda mais intransigente do que de costume. Não é fácil!

Segurança. O Oito se desloca para o lado saudável do Dois quando em segurança. Torna-se mais cuidadoso e não se preocupa tanto em esconder sua natureza terna e bondosa. Nesse território, ele não insiste na correção absoluta de suas crenças e opiniões, mas aprende a ouvir e a valorizar o ponto de vista das outras pessoas também. Começa a confiar em algo maior que ele mesmo (sim, há coisas no universo maiores que uma pessoa tipo Oito) e permite que outros cuidem dele — e isso, mesmo que por um breve período, deixa todos felizes. O Oito conectado ao lado positivo do Dois reconhece que, em geral, a justiça é uma realidade além de seu controle e que é melhor deixar a vingança nas mãos de Deus. Pelo menos por enquanto.

TRANSFORMAÇÃO ESPIRITUAL

No livro *The Holy Longing* [O anseio sagrado], o autor católico Ronald Rolheiser descreve *eros* como "um fogo inextinguível, uma inquietação, um anseio, um desassossego, uma fome, uma solidão, uma nostalgia pungente, uma condição selvagem que não pode ser domada, uma dor arrebatadora congênita que se encontra no centro da experiência humana e consiste na força primordial que impulsiona tudo o mais".[2] Suzanne e eu temos o palpite de que as pessoas tipo Oito estão mais em contato com o *eros* divino do que o restante de nós, ou foram dotados com uma porção maior desse atributo. São criaturas finitas tentando administrar um tanque transbordante de desejos infinitos. É muita coisa para dar conta! Quando apropriadamente contido, seu fogo pode receber as pessoas com segurança e aquecê-las. Mas, assim como todo fogo, se não for rodeado por uma cerca de autodisciplina, vai levar a casa abaixo.

Quando o Oito está espiritualmente bem e consciente de si mesmo, é uma central de energia: destemido, magnânimo, inspirador, ativo, apoiador, leal, confiante, intuitivo, comprometido e tolerante em relação a quem é mais fraco que ele.

Quando o Oito coloca a vida em piloto automático e cai no sono espiritual, deixando de assumir o controle de sua personalidade, torna-se excessivo sem o menor pudor, inconsequente, arrogante, intransigente ao máximo e, às vezes, até cruel.

Eu adoraria ajudar as pessoas tipo Oito a entrar em contato com a inocência infantil da qual abriram mão cedo demais e a restaurar sua confiança na humanidade. Gostaria de lhes prometer que nunca serão traídos, mas não posso fazer isso. Em algum momento, todos passaremos por essa experiência.

A mensagem de cura que o Oito precisa conhecer e sentir e na qual precisa crer é esta: há muita gente confiável no mundo e, embora o risco de traição sempre seja real, amor e conexão continuarão a lhe escapar a menos que receba de bom grado a criança inocente e indefesa que um dia foi e se reconecte com ela. Sim, ser traído é extremamente doloroso, mas não acontece com a frequência que o Oito teme. E, se ou quando acontecer, ele será forte o suficiente para superar.

Como o Oito gosta de pessoas francas e diretas, vou ser brutalmente honesto: viver debaixo de uma fachada de extravagância e dureza para mascarar o medo de dano emocional é sinal de covardia, não de coragem. Arriscar-se a ser vulnerável e amar é que requer bravura. Você é forte o bastante para tirar a máscara de intimidação e aspereza? Essa é a pergunta a se fazer.

Gosto dos livros de Brené Brown *The Power of Vulnerability* [O poder da vulnerabilidade] e *A arte da imperfeição*. Sugiro que as pessoas tipo Oito leiam os dois. Duas vezes. Em *A arte da imperfeição*, Brown escreve: "Aceitar nossa vulnerabilidade é arriscado, mas nem de longe tão perigoso quanto abrir mão de amar, pertencer e se alegrar — as experiências que nos tornam mais vulneráveis. Somente quando somos corajosos o suficiente para explorar as trevas é que descobrimos o poder infinito da nossa luz".[3] Brown tem uma tese: a vulnerabilidade é a base do amor e dos relacionamentos. Se o Oito deseja amar e ser amado, precisa se arriscar a abrir o coração e revelar seus sentimentos mais íntimos a poucas pessoas dignas de confiança. É o preço para ser aceito.

"Quando sou fraco, então é que sou forte." É isso que Paulo disse, e creio que ele estava certo. As pessoas tipo Oito deveriam escrever essas palavras em um cartão, afixá-lo no espelho do banheiro e transformá-las no mantra de sua vida. Bem melhor do que "Ou é do meu jeito, ou não é de jeito nenhum".

DEZ CAMINHOS DE TRANSFORMAÇÃO PARA O OITO

1. Com muita frequência, sua intensidade e seu desejo de viver comandam o *show*. Dê permissão a um amigo para lhe dizer quando você está exagerando ou demonstrando comportamentos extremos. Lembre-se: moderação, moderação, moderação!

2. Para recuperar parte de sua inocência natural da infância, cuide de sua criança interior e torne-se amigo dela. Eu sei, você não tem tempo para esse tipo de "besteira", mas ajuda.

3. Fique de olho e evite pensar tão preto no branco. Cinza é uma cor de verdade.

4. Amplie sua definição de força e coragem, incluindo nela a vulnerabilidade. Arrisque compartilhar seu coração em um nível mais profundo com alguém em sua vida.

5. Lembre-se, sua tendência é agir por impulso. O certo é "preparar, apontar, fogo!", não "fogo, apontar, preparar!".

6. Você não é o dono da verdade. No calor da batalha, pare e pergunte-se: "E se eu estiver errado?". Repita isso cem vezes ao dia.

7. Sua personalidade é duas vezes maior e mais intensa do que você pensa. Aquilo que para você parece empolgação não raro

é interpretado como intimidação pelos outros. Peça desculpas sem ressalvas quando alguém lhe disser que você passou por cima dele.

8. Não seja o rebelde o tempo inteiro e tente não se posicionar contra figuras de autoridade apropriadas. Nem todas elas são ruins.

9. Quando você se irritar e ficar com raiva, pare e pergunte-se se está tentando esconder ou negar um sentimento de vulnerabilidade. Que sentimento é esse? Como você usa a agressão para escondê-lo ou defender-se dele?

10. Não se considere fraco por compartilhar sentimentos ternos, nem julgue os outros por isso. É preciso coragem para baixar a guarda e expor sua criança interior. (Eu sei, você continua odiando essa expressão.)

COMO É SER DO TIPO NOVE

1. Faço praticamente qualquer coisa para evitar conflitos.
2. Não sou de tomar a iniciativa.
3. Às vezes me perco fazendo tarefas triviais, ao passo que as coisas que realmente precisam ser feitas acabam ficando para depois.
4. Fico feliz em fazer o que os outros desejam.
5. Tenho a tendência de procrastinar.
6. As pessoas parecem querer que eu seja mais decidido.
7. Quando me distraio e saio da tarefa, minha atenção se volta para qualquer coisa que esteja acontecendo à minha frente.
8. Com frequência, escolho o caminho com menos obstáculos.
9. Encontro conforto nas rotinas domésticas e do trabalho e me sinto inseguro quando algo as afeta.
10. Os outros me consideram mais pacífico do que realmente sou.
11. Tenho dificuldade em começar, mas, quando começo, as coisas realmente acontecem.
12. Sou uma pessoa transparente.
13. Não me considero muito importante.
14. As pessoas acham que sou um bom ouvinte, mas tenho dificuldade em prestar atenção em uma conversa longa.
15. Não gosto de levar trabalho para casa.
16. Às vezes me desligo e fico pensando no passado.
17. Prefiro uma noite tranquila em casa com as pessoas que amo do que grandes encontros sociais.
18. Estar ao ar livre me acalma muito.
19. Com frequência, sou silenciosamente teimoso quando as pessoas me dão ordens.
20. Eu me sentiria egoísta se passasse um dia inteiro fazendo o que me desse vontade.

4

O Pacificador

É impossível encontrar paz evitando a vida.

VIRGINIA WOOLF

O **Nove saudável** é um mediador nato. Ele enxerga e valoriza a perspectiva das outras pessoas e consegue encontrar harmonia no que parecem ser pontos de vista irreconciliáveis. É altruísta, flexível e gosta de incluir. Esse Nove raramente se apega à própria maneira de ver ou fazer as coisas. Aprendeu a tomar decisões com base nas prioridades certas. É uma pessoa inspiradora, que realiza plenamente seu potencial.

O **Nove regular**, embora normalmente pareça doce e de fácil relacionamento, é teimoso e desconectado de sua raiva. Ele se negligencia. Embora normalmente não se sinta importante, às vezes acorda e percebe que precisa se esforçar e investir em si mesmo. Mostra-se disposto a se posicionar e a defender a justiça em favor dos outros, mas não é muito provável que se arrisque a fazer o mesmo por si. Não é do tipo que pede muito, mas aprecia o que os outros realizam por ele.

O **Nove problemático** tem dificuldade em tomar decisões e se torna dependente em excesso. Para amainar os sentimentos de tristeza e raiva, recorre a comportamentos entorpecedores. Lutando para manter a ilusão de que tudo vai bem, pode vacilar entre a submissão e a hostilidade aberta.

Quando eu tinha vinte e poucos anos, presenciei em primeira mão uma pessoa que tinha um transtorno do sono. Certa noite, acordei com o que parecia a voz de uma criança cantando baixinho no piso inferior, na cozinha. Foi perturbador. Eu havia assistido pouco tempo antes ao filme *A hora do pesadelo*, de Wes Craven, que mostrava um coral de crianças medonhas que cantavam "Um, dois, três, Freddy vai pegar vocês" toda vez que ele estava prestes a colocar as garras em sua próxima vítima. Assim como Jó, senti os "terrores da escuridão".

Armado com um abajur, desci em silêncio só para descobrir meu colega de quarto sonâmbulo na sala, de samba-canção, dançando todo animado enquanto cantava "Like a Virgin", de Madonna. Se houvesse *smartphones* naquela época e eu pudesse ter filmado o momento, teria postado no YouTube e com certeza se tornaria viral, tipo "Gangnam Style".

Essa lembrança me faz rir até hoje, mas, na verdade, o sonambulismo pode ser bem perigoso. Alguns sonâmbulos já escalaram guindastes de mais de quarenta metros, dirigiram dormindo, pularam de janelas do terceiro andar e até assassinaram parentes da família do cônjuge. Quer saber, acho que há países inteiros governados por sonâmbulos! Mas estou saindo do assunto.

Há muito tempo, excelentes mestres cristãos usam o sonambulismo como metáfora para descrever a condição espiritual humana. Quando nossa personalidade entra em piloto automático, ela nos embala a um estado próximo ao sono, prendendo-nos aos padrões habituais e repetitivos de reatividade irrefletida aos quais estamos ligados desde a infância. É tão previsível que parece hipnose. O Nove sofre de uma forma mais grave de sonambulismo que os outros números. Se não tomar cuidado, passará pela vida inteira dormindo.

John Waters e Ronna Phifer-Ritchie estão certíssimos quando dizem que o Nove é o "queridinho do Eneagrama".[1] Anne, minha esposa, e nossa filha Maddie são tipo Nove. Eu as adoro. Quando o Nove é espiritualmente maduro, é uma pessoa tranquila, de fácil relacionamento, que sabe relaxar e seguir o ritmo da vida. Adaptável e bem-humorado, não se incomoda com picuinhas como tantos de nós. É feito de material impermeável, não de velcro. O Nove é o número menos controlador do Eneagrama. Permite que a vida se desenrole naturalmente, dando aos outros liberdade e espaço para crescer no próprio tempo e à própria maneira. É rápido para amar, lento para julgar e raramente pede reconhecimento pelo esforço que despende em cuidar dos outros. É livre e simples, pé no chão e prático, um tipo de quem é muito fácil gostar. Para ser honesto, não dá para parar de falar as coisas boas do Nove que faz ou tem feito seu trabalho. Mas o Nove conhece muito bem o princípio da inércia. Sabe, por experiência, que um corpo em movimento permanece em movimento e que um corpo parado permanece inerte. Quando sobrecarregado com coisas demais para fazer, muitas decisões para tomar ou a perspectiva desconcertante de mudança, o Nove pode diminuir o ritmo até se arrastar. Se fizer uma parada completa, sabe que será preciso muita energia para voltar à atividade. Como Suzanne gosta de dizer: "O Nove começa devagar... E depois diminui ainda mais o ritmo". Falaremos mais sobre esses defeitinhos enquanto prosseguirmos.

O PECADO CAPITAL DO TIPO NOVE

O pecado capital do Nove é a *preguiça*, palavra que normalmente associamos à indolência física. No entanto, a preguiça do Nove é de natureza espiritual. O Nove regular está desligado do impulso passional e motivador necessário para sair do marasmo e viver "sua vida única e aventureira".[2] O Nove imaturo não se conecta plenamente ao fogo interior de que necessita para correr atrás da vida que Deus lhe deu e, como resultado, falha em se tornar senhor de si. Mas mexer nessas paixões inflamadas e ímpetos instintivos perturbaria a paz interior e o equilíbrio pelos quais o Nove preza acima de quase tudo. E agora chegamos mais perto da verdade. Para o Nove, a preguiça tem a ver com o desejo de não ser incomodado demais pela vida. Ele literalmente não quer que a vida pegue no seu pé. Lembre-se, o Nove faz parte da Tríade da Raiva (ou Visceral). Você só consegue tomar as rédeas da vida quando a aborda visceralmente, quando tem acesso a seu fogo animador instintivo. Mas o Nove é preguiçoso no que diz respeito a prestar atenção à própria vida, descobrir o que *ele próprio* quer da vida, correr atrás de seus sonhos, satisfazer as próprias necessidades, desenvolver seus dons e desempenhar sua vocação. Ele se apega ao "Hakuna Matata" de sua harmonia interior e a protege. Pede pouco da vida e espera que a vida lhe retribua o favor. Se o Oito tem contato demais com seus instintos viscerais e expressa a raiva em excesso, o Nove está excessivamente desconectado dos instintos viscerais e expressa sua raiva menos do que deveria. O Nove não tem contato com o lado bom da raiva, a parte que inspira, impulsiona mudanças, movimenta as coisas e dá coragem para se posicionar em defesa de si mesmo. Quem se encontra desligado desse lado da raiva se torna letárgico e sonhador.

FAMOSOS TIPO NOVE
Barack Obama
Bill Murray
Renée Zellweger

Essa falha em arriscar um engajamento total com a vida surge, em parte, da necessidade do Nove de evitar conflitos *a qualquer custo*.

O Nove teme que a expressão de suas preferências ou a declaração de seus objetivos coloque relacionamentos importantes em risco e perturbe a calma superfície de seu mar interior. E se suas prioridades e vontades se chocarem com os interesses de alguém com quem se importa e essa diferença causar conflito e distanciamento? O Nove valoriza tanto a sensação de conforto e tranquilidade, a manutenção do *status quo* e a preservação da conexão com os outros que deixa de lado as próprias opiniões e aspirações para se misturar às das outras pessoas. Isso não parece difícil para os Pacificadores que, com frequência, cresceram sentindo que nem sua presença, nem suas prioridades importavam muito para os demais. O Nove pensa: "Para que me dar o trabalho se nada do que eu digo ou faço parece fazer qualquer diferença no mundo? Não seria mais fácil e confortável deixar de lado minhas prioridades e trilhar o caminho com menos obstáculos?". Como você já deve ter imaginado, normalmente há um toque de resignação no ar que rodeia o Nove. Infelizmente, ele paga um preço pela filosofia de vida "Maria vai com as outras" que adota para conviver bem. Também paga caro por não correr atrás de uma vida digna de seus dons e de seu espírito. Adormece para a própria vida.

Para lidar com as inúmeras coisas a fazer sem saber por onde começar, para evitar o acúmulo de perguntas sem respostas e decisões adiadas clamando por atenção, para distrair a raiva e salvar a autoestima baixa, o Nove costuma ter estratégias prejudiciais de lidar com a realidade. Com frequência, as pessoas desse tipo recorrem a comida, sexo, bebidas, exercícios, compras, ao conforto tranquilizador dos hábitos e das rotinas, à realização de tarefa em cima de tarefa que não exija reflexão ou a vegetar no sofá vendo TV para se entorpecer e ignorar seus sentimentos, desejos e vontades. O que o Nove não percebe é que o entorpecimento é uma forma falsificada de relaxamento, uma imitação barata da paz genuína pela qual anseia.

Mas não é preciso desanimar: o Nove é mais corajoso e arrojado do que imagina. Lembre-se, no Eneagrama, a maldição de um número não passa da distorção de sua bênção. Todos nós temos trabalho a fazer. Portanto, como o leão Aslan exclama ao fim de *As Crônicas de Nárnia*, sigamos "mais para o alto e mais adiante!".[3]

TUDO SOBRE O TIPO NOVE (OU O PACIFICADOR)

As pessoas do tipo Nove têm alguns traços em comum que as caracterizam como grupo — por exemplo, esquecem-se de si mesmas, têm dificuldade em tomar decisões e tendem a se distrair com facilidade. Embora nem todo Nove demonstre cada uma dessas características, muitos se reconhecem nos atributos mencionados a seguir. (Ou, pelo menos, seus amigos e familiares diagnosticarão imediatamente esses traços em seu amado Nove, ao passo que ele em si vai concordar com o que dizem porque manter a harmonia concordando com os outros é exatamente o modo de agir de um Nove.)

Esquecimento de si e fusão.[4] O Nove se esquece de si mesmo. Todos os números da Tríade da Raiva fazem isso. O Oito esquece o descanso e os cuidados pessoais, o Um se esquece de relaxar e de se divertir com mais frequência e o Nove esquece suas opiniões, preferências e prioridades. Em vez disso, ele se funde aos sentimentos, aos pontos de vista e às iniciativas dos outros. Ao fazê-lo, acaba se apagando. Para evitar mexer em um vespeiro nos relacionamentos, o Nove não desenvolvido negligencia o ímpeto da alma para identificar, nomear e asseverar aquilo que quer na vida e se priva de correr atrás disso. Aliás, é possível que ele se funda tão profundamente ao objetivo de vida e à identidade de outra pessoa que, com o tempo, passa a confundir os sentimentos, as opiniões, os sucessos e as aspirações do outro com os próprios.

Empoleirado no topo do Eneagrama, o Nove desfruta uma visão desobstruída do mundo. Desse ponto alto, ele não só tem o benefício de ver o mundo assim como cada um dos outros números vê, mas também incorpora naturalmente a si certa medida dos pontos fortes centrais característicos associados a todos os tipos.

Conforme Riso e Hudson observam, o Nove pode personificar o idealismo do Um, a bondade do Dois, a atratividade do Três, a criatividade do Quatro, a potência intelectual do Cinco, a lealdade do Seis, o otimismo e o espírito aventureiro do Sete e a força do Oito. Infelizmente, de sua posição privilegiada, o Nove tende a ver o mundo do ponto de vista de qualquer número, com exceção do próprio. Ou, nas palavras de Riso e Hudson: "O único tipo com o qual o Nove não se parece é com o próprio Nove".[5]

Uma vez que consegue enxergar pelos olhos de todos os outros números e, por isso, não sabe ao certo quem é e o que quer, o Nove ultrapassa seus limites saudáveis para se fundir a um parceiro mais assertivo, o qual idealiza e de quem espera obter um senso de identidade e propósito. Depois de um tempo, porém, não sabe onde ele próprio termina e a outra pessoa começa. Às vezes, as pessoas descrevem ou percebem o Nove como alguém indistinto, passivo, "desfocado", sem um eu particular. Como não se sente importante, nem se acha especial o suficiente para ser notado ou mudar alguma coisa, o Nove é perceptivelmente imperceptível. Sua energia difusa pode dar aos outros a impressão de que está, ao mesmo tempo, em todo lugar e em parte alguma. É capaz de entrar e sair de um ambiente praticamente sem ser notado. Conforme escreveu Lynette Sheppard, professora do Eneagrama: "Estar com um Nove pode dar a sensação de cair em um grande espaço confortável".[6]

> "Tenho tanto para fazer que vou dormir."
>
> *PROVÉRBIO DA SAVOIA, NA FRANÇA*

O Nove regular tem menos vigor e energia do que qualquer outro número do Eneagrama. Pode começar um projeto com toda animação, mas, no meio do caminho, sucumbir à inércia, "fugir da missão" e cair de cara no chão. Em geral, há diversos projetos não finalizados à espera do Nove — uma banheira impermeabilizada pela metade, o gramado parcialmente aparado, a garagem quase organizada. Ele se sente exausto e tem bons motivos para isso: o Nove está bem no meio da Tríade Visceral (ou da Raiva). Conforme você já aprendeu, seus vizinhos, os Contestadores, exteriorizam a raiva, e — desculpe por adiantar — os outros vizinhos, de tipo Um, a internalizam. A fim de evitar conflitos e turbulências internas, o Nove adormece para a raiva. Isso não quer dizer que ela desaparece, somente que ele precisa dar duro para contê-la e mantê-la fora de seu campo de visão. Trata-se de um projeto estafante, que esgota a alma.

Ao contrário do Oito e do Um, o Nove precisa construir e manter não só uma, mas *duas* fronteiras. A primeira para defender seu centro pacífico de ser afetado negativamente pelo mundo exterior, e a segunda para defender seu interior sereno contra perturbações de pensamentos e sentimentos incômodos que surgem do lado de dentro. É necessário esforço para ignorar a raiva e defender as duas fronteiras. Isso suga a energia que o Nove deveria dedicar a um engajamento mais pleno com a vida e o desenvolvimento pessoal. Não é de estranhar que ele se sinta inexplicavelmente cansado ao longo de boa parte do tempo. Tão cansado que, quando não está realizando uma tarefa ativa e se senta por um instante para fazer um intervalo, o Nove às vezes cai literalmente no sono.

Há ocasiões em que é possível identificar um Nove olhando aéreo para o nada, como se houvesse se desconectado e caído em um estado onírico de transe. É isso mesmo. Quando o Nove se sente sobrecarregado (como quando um conflito ameaça surgir ou quando as pessoas lhe dizem o que fazer), ou mesmo por nenhuma razão identificável, ele se desliga e se retira para um lugar da mente que os professores do Eneagrama chamam de "refúgio sagrado" do Nove. Nesses momentos, o Nove se separa de sua raiva e de sua energia vital, ignorando o chamado para agir. Pessoas tipo Nove contam para Suzanne e para mim que, enquanto estão ali no refúgio sagrado, relembram acontecimentos ou conversas do passado que gostariam de ter feito ou dito diferente.

Se o motivo de retirada para seu refúgio sagrado for ansiedade, ele pensa: "Por que estou chateado agora? É minha culpa ou de outra pessoa?". Ou, às vezes, ele simplesmente se retira para recuperar sua sensação interior de paz tão confortante, por mais ilusória que seja. Quando o Nove cai fundo demais nesse transe nebuloso, torna-se cada vez mais distraído e menos produtivo, o que causa ainda mais problemas em seus relacionamentos.

Por lhe faltar, muitas vezes, ímpeto e foco, o Nove regular com frequência se torna um faz-tudo que não se especializa em nada. É um generalista que, por saber de tudo um pouco, sempre encontra algo para conversar com qualquer pessoa. Conversar com um Nove é agradável, contanto que ele não acione o piloto automático. Você sabe que ele fez isso quando, depois de perguntar como foi o dia, ele começa uma história longa e vagarosa, com mais detalhes e rodeios do que você jamais imaginou ser possível. Essa tendência de fazer voltas verbais explica por que alguns professores do Eneagrama usam o termo "saga épica" para descrever o estilo de comunicação do Nove.

Ambivalência e tomada de decisões. Você lembra que cada número no Eneagrama está conectado a outros dois por meio de setas, indicando como os números interagem de forma dinâmica um com o outro? Localizado no topo do Eneagrama, o Nove tem um pé no Três e outro no Seis. Embora ainda não tenhamos falado sobre esses números, o Três é o mais conformista e cordato de todos os tipos, ao passo que o Seis é o mais inconformado e contrário à autoridade. Para o Nove, isso significa uma grande ambivalência. Com frequência, ele se sente dividido entre o desejo de agradar os outros e de desafiá-los. Quando confrontado com a necessidade de se posicionar ou tomar uma decisão, o Nove sorri e parece calmo por fora, mas por dentro se sente completamente sobrecarregado, sem saber o que fazer: "Eu acho isso uma boa ideia ou não? Quero isso ou não? Digo 'sim' ao pedido dessa pessoa ou falo 'não' e arrisco um distanciamento?". A fim de evitar o distanciamento, seu lado conformista quer falar "sim" para deixar todos felizes, ao passo que o lado não conformista sente vontade de jogar tudo para o alto por ter de abafar mais uma vez os próprios sentimentos e desejos para se adaptar.

Por haver tantos ângulos do assunto para examinar, tantos fatores para levar em conta e tantos prós e contras com os quais se preocupar, com frequência o Nove acaba não decidindo. Fica sentado em cima do muro agonizando em relação ao que fazer, enquanto espera outra pessoa tomar a decisão ou a situação se resolver naturalmente por conta própria. Toda essa história de ficar em cima do muro produz procrastinação, que pode levar o restante do mundo à loucura. Embora você possa não perceber a princípio, quanto mais pressionar um Nove para escolher ou fazer algo, mais ele fincará os pés silenciosamente e resistirá. O Nove sabe tomar decisões e o faz, mas, por causa de sua natureza ambivalente, o processo pode demorar bastante. O fato de haver uma pilha de questões não resolvidas e decisões pendentes já ocupando espaço na mente dele não ajuda a acelerar o processo.

Se, em uma tarde de sexta, eu mandar mensagem para Anne perguntando: "Onde você quer ir jantar hoje?", ela vai responder: "Não sei. Onde você quer ir?". A resposta sempre chega tão rápido que estou convencido de que ela a pré-programou no celular. Lembre-se, por ser tipo Nove, Anne não quer declarar suas preferências com medo de criar conflito ou despertar sentimentos desagradáveis entre nós. Ela quer saber qual é a minha vontade para se adaptar e se misturar aos meus desejos, evitando um desacordo em potencial. É a reação típica de um Nove.

Essa troca também revela como é difícil para o Nove fazer escolhas quando ele se defronta com possibilidades ilimitadas. É mais fácil para ele saber o que não quer do que aquilo que de fato quer. Por isso, pessoas que amam alguém tipo Nove ajudam bastante se oferecerem uma gama limitada de opções para ele decidir. Se eu enviar uma mensagem para Anne perguntando: "Você quer ir ao restaurante tailandês, ao indiano ou ao chinês hoje à noite?", haverá uma pausa de três minutos, seguida de uma mensagem dizendo: "Tailandês", com um *emoji* de joinha.

Quem ama um Nove deve reconhecer como é importante não privá-lo de qualquer escolha que ele tenha feito. Não sou tão fã de comida tailandesa como Anne, então, a caminho do restaurante, eu posso pensar: "Anne provavelmente nem liga muito para onde vamos jantar. Já eu queria tanto comida chinesa! Se eu disser que quero ir ao chinês, ela vai concordar numa boa".

E estou certo. Ela vai mesmo. Mas como eu amo Anne e sei que ela está se esforçando para superar os desafios de ser Nove, quero que sua decisão prevaleça e desejo deixá-la liderar. O Nove já sente que suas preferências e sua presença importam menos do que as das outras pessoas. A última coisa de que precisam é que você e eu assinemos embaixo.

Analisemos agora um último aspecto da ambivalência do tipo Nove. Talvez por estar posicionado bem no topo do Eneagrama, onde consegue captar um vislumbre da perspectiva de todos, o Nove é capaz de ver todos os pontos de vista. E todos parecem igualmente válidos. Sua habilidade de enxergar os dois lados de tudo os transforma em mediadores natos — e o tipo de pessoa que todos presumem estar do lado deles. Joe, marido de Suzanne, é pastor metodista e muitos casais o procuram para receber aconselhamento conjugal. Às vezes, alguma irmã da igreja se aproxima de Suzanne no intervalo no domingo e sussurra algo do tipo: "Estou tão feliz por estar fazendo as sessões de aconselhamento com Joe. Ele entende minha situação e reconhece quem precisa mudar em nosso casamento".

Quinze minutos depois, o esposo da mulher chega do lado de Suzanne e diz: "Estou tão agradecido por Joe estar nos aconselhando! Finalmente alguém enxerga o que venho dizendo o tempo inteiro e sabe que não sou doido!".

Entendeu o padrão? O Nove é tão bom em perceber e identificar cada ponto de vista que as pessoas costumam ir embora não apenas com a sensação de que ele as entendeu, mas também certas de que concordou com elas, embora ele nunca tenha dito isso abertamente. Por ser tão empático e capaz de reconhecer os méritos de diferentes perspectivas, o Nove saudável consegue harmonizar pontos de vista aparentemente irreconciliáveis. Mas essa capacidade de enxergar os dois lados para tudo também pode criar problemas. Suzanne e eu às vezes conversamos e rimos sobre os desafios de criar filhos com alguém que vê os dois lados de todas as situações. Ao surpreender seus filhos fazendo algo errado, você os manda para o quarto dizendo: "Espere só até seu [insira aqui o pai ou a mãe] chegar em casa e ficar sabendo do que você fez"? Todas as vezes que Suzanne e eu dissemos isso para nossos filhos enquanto eram menores, eles só concordavam com a cabeça e davam um sorrisinho maroto. Sabiam o que aconteceria quando o pai ou a mãe em questão chegasse em casa. Primeiro, Anne ou Joe ouviriam nosso lado da história; então, conversariam com o filho em apuros. Quinze minutos depois, voltariam com a criança escondida atrás das pernas e diriam algo do tipo: "Olha, o menino tem sua parcela de razão". Compreenda que enxergar e reconhecer os dois pontos de vista é a maneira de o Nove regular não se posicionar, para não enfrentar conflitos ou criar distanciamento.

Uma tarefa para um Nove em crescimento é discernir e declarar qual das duas perspectivas é correta do ponto de vista *dele*.

> "A paz é a única batalha que vale a pena travar."
>
> **Albert Camus**

Infelizmente, em algumas ocasiões, o Nove abandona a própria opinião e cede à de outro, ou por não ter certeza daquilo em que acredita ou simplesmente porque quer se conformar e ficar bem com a pessoa. O Nove precisa aprender a identificar seu ponto de vista pessoal, dar voz a ele e se manter firme, independentemente da pressão que sinta para mudá-lo a fim de agradar os outros.

Um desafio comum para o Nove é o enigma de priorizar algumas tarefas em relação a outras. Uma vez que realizar todas lhe parece igualmente importante, ele tem dificuldade em decidir qual começar primeiro. Toda segunda de manhã, quando Joe, marido de Suzanne, entra no escritório, sua secretária lhe entrega uma lista do que precisa ser realizado naquela semana, em ordem de importância. Joe é um cara muito inteligente, que lidera a igreja mais antiga de Dallas. Mas, sem essa lista, ele simplesmente faz o que aparece primeiro à sua frente. Alguns indivíduos tipo Nove se ressentem e começam a teimar sutilmente com você se insistir que comecem a fazer uso de listas, mas, sem uma, eles são uma ameaça à população civil de modo geral.

Embora o Nove pareça viver em ambivalência, há momentos em que ele sabe exatamente o que precisa fazer e o faz, a despeito da controvérsia ou do conflito que causará, ou da perda pessoal que isso lhe trará. Nesses momentos, o Nove age com base na convicção. Na literatura do Eneagrama, isso se chama "ação correta".

Podemos estar errados, mas Suzanne e eu achamos que Bill Clinton é tipo Nove. Entre novembro de 1995 e janeiro de 1996, o presidente Clinton e Newt Gingrich, presidente do Congresso na época, se enfrentaram em uma batalha épica em relação a cortes no orçamento federal, a qual resultou em duas paralisações sem precedentes do governo. Durante as negociações litigiosas, com muita coisa em jogo entre a Casa Branca e os membros do Congresso controlado por republicanos, os membros da equipe de Clinton tinham a preocupação de que o presidente cedesse às exigências de Gingrich ou fizesse tantas concessões que manchariam sua imagem política de maneira irreparável. Clinton odiava conflito. Às vezes, tinha dificuldade em tomar decisões e se manter firme a elas. Mais de uma vez, ao longo de sua carreira política, cedeu a rivais políticos para manter a paz. Certa noite, porém, depois que Gingrich se recusou a aceitar a última de suas muitas propostas, Clinton olhou nos olhos dele e disse: "Sabe, Newt, não posso fazer o que você quer que eu faça. Não acredito que seja a coisa certa para este país. Pode até me custar a eleição, mas não vou fazer". Na disputa ferrenha entre Gingrich e Clinton em relação à paralisação governamental, Gingrich cedeu primeiro. Alguns dias depois, os republicanos concordaram em reabrir o governo sem um acordo orçamentário. Clinton ganhou a eleição seguinte. Muitos historiadores dizem que tomar a decisão e se manter firme a ela foi o que lhe garantiu o segundo mandato.

Os funcionários da Casa Branca que estavam presentes quando essa conversa aconteceu dizem que sabiam ter testemunhado algo extraordinário ocorrer dentro de Clinton. Ele exerceu a ação correta.[7] Percebe que tal ação é o oposto da preguiça? Tenho a sensação, porém, de que se Hillary perguntasse para Bill onde ele queria ir jantar para comemorar o resultado de sua reunião com Newt, ele provavelmente teria dado de ombros e dito: "Não sei, onde você quer ir?".

Tamanhos divisores de águas só ocorrerão algumas vezes ao longo da vida de um Nove, mas, no processo de trabalhar em si mesmo, ele pode começar a agir com ousadia semelhante em questões menores. Pode criar coragem para iniciar conversas desagradáveis, voltar a estudar para conseguir o diploma e dedicar-se à carreira que sempre apreciou, ou recusar-se a ceder à pressão de colegas que querem que ele mude de posição em algo nos negócios.

Agressão passiva. Lembra que eu disse que o início do trabalho com o Eneagrama pode ser doloroso? Que todos nós nos sentimos expostos e envergonhados quando descobrimos o lado mais obscuro de nosso tipo? Isso pode ser verdadeiro de maneira especial para o Nove, que, não raro, se apega demais à reputação de ser um cara legal ou uma boa moça — e gosta disso. Se você é do tipo Nove, enquanto lê os próximos parágrafos, mantenha em mente que, assim como ocorre em cada número, sua maldição é o outro lado de sua bênção. Ninguém termina de ler este livro sem sentir uma ou duas pontadas, e vamos falar sobre aquilo que é belo em você antes de terminar. Então...

Com frequência, as pessoas perguntam para Suzanne ou para mim: "Como pessoas tão bondosas e amigáveis residem na Tríade da Raiva?". Apesar da reputação de ser dócil e adaptável, o Nove nem sempre está distribuindo flores no calor do conflito. O Nove pode ser tão nervoso quanto um Oito, mas você não percebe, por causa de seu exterior afável e agradável. O Nove está cheio de questões de raiva não resolvidas, mas tem medo de que a experiência de deixá-las sair será mais do que ele possa aguentar; então, acaba adormecendo para elas. Embora esteja desconectado desse sentimento, o Nove abriga ressentimentos que remontam à infância ou a períodos mais recentes, por ter sacrificado os próprios planos ou sonhos para apoiar os do cônjuge ou os dos filhos. Como não sabe quando nem como dizer "não" para as pessoas, fica com raiva porque elas parecem tirar vantagem de sua aparente incapacidade de colocar limites nos relacionamentos. Como se não fosse o bastante, fica aborrecido quando as pessoas lhe mandam acordar e fazer mais do que o mínimo para sobreviver. Toda essa pressão perturba sua calma interior!

O Nove não esquece falhas reais ou concebidas, mas, porque evita conflitos, raramente expressa sua raiva de forma aberta. É verdade que, de vez em quando, o Nove explode, mas, na maior parte do tempo, mantém a calma, quase como Buda, e deixa vazar sua ira de maneira indireta.

> "Tentar deixá-la com raiva é como tentar encontrar um canto em uma bola de boliche."
>
> **CRAIG MCLAY**

Se você fez algo para deixar um Nove com raiva na segunda de manhã, ele provavelmente só vai senti-la lá pela terça à tarde. Ao chegar a terça à noite, você saberá que ele está chateado com você por causa de alguma coisa quando perguntar se ele cumpriu a promessa de pegar seu vestido na lavanderia para sua viagem importante de negócios no dia seguinte e, em um tom de voz qua-se arrependido, ele disser: "Ai, querida, eu esqueci". Lembre-se, para o Nove que não tem muito autoconhecimento, esse comportamento não é necessariamente consciente. Está apenas acompanhando o transe característico de seu tipo.

A teimosia é o comportamento passivo-agressivo do Nove, sobretudo quando sente que está sendo pressionado a concordar com um plano ou fazer algo que não quer. Mas ele também tem outras flechas no arsenal de suas ações passivo-agressivas dentre as quais pode escolher quando deseja expressar indiretamente sua raiva por causa de algo ou assumir o controle de uma situação, tais como fugir, procrastinar, fechar-se, desligar-se, fazer greve de silêncio, não realizar tarefas que são de sua responsabilidade, dentre outras coisas. Quando o cônjuge do Nove finalmente se frustra e pergunta: "Alguma coisa está errada?", ele pode insistir: "Não sei do que você está falando". Infelizmente, o comportamento passivo-agressivo acaba deixando os outros ainda mais irritados, o que só faz criar mais conflitos e problemas para o Nove do que se ele simplesmente se abrisse e dissesse o que o chateou.

Como Anne sabe que sou exigente com pontualidade, ela costuma tentar estar pronta para sair, em especial quando é muito importante que cheguemos na hora. De vez em quando, porém, ela se move em passos de tartaruga. Isso me força a ficar no pé da escada, olhando para o relógio e gritando para ela se apressar porque vamos perder o início do filme ou insultar, com nosso atraso, as pessoas que nos convidaram para jantar.

Agora que estou familiarizado com o modo como agem as pessoas do tipo Nove, sei que, quando Anne reduz o ritmo dessa maneira, quer dizer que está brava comigo por causa de alguma coisa, mas não quer começar uma discussão me dizendo diretamente. Ela quer que eu descubra por que está chateada e conserte o problema sem precisar envolvê-la. Então, quando isso acontece, eu subo a escada e falo:

— Vamos lá, pode pôr para fora.

Ao que ela responde:

— A vida era tão mais fácil antes de você conhecer o Eneagrama!

Prioridades e distrações. Quando o Nove é confrontado com a necessidade de acordar e cuidar das próprias prioridades, ele às vezes se concentra em tarefas secundárias, deixando as essenciais por último. Trata-se de uma manobra de defesa desconcertante, mas eficaz, da parte do Nove para tirar a atenção da identificação das prioridades de sua vida e, consequentemente, da necessidade de sentir raiva e agir em prol de si mesmo.

Certa tarde de domingo, chamei Anne para ir à academia comigo, mas ela disse que não. Sendo professora de História para o Ensino Fundamental 2, ela me explicou que no dia seguinte precisava entregar aos pais os comentários sobre os alunos e ainda não havia começado a prepará-los. Quando cheguei em casa algumas horas depois, fiquei surpreso ao encontrar Anne polindo a prataria. Eu nem sabia que tínhamos utensílios de prata!

— O que você está fazendo?

— Encontrei nosso faqueiro de prata na prateleira do canto da sala de jantar e disse para Maddie que pode ficar com ele. Mas estava tão manchado que tive a ideia de polir para ela.

— Mas e os comentários para a reunião de pais e mestres? Não são para amanhã?

— Está bom! — disse ela, deixando de lado a molheira. — Eu só estava tentando fazer algo útil.

O Nove se distrai com muita facilidade. As prioridades de todo o mundo são mais importantes que as dele, e tais distrações são uma ótima maneira de se esquecer de si mesmo e evitar a dor de não saber o que quer da vida. Mas espere — a mente humana é extraordinariamente criativa —, sempre tem mais!

Certo dia, Anne e eu convidamos minha mãe para jantar conosco às seis da noite. Às três da tarde, Anne disse que iria rapidinho ao supermercado comprar os ingredientes. Às cinco, ainda não havia voltado, então liguei para ela.

— Onde você está? Minha mãe vai chegar daqui a sessenta minutos. Você pelo menos já foi ao supermercado?

Silêncio.

— Ainda não. Eu estava a caminho, mas Sue estava no jardim da casa dela quando passei em frente, então parei para cumprimentá-la. Enquanto conversávamos, a corrente da bicicleta de um dos filhos dela caiu e ela não sabia colocar de volta. Então a ajudei. Depois que saí, percebi que tinha graxa na minha blusa. Resolvi parar na farmácia para comprar um removedor de manchas. Aí lembrei que estava com uma receita de colírio para Maddie na bolsa, então resolvi isso também. Quando finalmente seguia para o supermercado, passei pela loja de cama, mesa e banho e vi um anúncio de liquidação. Aidan vai precisar de roupa de cama nova para a faculdade em setembro e eu havia guardado vários cupons de 20% de desconto, então entrei rapidinho e comprei alguns jogos de lençol. Mas agora já estou quase chegando ao supermercado. Estarei em casa em vinte minutos.

> "Sabe, se estivéssemos sentados na varanda conversando e um cavalo passasse, meu pai simplesmente montaria nele e sairia cavalgando."
>
> **NATALIE GOLDBERG**

Viu o que aconteceu? Quando um Nove se distrai com uma tarefa ou atividade não essencial (parar para conversar com um amigo), pode acabar esquecendo o quadro mais amplo (em duas horas a sogra chega para jantar). Sem ver ou sentir a urgência do quadro mais amplo, o Nove não consegue mais atribuir valor ou priorizar as tarefas (comprar comida para a sogra faminta *agora*). Sem o tal quadro mais amplo (horário estimado de chegada da sogra em apenas sessenta minutos), a atenção do Nove perde o foco e se torna difusa. Todas as tarefas parecem assumir igual importância, então o Nove acaba fazendo qualquer coisa que aparecer à sua frente.[8]

Todos nós precisamos de um amigo ou cônjuge que possa nos fazer perguntas que nos despertem do transe de nosso número em particular. "Você ainda está focado na tarefa?" é uma boa pergunta para fazer a um Nove que parece ocupado fazendo tudo e nada ao mesmo tempo.

O NOVE QUANDO CRIANÇA

Nunca conheci uma criança mais tranquila, com um espírito mais doce e um talento sobrenatural para pressentir as necessidades dos outros do que minha filha Maddie. Anos atrás, quando eu era líder de uma igreja em fundação, Anne e eu recebíamos muitos grupos de pessoas em casa. Maddie, com 4 ou 5 anos na época, entrava na sala cheia de adultos, escolhia o colo de alguém e ali se enrolava como uma bolinha até dormir, parecendo um gatinho. No que dizia respeito a fazer as pessoas se sentirem em paz, essa menina era melhor que um calmante e duas taças de vinho. Dava literalmente para ver uma onda palpável de paz e alívio que recaía sobre aquele que Maddie escolhia para receber esse tratamento especial.

Certo dia, uma amiga perguntou para Anne: "Você já percebeu que, quando Maddie olha em volta decidindo em qual colo vai se aninhar, ela sempre escolhe alguém que está se divorciando, passando por um problema sério de saúde ou alguma outra grande crise na vida?". Nunca havíamos percebido essa relação antes, mas nossa amiga estava absolutamente certa. Acho que o instinto de Maddie lhe dizia quem naquele ambiente precisava de mais paz e certeza de que tudo daria certo. Sua presença continua a transmitir isso hoje. Maddie mora na Califórnia e quer ser terapeuta. Ela ainda não se formou, mas, se eu fosse você, já marcaria a consulta agora. A agenda dela será lotada.

Muitos, muitos indivíduos do tipo Nove contam a Suzanne e a mim que cresceram em lares nos quais eram ou achavam que eram negligenciados e onde suas preferências, opiniões ou sentimentos eram menos importantes que as dos outros. A mensagem prejudicial que o Nove escutou foi: "Suas vontades, suas opiniões, seus desejos e sua presença não importam muito". Minha Maddie, além de ser do tipo Nove, também é a filha do meio, entalada entre uma irmã mais velha e um irmão mais novo que são de números assertivos no Eneagrama. Fico triste, mas suspeito que, às vezes, Maddie se sentia como a clássica filha negligenciada. Como eu gostaria que Anne e eu conhecêssemos o Eneagrama quando nossos filhos eram pequenos! Eu saberia da relevância de garantir que Maddie se sentisse vista e importante. Graças a Deus, hoje ela sabe de tudo isso.

É muito fácil lidar com um Nove quando criança. Ele não é sempre o primeiro a se envolver nas atividades ou levantar a mão para responder a uma pergunta na sala de aula, mas traz harmonia e animação por onde passa. Quando criança, o Nove se sente muito desconfortável quando há conflitos entre os pais e outros membros da família, por isso tenta desempenhar o papel de mediador ao mesmo tempo que procura permanecer num lugar em que não será forçado a escolher um dos lados. Se as pessoas forem intransigentes e não conseguirem encontrar uma solução pacífica, a criança Nove pode ficar brava, mas normalmente sua raiva é negligenciada ou ignorada. Por isso, ou ela a guarda para si, ou se desliga mentalmente, ou sai rapidamente do local. Muitas vezes, quando meus filhos Aidan e Cailey começavam a brigar dentro do carro, Maddie encostava a cabeça na janela e dormia para fugir do conflito.

Essas belezinhas sentem que suas ideias e seus sentimentos não são valorizados, por isso, bem cedo na vida, aprendem a arte de se misturar aos outros. Embora prefiram não ser o centro das atenções com muita frequência ou por muito tempo, anseiam que as notemos e valorizemos sua presença. Assim como todas as crianças, elas procuram um lugar onde se sintam integradas e uma maneira de experimentar pertencimento.

O NOVE NOS RELACIONAMENTOS

O Nove maduro é um cônjuge, pai e amigo maravilhoso. Leal e bondoso, vai muito além da obrigação para apoiar você. É divertido, flexível e não reclama muito. Ama os prazeres simples da vida. Se tiver a escolha entre se arrumar para um baile de gala ou se aninhar no sofá com você e as crianças para comer *pizza* e assistir a um filme, escolhe a segunda opção. O Nove sempre tem um lugar especial na casa onde pode ficar em silêncio e se dedicar a uma atividade que aumenta sua experiência de paz.

O Nove saudável é alguém que acordou e encontrou sua voz, ou caiu em si. Sabe que é importante o suficiente para investir na própria vida e que importa na vida de seus familiares, amigos e colegas de trabalho. Um Nove saudável é espiritualmente inspirador. É receptivo ao mundo, mas não tão aberto ou sem limites a ponto de acabar perdendo o senso de autodefinição.

O Nove adormecido tem problemas nos relacionamentos quando surgem conflitos (e quando é que isso não acontece?); ele se recusa a reconhecê-los e a resolver a situação. A negação é para ele um grande mecanismo de defesa. Não quer encarar nada que vá perturbar sua harmonia, então pede que sua orquestra interior toque mais alto enquanto o navio afunda. Pode ignorar os sinais óbvios de que algo está errado, minimizar os problemas ou sugerir um conserto simples que só revela como está desconectado com a questão e sua determinação em evitar a parte desagradável de lidar com tudo. Como quer evitar conflitos e conversas dolorosas, os outros precisam arrastar o Nove para dentro do fogo a fim de confrontar problemas sérios no relacionamento. O desejo de evitar conflitos e se fundir à outra pessoa é tão forte que o Nove se apega a relacionamentos muito tempo depois do vencimento de sua data de validade.

O Nove não é de tomar a iniciativa, mas fica empolgado quando outros fazem contato. Tem a habilidade maravilhosa de se reconectar com pessoas que não via por muito tempo. Mesmo depois de anos sem encontrar alguém, consegue retomar a conversa como se houvesse encontrado a pessoa ontem mesmo.

Aprendi o seguinte sobre estar casado com um Nove ou criar um filho desse tipo: aquilo que parece um desentendimento insignificante para você é como uma grande batalha para ele. O que para você parece um pequeno aumento no volume de sua voz, para o Nove é como se fosse um forte grito.

Antes de compartilhar meus pensamentos ou sentimentos sobre algo, é importante eu perguntar a Anne ou a Maddie o que elas estão pensando. Isso não só as valoriza, como também diminui a possibilidade de elas se fundirem a mim e talvez concordarem em fazer algo que não querem.

O NOVE NO TRABALHO

Vaga disponível para pessoa que gosta de atuar em equipe, é constante, confiável e empolgada, para trabalhar em ambiente harmonioso. Acessível e diplomática, ela deve ser capaz de conviver com uma ampla gama de pessoas. Aquele que aprecia criar controvérsias ou fazer jogos políticos no escritório nem precisa se candidatar.

Se esse anúncio aparecesse no LinkedIn, haveria uma fila quilométrica de Noves fazendo de tudo para conseguir uma entrevista. Poderia até ocasionar uma onda de violência em meio a essa população normalmente tão pacífica.

O Nove saudável é um ótimo funcionário e colega de trabalho. Alguns têm um cônjuge que acredita nele e dedica a vida a ajudá-lo a viver plenamente seu potencial (por exemplo, Nancy Reagan, Hillary Clinton). Apoiador, sem propensão para julgar e inclusivo, ele constrói pontes e une as pessoas em um espírito de cooperação. Muitas pessoas do tipo Nove contam a Suzanne e a mim que não são exatamente ambiciosos, embora alguns o sejam. Não cobiçam o escritório principal, nem precisam de um grande pacote de benefícios. Se tiverem um bom emprego, com pagamento razoável e algumas vantagens, sentem-se contentes em permanecer onde estão. Como são capazes de enxergar vários pontos de vista, são bons solucionadores de problemas e propõem acordos nos quais todos saem ganhando.

Do grupo em que se insere, o Nove extrai energia e obtém senso de identidade. Por isso, prefere se misturar à equipe e compartilhar o crédito pelo sucesso do que fazer de tudo para que os holofotes recaiam sobre si e, assim, conseguir avançar na carreira. Aceita um pouco de reconhecimento, mas na maioria das vezes prefere se esconder do radar para não atrair muita atenção. E se suas realizações profissionais levarem a uma mudança de função ou lhe trouxerem mais trabalho? Quando surge uma oportunidade de promoção, o Nove pode ir atrás dela, mas somente se estiver pronto. Em sua maior parte, as pessoas tipo Nove não têm alto índice de energia e não gostam de se sentir controladas ou pressionadas por desempenho.

Por ser uma criatura de hábitos, o Nove aprecia estrutura, previsibilidade e rotina no ambiente de trabalho. Não gosta de levar trabalho para casa e certamente não aprecia ser interrompido nos finais de semana ou nas férias.

Os indivíduos do tipo Nove dão excelentes conselheiros, professores, religiosos e relações públicas. "Lecionar é perfeito para mim", diz minha esposa. "Trabalho melhor quando sei que há um padrão e um ritmo estabelecidos em minha vida. Gosto de saber quais aulas dou em quais dias da semana, quando o semestre começa e termina e o que o diretor da escola espera de mim. Acima de tudo, tenho um ótimo relacionamento com os colegas e amo os alunos."

Infelizmente, é tão fácil tirar vantagem de um Nove no ambiente de trabalho quanto nos relacionamentos. Ele é cordato demais. Para evitar um mal-estar, diz "sim" quando sente vontade de falar "não" e, com frequência, se arrepende depois.

O Nove tende a se subestimar no trabalho. Tem habilidades consideráveis, mas não as valoriza de maneira adequada. Embora seja capaz de assumir posições no nível mais elevado do mundo profissional, a maioria dos Nove gravita em direção a posições de gerência média, nas quais pode evitar o tipo de conflito e o estresse associado à liderança, tais como tomar decisões impopulares, supervisionar funcionários ou demitir pessoas.

ASAS

Nove com asa Oito (9a8). Essa é uma das combinações mais complexas do Eneagrama, dadas a necessidade do Oito de confrontar o poder e a necessidade do Nove de evitar conflitos. O Oito é energizado pela raiva, ao passo que o Nove a evita a todo custo. Pense em uma contradição ambulante! Esses dois números trazem um quê a mais ao clichê de que "os opostos se atraem", mas também se encontram em um lugar poderoso dentro do sistema. Mais cheio de energia, confiante, obstinado, extrovertido e governado pelo próprio sistema de valores do que o 9a1, o 9a8 tem mais acesso à raiva e a expressa de maneira mais aberta se ele ou outros estiverem ameaçados. (Jenny, filha de Suzanne, é 9a8. Ela fala: "Mãe, estou em uma enrascada tremenda. Minha asa Oito acabou de fazer um monte de coisas que minha asa Nove vai levar umas três semanas para consertar.") Lembre que essa ligeira subida na confiança e essa agressão periódica são relativas à conduta das outras pessoas do tipo Nove, não aos outros números que têm *muito* mais acesso à raiva e conseguem expressá-la mais abertamente.

> "É melhor manter a paz do que precisar fazer as pazes."
>
> **AUTOR DESCONHECIDO**

Embora às vezes mude de ideia, o 9a8 acha muito mais fácil ser claro e direto em relação às coisas importantes para ele. Ainda que a asa Oito não torne mais provável que ele aja em defesa própria, é enérgico em agir para defender os excluídos e o bem comum. Esse Nove tende a ser mais confrontador do que os outros, mas também é rápido em buscar conciliação.

Nove com asa Um (9a1). O Nove com asa Um (o Perfeccionista) tem um forte senso da diferença entre certo e errado. A energia do Um ajuda esse Nove a permanecer um pouco mais focado. Por isso, consegue realizar mais, e isso aumenta sua confiança. O 9a1 é mais crítico, organizado, introvertido e passivo-agressivo que os outros indivíduos tipo Nove. Por causa da preocupação com questões de certo e errado, é apto a se envolver em esforços de pacificação ou outras causas de justiça social. Como líder, esse Nove é modesto e cheio de princípios. As pessoas desejam segui-lo por causa de sua integridade e constância.

ESTRESSE E SEGURANÇA

Estresse. Em situações de estresse, o Nove começa a agir como o Seis problemático (o Leal). Torna-se comprometido em excesso, preocupado, rígido, precavido contra os outros e ansioso, mesmo sem entender por quê. Começa a duvidar mais de si, dificultando ainda mais que de costume o processo de tomada de decisões. O interessante é que também se torna reativo — uma grande diferença para um número que raramente (ou nunca) é rápido para reagir.

Segurança. Quando o Nove se sente confortável e seguro no mundo, move-se para o lado positivo do Três (o Realizador). Torna-se, então, mais focado nas metas, decidido, autoconfiante e sintonizado com seu objetivo de vida. O Nove próspero luta menos contra a inércia, assume o controle da própria vida e crê que sua presença no mundo é importante. E o mais fundamental: o Nove conectado ao lado positivo do Três consegue vivenciar e desfrutar paz e harmonia *genuínas*.

TRANSFORMAÇÃO ESPIRITUAL

A fraqueza do Nove para se misturar à multidão é o lado negro de um dom espiritual invejável. Na minha opinião, porém, as vantagens espirituais de ser Nove mais do que compensam o trabalho que precisam fazer em sua vida. Se o objetivo da vida espiritual é a união com Deus, então a capacidade do Nove saudável de se fundir lhe confere uma vantagem espiritual em relação ao restante de nós. No que diz respeito a alcançar conhecimento de união com Deus e se tornar "um com Cristo", o Nove saudável quase sempre cruza a linha de chegada primeiro. Ele é naturalmente contemplativo.

O Nove é aberto e receptivo em todos os aspectos. Mesmo quando criança, parece dispor de uma consciência inata acerca da dimensão sagrada do mundo. Tem uma percepção profunda de como todas as coisas da criação são interligadas. Amante da natureza, capta a presença de Deus no mundo natural e reconhece como tudo expressa a glória divina. Como valoriza mais ser do que fazer, o Nove sabe descansar no amor de Deus e dá de si com mais generosidade que o restante de nós. E, como é capaz de ver os dois lados de tudo, sente-se confortável diante de paradoxos e mistérios, algo muito útil no que diz respeito a lidar com uma religião que inclui a concepção de uma virgem e um Deus que é três e um ao mesmo tempo. Se você é Nove, anime-se: quando saudável, sua capacidade de se misturar pode colocá-lo no mesmo patamar de outros grandes líderes espirituais com esse número, como o papa Francisco e o Dalai Lama.

Mas o Nove tende a resistir à natureza arriscada da transformação espiritual verdadeira. Se você é um Pacificador, sua maior motivação na vida tem sido evitar conflitos e sentir harmonia interior, mas aquilo que parece paz não passa de seu desejo de não ser afetado pela vida. Na esfera espiritual, a ausência de conflito não significa presença de paz, a qual requer trabalho e riscos. O que o Nove mais precisa ouvir é: "Acorde e diga 'sim' à aventura de *sua própria* vida!".

O Nove é tão importante e merecedor de se tornar senhor de si quanto qualquer outra pessoa. É seu direito nato. Acordar envolve apropriar-se de autoridade pessoal e responsabilidade pela própria vida. Significa encontrar e ressuscitar *os próprios* pensamentos, paixões, opiniões, sonhos, ambições e desejos. Isso será assustador. É preciso parar de se esconder e se arrastar atrás de outras pessoas. Se o Nove amar a si mesmo assim como ama os outros, ele se permitirá embarcar na aventura de se tornar um indivíduo único. O mais paradoxal é que a estrada rumo à paz e à harmonia é repleta de conflitos e desarmonia. Evite cuidadosamente tudo o que promete uma vida de paz e tranquilidade sem conflito ou dor. Esse tipo de coisa, qualquer que seja, acabará levando você para um centro de reabilitação.

O Nove não gosta de admitir, mas ele tem raiva. Eu também teria se me sentisse repetidamente negligenciado. Ele tem raiva dos sacrifícios que já fez para manter a paz e os relacionamentos; contudo, quando sente o desejo de se posicionar em defesa própria ou agir em próprio favor, não o faz. O Nove sente medo de soltar a raiva armazenada e machucar ou matar alguém, mas isso não vai acontecer. Pode provocar conflitos, mas você vai sobreviver. O Nove precisa saber que, ao descobrir a ação correta e se mover na direção de realizá-la, um sentimento de valor próprio surgirá dentro de si. Os outros perceberão e o valorizarão por isso. Quando isso acontecer, ele poderá aproveitar essa base e edificar sobre ela, sem precisar nunca mais se esconder de si próprio na vida.

A mensagem de cura que o Nove precisa ouvir é: "Nós enxergamos você, e sua vida é importante". Deus não convidou você para esta festa a fim de viver a vida de outra pessoa. Precisamos de *você* aqui!

DEZ CAMINHOS DE TRANSFORMAÇÃO PARA O NOVE

1. Registre suas reflexões acerca desta pergunta: "Qual é meu chamado ou objetivo de vida? Estou correndo atrás dele ou adiando-o a fim de manter a paz?".

2. Peça a alguém que o ajude a encontrar um sistema de administração de tarefas ou afazeres para que você consiga se

manter focado. Existem diversos aplicativos disponíveis exatamente para esse propósito.

3. Pratique dizer "não" quando alguém lhe pede para fazer algo que você não deseja.

4. Tenha consciência das estratégias de entorpecimento que você usa para evitar encarar a vida, seja tomar uma taça de vinho, fazer compras ou comer biscoitos.

5. Não sinta medo de ter opiniões e expressá-las. Comece com coisas pequenas e vá avançando até chegar às mais importantes.

6. Resista ao ímpeto de cair de novo em comportamentos passivo-agressivos, como procrastinar e evitar a realidade. Se estiver com raiva, seja honesto e aberto.

7. Entenda como sua voz é importante e única. As pessoas merecem ouvir o que você pensa, e não receber de volta um espelho daquilo em que já acreditam.

8. Lembre que o que para você parece um conflito intenso e terrível pode ser apenas uma mera discordância para outra pessoa. Respire fundo e engaje-se.

9. Reconheça que, se canalizado em direção a Deus, sua tendência de se misturar aos outros pode ser um belo dom espiritual. Os outros tipos invejam essa vantagem espiritual que você tem. Mas não se funda a outra pessoa, perdendo a chance de se tornar alguém único.

10. Quando se sentir paralisado diante de uma decisão, consulte alguém que não lhe dirá o que fazer, mas o ajudará a descobrir o que *você* deseja fazer — então vá em frente e faça!

COMO É SER DO TIPO UM

1. Já me disseram que às vezes sou crítico demais e julgo em excesso.
2. Eu me massacro quando erro.
3. Não me sinto confortável quando tento relaxar. Há coisas demais para fazer.
4. Não gosto quando as pessoas ignoram ou quebram as regras, como quando a pessoa no caixa rápido do supermercado tem mais itens dentro do carrinho do que o permitido.
5. Os detalhes são importantes para mim.
6. Eu me comparo aos outros com frequência.
7. Se eu digo que vou fazer, vou lá e faço.
8. Tenho dificuldade em deixar o ressentimento de lado.
9. Creio que é minha responsabilidade deixar o mundo melhor do que o encontrei.
10. Tenho muita autodisciplina.
11. Tento ser cuidadoso e pensar bastante ao gastar dinheiro.
12. As coisas me parecem ou certas ou erradas.
13. Gasto muito tempo pensando em como posso ser uma pessoa melhor.
14. Tenho dificuldade em perdoar.
15. Observo imediatamente quando as coisas estão erradas ou fora de lugar.
16. Eu me preocupo demais.
17. Fico extremamente decepcionado quando as outras pessoas não fazem a parte delas.
18. Gosto da rotina e não aceito mudanças de imediato.
19. Faço meu melhor quando trabalho em um projeto e gostaria que os outros fizessem o mesmo, para não precisar refazer a parte deles.
20. Muitas vezes, sinto que me esforço mais que os outros para fazer as coisas da forma correta.

TIPO UM

O PERFECCIONISTA

O perfeccionismo é a voz do opressor, o inimigo do povo.

ANNE LAMOTT

O **Um saudável** está comprometido com uma vida de serviço e integridade. É equilibrado, responsável, capaz de perdoar a si mesmo e aos outros por serem imperfeitos. Tem muitos princípios, mas é paciente com os processos que, *devagar*, mas efetivamente, transformam o mundo em um lugar melhor.

O **Um regular** tem uma mente propensa a julgar e a comparar, que naturalmente detecta erros e imperfeições. Luta para aceitar que as falhas são inevitáveis enquanto teme a tirania da voz de crítica que habita sua mente.

O **Um problemático** se concentra em pequenas imperfeições. É obcecado com o excesso de controle sobre todas as mínimas coisas que conseguir. Exercer controle sobre algo ou alguém é sua única forma de alívio.

Quando o professor apagou as luzes e ligou o projetor, eu bocejei, cruzei os braços para formar um travesseiro sobre a carteira e deitei com o rosto em cima deles. Cursando a sétima série, eu não fazia ideia de como a descrição de Atticus Finch, pai viúvo e advogado com a tarefa de defender um negro falsamente acusado em uma pequena cidade do sul dos Estados Unidos na década de 1930, feita por Gregory Peck, plantaria uma semente silenciosa em meu coração.

No livro *O sol é para todos*, Atticus Finch veste um belo terno de algodão com riscas azuis e brancas em relevo, perfeitamente passado, com um relógio de bolso preso a uma corrente e abrigado no bolso do colete. É um exemplo de pai sábio, comedido e atencioso, que trata os filhos com bondade e respeito. É um idealista, um reformador que sente o dever sagrado de defender a lei e transformar o mundo em um lugar mais decente para todos. Imbuído do forte senso de certo e errado, não consegue fazer vista grossa à injustiça e não tem medo de se posicionar, mesmo que pague por isso.

Quando sua filha Scout perguntou por que ele se daria o trabalho de defender o cliente Tom Robinson em um caso no qual não tinha a menor chance de vencer e que levaria o povo da cidade a injuriá-lo, Atticus respondeu: "Antes de viver com as outras pessoas, preciso viver comigo mesmo. A única coisa que não segue a regra da maioria é a consciência de um indivíduo".[1]

Apesar do argumento final brilhante e apaixonado de Atticus, Tom Robinson foi condenado por um júri totalmente composto por brancos; em seguida, foi levado embora. Abatido, Atticus pegou sua pasta e começou a percorrer devagar o corredor até a saída do tribunal. Enquanto o fazia, os que estavam sentados na "galeria das pessoas de cor" se levantaram um por um em um gesto de respeito por ele. Quando o idoso reverendo Sykes olhou para baixo e percebeu que Scout não havia notado, nem entendido a importância simbólica da comunidade negra haver se levantado para honrar seu pai, sussurrou para ela: "Srta. Jean Louise? Srta. Jean Louise, levante-se. Seu pai está passando!".

Essa cena mexeu muito comigo. Atticus Finch representava tudo o que eu queria em um pai, mas sabia que isso nunca ocorreria, pois era filho de um alcoólatra bastante problemático. "Com ele, a vida era rotina; sem ele, era insuportável", disse Scout acerca do pai. Eu poderia dizer o contrário sobre o meu. Vinte anos depois, na época em que meu filho nasceu, deparei com um relógio de bolso antigo que despertou minha lembrança de Atticus Finch. Comprei-o na esperança de, ao olhar para ele, me lembrar do tipo de pai que eu queria ser.

Esse é o efeito que alguém tipo Um como Atticus pode exercer sobre as pessoas. Às vezes, seu exemplo inspira os outros a ser melhores, lutar contra a injustiça e defender ideais elevados. Mas o compromisso do Um em ter uma vida exemplar pode logo se degenerar em perfeccionismo rígido, que tortura tanto a si mesmo quanto aos outros.

O PECADO CAPITAL DO TIPO UM

O Um anda sobre uma linha estreita. Quando é saudável, como Atticus, nos inspira por sua preocupação com justiça e seu desejo de restaurar o mundo à sua condição ideal. Mas, quando se inclina na direção de regular ou problemático, pode logo acabar se transformando em um obstáculo para si mesmo.

Do momento em que acorda até a hora em que vai dormir, o Um percebe um mundo cheio de erros e sente o dever sagrado de consertá-lo. Não falta trabalho a fazer. Alguém apertou a pasta de dente pelo meio, a secretária da escola digitou duas palavras erradas na carta da reunião de pais e mestres, um dos filhos não dobrou nem pendurou corretamente sua toalha de banho, há um arranhão novo na porta do carro, e os vizinhos saíram para trabalhar deixando destampadas as latas de lixo que ficavam na entrada da garagem deles.

Que tipo de gente faz uma coisa dessas?

O Um sente necessidade de ser perfeito. Ele corre atrás da perfeição porque tem a vaga e desconcertante sensação de que, se cometer um erro, alguém cairá em cima dele para culpá-lo, criticá-lo ou puni-lo. Luta compulsivamente para consertar tudo o que está quebrado no mundo, mas o trabalho não termina nunca. O termo *irritação* nem chega perto de descrever o sentimento que toma conta do Um em algumas ocasiões. O fato de os outros parecerem menos preocupados e interessados em participar da cruzada de colocar este mundo nos eixos o enfurece ainda mais. "Por que as pessoas não se importam tanto quanto eu? Por que preciso fazer tudo sozinho? Não é justo!"

FAMOSOS TIPO UM
Jerry Seinfeld
Nelson Mandela
Hillary Clinton

A *ira* é o pecado capital do Um, mas o *ressentimento* é mais fiel à sua experiência.

O Um acredita que o mundo julga as pessoas que não seguem as regras, não controlam as próprias emoções, não se comportam de maneira apropriada e não mantêm seus instintos animais sob controle. Para ele, a ira está no topo da lista de sentimentos que as pessoas "boas" não deveriam expressar; então, enterra a raiva que sente das imperfeições que percebe no ambiente, nos outros e em si mesmo. O Um faz parte dos três números na Tríade da Raiva (8, 9, 1). Ao contrário do Oito, que a exterioriza, ou do Nove, que adormece para ela, o Um armazena a raiva até ela se encontrar bem abaixo da superfície, expressando-a a todos na forma de ressentimento latente.

Existe, porém, mais uma coisa que alimenta a ira e a indignação do Um. Para todos os lugares a que olha, as pessoas estão se divertindo à beça satisfazendo os próprios desejos ou quebrando as "regras" sem ser pegas nem punidas por isso, ao passo que ele sente a obrigação de deixar de fazer o que quer para realizar o que *deveria*, a saber, organizar este mundo desordeiro. Para piorar ainda mais as coisas, o Um acaba fazendo não só a própria parte, mas também cuida da bagunça de todos os outros imbecis que ficam sentados na praia tomando cerveja, jogando vôlei, enquanto ele também gostaria de estar fazendo coisas divertidas.

Há muitos anos, no programa *Saturday Night Live*, Dana Carvey dava vida a uma personagem chamada Enid Strict, também conhecida como a Mulher da Igreja, que tinha um programa chamado *Church Chat* [Papo de igreja]. Tratava-se de uma representação exagerada, mas icônica, da personalidade típica do Um quando em total manifestação. Se não tomar cuidado, o Um regular pode adotar uma atitude puritana semelhante em relação ao mundo, ou, conforme a expressão atribuída a Mark Twain, pode se tornar "bom no pior sentido da palavra".

TUDO SOBRE O TIPO UM (OU O PERFECCIONISTA)

Walter é advogado tributarista, dono de uma prestigiosa empresa de contabilidade em Wall Street. Quando chega de volta do trabalho, gosta de encontrar a casa limpa, as crianças de banho tomado, o jantar à mesa e o mundo na ordem correta. Duvido que Walter já tenha sido bem direto e mencionado todas essas expectativas para Alice, sua esposa, mas não é difícil captá-las no ar quando ele está por perto.

Certa noite, Walter chega do trabalho e a casa está limpa, as crianças de banho tomado e o jantar à mesa. Você deve imaginar então que Walter vai guardar a pasta e dizer algo legal, do tipo: "Uau! Que maravilha!". Mas a primeira coisa que ele faz é apontar para o sofá e comentar: "As almofadas estão fora de lugar".

Deixe-me dizer algo em defesa do Um: é assim que ele vê as coisas. Por onde passa, os erros e as falhas lhe saltam aos olhos, gritando: "Conserte-me!". E ele não consegue deixar para lá. Ou vai falar algo ou vai reorganizar as almofadas quando você não estiver olhando. Algo importante a se aprender quando estudamos o Eneagrama é que não conseguimos mudar nossa maneira de ver, somente o que fazemos com aquilo que enxergamos. Walter já trabalhou muito consigo mesmo desde esse episódio infeliz com Alice. Se ele fizesse algo do tipo hoje, pediria desculpas imediatamente. "Preciso continuar trabalhando nisso", diria rindo. Graças a Deus por Walter! O Eneagrama o ajudou a mudar muito.

O Um tem expectativas elevadas em relação aos outros e a si mesmo. Para o Um regular, o controle de seus comportamentos e de suas emoções é uma prioridade. Quando um impulso "incivilizado" ou um sentimento inaceitável surge, o Um o reprime automaticamente e traz à tona o contrário para negá-lo. Na psicologia, essa defesa se chama formação reativa. Um exemplo pode ser o Um que, ao ouvir você cantar, inconscientemente impede que a inveja suba ao nível da consciência e a substitui por um elogio entusiasmado. Em certo sentido, é admirável, mas, por ser uma ação motivada por interesse próprio, pela necessidade de não se sentir mal, o sorriso estreito do Um e suas palavras de bondade podem parecer forçados.

O Um que opera em piloto automático é impiedosamente duro consigo mesmo. Alguns exigem que a perfeição seja mantida somente em um aspecto da vida (por exemplo, o jardim, o barco, o escritório), ao passo que outros a aplicam em toda parte. A casa precisa se manter imaculada. As contas devem ser pagas no prazo. Bilhetes de agradecimento precisam ser escritos e enviados no mesmo dia em que os presentes chegam. É necessário guardar cópias da declaração de impostos por cinco anos a fim de evitar a violação das leis tributárias. Não vamos nem começar a falar sobre a agonia que o pobre Um enfrenta quando descobre que seu crédito pessoal não está no patamar mais alto.

Ele também impõe padrões elevados aos outros. "Todas as segundas-feiras eu enviava um *e-mail* para nossa pobre pastora com uma lista de 'sugestões' para ajudá-la a melhorar aquilo que eu achava que não tinha dado certo no culto da manhã de domingo", compartilhou uma pessoa do tipo Um (que agora tem mais consciência de si) em um de nossos *workshops* sobre o Eneagrama. "Eu recomendava melhores maneiras de dirigir os cânticos de louvor, aperfeiçoar o sermão ou diminuir a liturgia da ceia. Sempre terminava com um lembrete para começar o culto exatamente às dez horas, a menos que quisesse que as pessoas continuassem a chegar atrasadas. As coisas são diferentes agora. Minha esposa fala que está orgulhosa de como estou me esforçando para ser 'menos útil'", ele brinca.

Se você suspeita que alguém é Um, mas não tem certeza, observe como essa pessoa reage quando abre a lava-louças que outra pessoa encheu. Se estalar a língua e começar a reorganizar as vasilhas, enquanto murmura algo do tipo: "Ai, ai, ai, por que as pessoas não conseguem fazer isso do jeito certo?", então há mais de 50% de chance de ser tipo Um. Às vezes, o Um nem deixa você terminar de colocar a louça na máquina antes de correr para "ajudar". Ele se apoia no balcão enquanto você está realizando a tarefa e meneia a cabeça quando você coloca uma caneca onde ele acha que deveria ir uma tigela.

A maioria das pessoas não aguenta ser julgada e incomodada muito tempo por alguém que pregou uma estrela na camisa e se elegeu xerife da cozinha. Por fim, aquele que está ouvindo as recomendações joga as mãos para o alto e sai irritado da cozinha, dizendo: "Nada está bom para você?".

Eu entendo. Quanto a mim, se todas as vasilhas couberem na lava-louça e um pouco de água alcançar a maioria delas, quem se importa se estão perfeitamente organizadas? O que a maioria não entende é que o Um não acha que está sendo crítico. Na cabeça dele, está tentando ajudar! Ele pensa que está nos melhorando! Ora, não é verdade que todo mundo quer, assim como ele, ser melhor?

Nem todo Um se concentra nos defeitos encontrados no ambiente. Alguns que conheço não estão nem aí se a casa está uma bagunça ou quando veem alguém que não recolhe as fezes do cachorro. Sua necessidade de ser bom e melhorar as coisas se expressa por meio da preocupação e do compromisso em resolver males sociais. O ativista e lendário protetor dos consumidores Ralph Nader é do tipo Um. Não queira brincar com esse camarada ou com qualquer Um que se envolve em esforços para dar fim a males como tráfico sexual, corrupção na política ou empresas que poluem o meio ambiente. Um dos motivos que atrai o tipo Um a apoiar causas justas é que não é apenas tolerado, mas *apropriado* expressar abertamente raiva contra a injustiça sem que isso torne a pessoa ruim.

Como acredita que se encontra em uma esfera moral, ética e espiritual mais elevada, o Um crê que o jeito dele é o único correto de enxergar e fazer as coisas. Por isso, sente-se justificado em sua atitude crítica e julgadora em relação aos outros. Em geral, porém, não está tentando parecer assim. "As pessoas me dizem que minha voz e minha linguagem corporal comunicam vergonha e julgamento mesmo quando estou conscientemente tentando parecer gentil", conta minha amiga Janet. O fato de o estilo de comunicação do Um ter um tom de *pregação* não ajuda. Ninguém gosta de sentir que alguém está lhe dando um sermão.

Todos nós temos uma voz de reprovação que é engatilhada de tempos em tempos quando fazemos algo estúpido e depois vai embora. Via de regra, o Um tem um crítico interior impiedoso que, ao contrário do nosso, *nunca vai embora*. Esse crítico é punitivo e implacável. "Por que você sempre acaba se envergonhando? Que tipo de pai se esquece de colocar o lanche do filho na mochila? Como você espera fazer uma venda se nem sabe dar um nó direito na gravata? Abaixe-se e faça cinquenta flexões agora!".

Às vezes, o crítico interior do Um o culpa por estragar coisas nas quais não estava envolvido ou pelas quais não foi responsável. Após anos vivendo assim, é difícil para o Um desligar essa voz cruel.

O Um pego no transe de sua personalidade crê não só que esse crítico interior que o deprecia fala toda a verdade, como também que tem as melhores intenções. "Como eu conseguiria ter progredido tanto na vida sem essa voz duramente me lembrando daquilo que fiz de errado ou me impedindo de abaixar os padrões? Se não fosse meu crítico interior sempre apontando para minhas deficiências, como eu viveria acima de qualquer reprovação? Pense em quantos erros eu teria cometido sem ele!"

O Um morre de medo de errar. O Um se esforça além da conta e, como há tantas coisas a fazer, não relaxa com frequência, nem se permite se divertir. Em consequência, transforma-se em uma panela de pressão cuja válvula de escape não consegue acompanhar o aumento do ressentimento que experimenta em relação às imperfeições que vê em todos os lugares; o ressentimento que abriga por si mesmo e pelos outros por não aderirem a seus padrões elevados e não ajudarem; e o medo exagerado de errar ou agir de maneira inapropriada. Chega a surpreender quando o Um normalmente tão controlado e fechado ao máximo explode a válvula. Quando isso acontece, quase sempre alguém se queima.

Não importa qual seja sua perspectiva sobre o assunto, mas a cruzada do Um para tornar o mundo perfeito é uma tarefa ingrata. Sempre há uma cama desarrumada em algum lugar. Somente quando ele começar sua jornada espiritual poderá ter um minuto de paz.

> "O que é esse eu dentro de nós, esse observador silencioso, crítico severo e impronunciável, que aterroriza a todos?"
>
> **T. S. ELIOT**

Levando em conta o fluxo de comentários negativos sobre si mesmo que esse crítico interior despeja sobre ele o dia inteiro, o Um não aceita críticas muito bem. Você expressaria gratidão a um colega escritor que lhe mostrou a falta de vírgula depois de uma frase introdutória se o censurador que mora dentro de sua cabeça e não para de apontar o dedo já estivesse comparando sua gramática a um esgoto fedorento desde o momento em que começou a trabalhar, às três da manhã? Por favor, gente, uma pancada de cada vez!

Embora seja extremamente sensível a críticas, o Um fica chocado quando você lhe diz que ele está sendo crítico demais. Sério? Você só está recebendo uma amostra minúscula da fonte de amarga recriminação pessoal da qual ele bebe todos os dias.

O Um tende a ser crítico e a julgar outras pessoas. O Um sem consciência de quem é critica as pessoas por não atenderem a seu padrão de perfeição e também porque a infelicidade adora companhia. O Um se sente aliviado se conseguir pegar alguém fazendo algo incorreto ou se comportando de maneira inapropriada e puder criticar a pessoa, pois assim ele se sente quite: "Ainda bem! Alguém além de mim tem defeitos!". É claro que sentir prazer nas falhas de outra pessoa é uma forma meio doida de empatar o jogo, mas supera a sensação de ser o único cometendo erros em campo. Trata-se de uma posição muito solitária.

O Um realiza a tarefa. Vimos, então, alguns dos desafios que vêm com o tipo Um. Mas você consegue imaginar o mundo sem ele? Se não fosse a paixão determinada de Steve Jobs de criar produtos com *design* perfeito, não haveria Apple. Se não fosse por líderes com ideais elevados — como Mahatma Gandhi e Nelson Mandela, que não conseguiam suportar a injustiça —, a Índia e a África do Sul poderiam estar sofrendo até hoje com o jugo opressor do colonialismo europeu. Se não fosse por mestres espirituais como Richard Rohr, não teríamos um retrato tão claro do coração amoroso de Deus.

Como o Um habita em um mundo repleto de erros, ele tem uma lista contínua de coisas que precisam ser feitas. Alguns são tão solícitos e generosos que fazem listas de afazeres também para você. Em qualquer manhã de sábado, o cônjuge de alguém tipo Um pode esperar uma lista afixada na geladeira de coisas para fazer, lista essa com tamanho suficiente para mantê-lo ocupado o verão inteiro e, se bobear, outono e inverno também.

Muitas pessoas do tipo Um valorizam a etiqueta (pense, por exemplo, em Martha Stewart) e sabem dar excelentes festas. Em geral, a casa do Um é imaculada e cuidadosamente decorada. Visto que quer que você tenha uma noite perfeita como convidado, o Um preparará uma deliciosa refeição e estará pronto para iniciar ótimos temas de conversa à mesa. Recentemente, alguém me contou que, enquanto cuidava da mãe junto a seu leito de morte, esta perguntou diversas vezes se a casa estava arrumada e se ele estava usando a porcelana bonita para servir café ao restante da família reunido no andar de baixo, aguardando notícias de seu falecimento. Isso é que é uma boa anfitriã!

O Um quer ser uma boa pessoa. Sempre tem o desejo de fazer a coisa certa. Como você reagiria se estivesse sentado em uma parada de ônibus e chegasse um deficiente mental dizendo: "Estou desabrigado e não como há dias. Preciso de ajuda"? A despeito do que todos os outros fizessem ou sentissem vontade de fazer, o Um acreditaria ser responsabilidade *dele* garantir que a pessoa receberia os cuidados necessários. Por quê? Porque essa é a coisa certa, responsável e justa a fazer. Todos devemos esperar isso de nós mesmos.

O Um acredita que todas as tarefas devem ser realizadas de maneira sistemática e correta. Quando lê as instruções para montar um *grill* que acabou de comprar — e o manual diz para não fazer nada até ter a certeza de que todas as partes necessárias estão ali —, o Um literalmente espalha cada porca e parafuso, então os conta. E confere mais uma vez.

Se, por acaso, um dos suportes plásticos que se encaixam na extremidade de cada perna do *grill* estiver faltando, o Um dirá para o cônjuge:

— Não dá para montar agora. Está faltando uma peça.

Caso o cônjuge seja tipo Nove, é possível que diga:

— Não se preocupe! Podemos pegar uma caixa de fósforos e colocar embaixo, para o *grill* ficar nivelado.

O Um de verdade responderá:

— Não diante dos meus olhos!

Então, ligará para o número de atendimento ao cliente pedindo que a tampinha preta seja enviada o mais rápido possível, para que todos os passos sejam seguidos corretamente. O Um não se contenta com o *grill* mal montado porque sabe que toda vez que olhar para o eletrodoméstico a

> "Não tema a perfeição. Você nunca vai alcançá-la."
>
> SALVADOR DALÍ

única coisa que conseguirá ver é a tampa preta faltando. (As pessoas do tipo Um surtam na casa em que moro com a minha família. Temos caixas de fósforo nivelando até os alicerces!)

O UM QUANDO CRIANÇA

Enquanto cresce, o Um tenta ser a criança-modelo. Conhece as regras e as segue ao pé da letra. Gasta muita energia se comparando às outras crianças. Assim, a conversa na volta da escola para casa inclui um pouco sobre si, mas principalmente comparações com outras crianças e seus sucessos, fracassos e infortúnios. Pense na pequena Hermione Granger, aos 11 anos, no trem a caminho de Hogwarts, imediatamente comparando quais feitiços as outras crianças sabiam fazer e se haviam lido o livro *A história de Hogwarts*. Essa mente inclinada a comparar e julgar acompanha o Um ao longo de sua vida inteira.

O crítico interior faz sentir sua presença bem cedo, por isso o Um é duro consigo mesmo. Às vezes, ele foge de esportes ou outras atividades em grupo nas quais não é excelente, já que a perfeição é seu objetivo desde muito novo. Pergunta muito se está fazendo as coisas direito e assume responsabilidade por erros que não cometeram. É difícil para as crianças diferenciar entre certo e errado, mas as do tipo Um, sem dúvida, tentam.

Embora o Um não costume ser muito multitarefas (é difícil fazer mais de uma coisa com perfeição ao mesmo tempo), em geral a criança desse tipo não se importa quando lhe pedem que guarde os brinquedos, arrume a cama ou amarre os sapatos. Limpeza e ordem confortam o Um mesmo quando pequeno. Tais coisas o fazem se sentir seguro e menos ansioso.

Você já viu ou leu o livro *A mágica da arrumação*, de Marie Kondo? Uau! Desde os 5 anos, a organizadora profissional folheava cheia de vontade as páginas das revistas que mostravam refeições perfeitas e ambientes belamente decorados. Então, começou a reorganizar as coisas dentro de sua casa e os objetos dos professores na escola, deixando de sair no recreio a fim de organizar as estantes de livros de sua sala de aula. Enquanto isso, reclamava sobre os péssimos métodos de armazenamento da escola. "Se houvesse ganchos em forma de S, seria tão mais fácil de usar", suspirava. Aposto um jantar com você no meu restaurante preferido em Nashville que Marie Kondo é tipo Um.

Veja bem, é difícil ser perfeccionista. Aliás, tão difícil que alguém escreveu e publicou um livro infantil chamado *Ninguém é perfeito: Uma história sobre o perfeccionismo* para ajudar esses pequenos antes que o crítico interior se instale de maneira permanente dentro da cabecinha deles. A mensagem prejudicial que o Um capta é que ele precisa ser "bom" e fazer as coisas "certas". Erros são inaceitáveis. As pessoas e coisas são perfeitas ou erradas. Ponto final.

As crianças tipo Um precisam ouvir que errar é normal, que elas podem ser imperfeitas e amadas ao mesmo tempo. Podem desenvolver o lado saudável do Um mais naturalmente se receberem a mensagem curativa de que erros são apenas parte do processo de aprender e crescer. Se você tem um filho tipo Um, dê um jeito de corrigi-lo quando não houver mais ninguém por perto, para não envergonhá-lo na frente dos outros. Essas crianças podem parecer confiantes o tempo inteiro, mas têm a casca mais fina do que você pensa.

O UM NOS RELACIONAMENTOS

Para desenvolver relacionamentos íntimos ou fazer amizades profundas, o Um primeiro precisa vencer a dificuldade que tem de se mostrar vulnerável para os outros. A autora Brené Brown chama o perfeccionismo de um "escudo de vinte toneladas" que usamos para nos defender de feridas potenciais.[2] Infelizmente, o que o perfeccionismo acaba fazendo é nos defender da conexão com os outros.

Para o Um, baixar o escudo exige abrir mão da necessidade de manter as emoções tão fechadas o tempo inteiro. Também precisa reconhecer seu medo de falhar, sua sensibilidade a críticas e sua preocupação em dizer ou fazer coisas erradas. É preciso muita coragem para o Um ser transparente assim, mas é possível.

Certa vez, ouvi Helen Palmer dizer algo sobre o fato de que as pessoas tipo Um não são de sair distribuindo abraços, nem de falar "eu te amo" a cada cinco minutos, mas isso não quer dizer que não se sintam assim. O Um diz que ama sendo responsável e fazendo o que se espera dele para transformar o mundo em um lugar melhor e mais seguro para você. Ele se certificará de que você fez seu *check-up* médico anual e cuidará do orçamento familiar, e todas as refeições que preparar para você terão a porção correta e a combinação adequada de proteínas, lipídeos e carboidratos.

O quê? Você ainda queria mais abraços? Lembra que, depois do furacão, sua casa era a única do bairro com luz elétrica e aquecimento porque, anos antes, seu marido tipo Um havia comprado um gerador de reserva e conferido regularmente se estava funcionando direito? A meu ver, isso parece um abraço.

O UM NO TRABALHO

Ninguém liga mais para os detalhes do que as pessoas tipo Um. Por isso, seria melhor para todos que elas desempenhassem algumas carreiras.

Ano passado, voei de Los Angeles para Sidney, Austrália, em um Airbus 380, o maior avião do mundo. Em geral, não fico nervoso ao viajar de avião, mas o tamanho dessa aeronave me assustou. Como algo tão gigantesco seria capaz de sair do chão, quanto mais permanecer no ar por dezesseis horas?

Antes da partida, o copiloto deu uma caminhada pela cabine dando as boas-vindas aos passageiros e percebeu que eu carregava um livro sobre o Eneagrama.

— Minha esposa curte o Eneagrama — disse ele, apontando para o livro. — Ela diz que eu sou tipo Um, o que quer que isso signifique.

— Significa que eu não tenho motivo nenhum para ficar nervoso — respondi, suspirando aliviado.

Por acreditar que as tarefas precisam ser realizadas de forma metódica e que é importante seguir procedimentos e protocolos, é do seu interesse que alguém tipo Um pilote o avião, mas também seja o engenheiro que projetou o sistema de freios de seu carro, o farmacêutico que manipulou seus remédios, o programador que fez o código do novo *site* da empresa, o arquiteto criador da planta da casa de seus sonhos, o contador responsável por sua declaração de imposto de renda e o editor que passa o pente-fino em seu livro mais recente. E, embora meu desejo seja de que você nunca necessite, sem dúvida você gostaria que seu cardiologista ou neurocirurgião fosse tipo Um também. O Um pode ser excelente advogado, juiz, político, militar, policial e, é claro, professor.

Trabalhador, confiável e organizado, o Um prospera em ambientes estruturados nos quais sabe quais são os prazos e quem é responsável por quais tarefas. Por ter medo de errar, o Um necessita regularmente de *feedback* e palavras de incentivo. Aprecia diretrizes claras a tal ponto que, já no primeiro dia de trabalho, pode até levar para casa o manual de oitocentas páginas do departamento de recursos humanos, para lê-lo de capa a capa. Não reclamará se for descontado o salário do dia por chegar atrasado, desde que todos os outros atrasados recebam a mesma penalidade.

O Um é ótimo em avaliar o que não está funcionando em uma empresa ou organização e em criar novos sistemas e procedimentos para fazê-la voltar aos eixos. Uma importante universidade pública contratou uma amiga minha tipo Um para renovar seu departamento de saúde e benefícios. Em três anos, ela transformou o escritório mais mal administrado do *campus* em um departamento tão eficiente que outras universidades enviaram funcionários para aprender com o exemplo.

Mas também pode haver problemas com o Um no ambiente de trabalho, como a tendência de procrastinar. Não é bom sinal se você vir alguém tipo Um batendo o lápis no joelho enquanto olha meio aéreo para a tela preta do computador. Embora tenha autodisciplina e seja focado no sucesso, alguns indivíduos tipo Um adiam o início ou o término de um projeto por medo de não o realizarem com perfeição. O surto ocasional de procrastinação, aliado à hesitação em tomar decisões rápidas por medo de errar, pode reduzir a velocidade dos processos para a equipe inteira. Esse mesmo temor de cometer erros leva o Um a conferir diversas vezes seu trabalho, por isso é possível que os outros precisem incentivá-lo a deixar para lá e passar para a próxima tarefa.

Em geral, o Um tem dificuldade em se adaptar a mudanças, não gosta de ser interrompido quando está trabalhando em um projeto e generaliza os problemas. Acha que, se uma parte dos negócios está fracassando, então todo o empreendimento está prestes a afundar. Se descobrir um defeito em um plano empresarial, fica preocupado de que tudo esteja cheio de falhas e precise de uma reformulação significativa ou completa.

Como tem medo de críticas ou falhas, o Um é rápido em negar a responsabilidade quando algo dá errado. Não é incomum ouvir o Um dizer: "Não foi erro meu" ou "Não me culpe, não fui eu quem fez isso".

Quando líder, o Um se esforça bastante para apoiar as pessoas que trabalham para ele, sobretudo as que demonstram real desejo de melhorar. Às vezes, porém, o Um pode ser controlador, rígido e parco em elogios, até quando eles são merecidos. Também pode sentir dificuldade em delegar por preocupação de que a tarefa só será feita corretamente se ele próprio a realizar. Alguns indivíduos tipo Um irritam continuamente seus colegas de trabalho refazendo tudo quanto é tarefa que acham que os outros não conseguiram fazer direito da primeira vez. Em geral, o Um que estende sua enxurrada de autocrítica aos colegas não é o mais popular nas conversas do intervalo.

Por fim, no trabalho, assim como em outras áreas da vida, o Um tem dificuldade em identificar e assumir a própria raiva. Se você trabalhar com alguém tipo Um, precisa saber que, quando ele começar a reclamar com energia nervosa desproporcional sobre alguma coisa, como o imbecil que estacionou na vaga dele, provavelmente esse não é o real motivo da raiva. Essa raiva tem a ver com o desentendimento que ele teve com o cônjuge pela manhã, mas se esforçou para esconder e não reconhecer o dia inteiro, e agora ela está vazando pelas laterais. Se você o ouvir nessa condição, faça perguntas de esclarecimento com gentileza e dê bastante espaço. Em geral, o Um acaba conseguindo identificar o que de fato o deixou nervoso; só precisa de um pouco de ajuda para descobrir o que se passa dentro dele.

Mas há algo que eu amo acerca do Um. Quando saudável, tem o forte compromisso de ajudar os outros a ser o melhor que podem. Não busca mais aperfeiçoar o indivíduo, mas sim ajudá-lo a desenvolver plenamente seu potencial, sem envergonhá-lo ou repreendê-lo. Minha amiga Melanie, sacerdotisa episcopal e tipo Um madura, diz: "Em todo trabalho que realizo, sempre aproveito cada oportunidade para edificar as pessoas distribuindo palavras de afirmação por seus esforços e talentos. Esse é um dos maiores dons em meu ministério. Jesus nos chama a partilhar da missão divina. Paulo nos chama a participar da edificação da igreja. Em meu papel de ministra, sinto-me convidada ao deleite e à alegria de incentivar as pessoas a trazer à tona seu melhor para Deus e de trabalhar com elas para discernir que dons do Espírito ele lhes concedeu para o avanço do reino". Nem consigo expressar como teria sido útil se eu houvesse encontrado um mentor tipo Um espiritualmente amadurecido quando jovem.

Dito isso, se você quer alguém eficiente, ético, meticuloso, confiável e que trabalhe por dois, é só contratar uma pessoa tipo Um!

ASAS

Um com asa Dois (1a2). O Um com asa Dois é mais extrovertido, caloroso, prestativo e empático, como o melhor lado do Dois; mas também pode ser mais crítico e controlador, como o lado mais obscuro dessa asa. É eficiente em solucionar problemas tanto para indivíduos quanto para grupos. É generoso em sua resposta à igreja, aos educadores, à comunidade, à família e ao governo. O Um com asa Dois fala bastante e tenta realizar tarefas demais ao longo do dia.

O Um com asa Dois tende a ter um ritmo mais rápido de fala e, por causa disso, oscila rapidamente entre ensinar e dar sermão. Sob a influência do Dois, o Um tem mais facilidade para sentir as necessidades de outras pessoas. Ao contrário do Dois, porém, não tem o ímpeto incontrolável de atender a todas elas.

Um com asa Nove (1a9). O Um com asa Nove tende a ser mais introvertido, desapegado e relaxado. Mais idealista e objetivo, com frequência é mais circunspecto, pensando antes de falar a fim de evitar dizer algo

> "Algo extremamente difícil, mas absolutamente incrível, é abrir mão de ser perfeito e começar o trabalho de ser você mesmo."
>
> **ANNA QUINDLEN**

incorreto ou errado. Ele faz uma pausa antes de terminar um pensamento. É exteriormente mais calmo e pondera sobre as decisões por muito tempo — essa asa exacerba a procrastinação, em vez de ajudar.

O ar tranquilo e de fácil relacionamento do 1a9 o ajuda a construir e manter relacionamentos. Sem a influência do Nove, o Um tende a esperar demais dos outros e, quando é desapontado, a consequência costuma ser o ressentimento.

ESTRESSE E SEGURANÇA

Estresse. Em situações de estresse, o Um instintivamente assume as características não muito boas que se espera encontrar em um Quatro problemático (o Individualista). O crítico interior começa a se manifestar em excesso e a necessidade de tornar o mundo perfeito sai do controle. Torna-se mais ressentido ao ver os outros se divertindo, mais sensível a críticas e deprimido. Nessa situação, anseia por se livrar das obrigações e responsabilidades, perde confiança e não se sente digno de ser amado.

Segurança. Em períodos de segurança, o Um assume as melhores qualidades que associamos ao Sete saudável (o Entusiasta). Ele se aceita melhor, é espontâneo, divertido, aberto a tentar coisas novas e a pensar mais em termos de "não só, mas também", em vez de "ou isto, ou aquilo". Nesse caso, a voz do crítico interior fica mais silenciosa, ele não é tão duro consigo mesmo e sua atenção se desloca daquilo que está errado com o mundo para o que está bom e certo. Essa mudança para o Sete em períodos de segurança acontece com frequência quando o Um está fora de casa e se sente menos responsável por melhorar ou consertar as coisas. O Um pode se transformar em uma pessoa completamente diferente quando viaja para algum lugar novo para curtir o sol por uma semana.

TRANSFORMAÇÃO ESPIRITUAL

Se você é tipo Um, acredita que só terá paz interior quando for perfeito do lado de fora. Isso não é verdade. Essa tranquilidade só acontece quando você entrega sua necessidade compulsiva de perfeição e para de reprimir suas emoções, em especial a raiva. Não esconda seu verdadeiro eu por trás do verniz de uma suposta perfeição. *Ninguém precisa ser perfeito para ser bom.* Vale a pena repetir isso várias vezes ao dia até internalizá-lo profundamente.

A jornada do Um em relação à plenitude precisa incluir fazer amizade com seu crítico interior. Como nosso amigo tipo Um Richard Rohr diz: "Aquilo a que você resiste, persiste". Nesse caso, significa que o Um não deveria se dar o trabalho de mandar seu crítico interior ficar quieto, pois isso só lhe daria mais poder.

> "Agora que não precisa ser perfeito, você pode ser bom."
>
> **JOHN STEINBECK**

Muitas pessoas tipo Um dizem que ajuda dar um nome engraçado ao crítico, para que, quando ele começar seus ataques, possam dizer algo do tipo: "Cruella, muito obrigado por me ajudar a sobreviver neste mundo quando criança, mas, agora que sou adulto, não preciso mais do seu auxílio". Ou o Um pode simplesmente dar risada e dizer para o sr. Ranzinza abaixar o tom de voz.

Faz muito bem ao Um lembrar que há mais de uma maneira certa de fazer as coisas. Serenidade significa viver e deixar viver. A vida nem sempre é isto ou aquilo, preto ou branco, esquerda ou direita. Brené Brown resume a mensagem de cura que o Um necessita ouvir: "Você é imperfeito, é projetado para se esforçar, mas é digno de ser amado e de pertencer".[3] É tão citado que já virou clichê, mas não resisto: preciso mencionar o refrão da música "Anthem" [Hino], de Leonard Cohen. Ela foi escrita para as pessoas tipo Um:

> Toque os sinos que ainda soam
> Esqueça sua oferta perfeita
> Em tudo há uma rachadura
> É assim que a luz consegue entrar.

DEZ CAMINHOS DE TRANSFORMAÇÃO PARA O UM

1. Para despertar a compaixão por si mesmo, tente registrar em um diário as coisas típicas que seu crítico interior diz para você e leia-as em voz alta.

2. Quando seu crítico interior se ativar, sorria e diga para ele que está ouvindo. Agradeça por ele estar tentando ajudá-lo a ser alguém melhor ou a evitar erros, mas destaque que você escolheu um novo caminho de autoaceitação na vida.

3. Resista ao ímpeto de dar listas de afazeres para outras pessoas ou de refazer as tarefas delas por não terem atingido seus padrões. Em vez disso, observe quando as pessoas que você ama fazem as coisas direito e diga-lhes como as aprecia por isso.

4. Quando estiver prestes a se envolver na correção de uma injustiça ou em corrigir um mal, pergunte-se primeiro se o que sente tão intensamente pela questão não seria, na verdade, raiva deslocada de outra coisa.

5. Deixe seus amigos dos tipos Sete e Nove ajudarem você a aprender a relaxar e a se divertir. O trabalho ainda vai estar no mesmo lugar amanhã.

6. Se estiver procrastinando, procure descobrir por quê. Está relutante em começar uma tarefa ou um projeto porque tem medo de não conseguir realizá-lo com perfeição?

7. Encontre um *hobby* que você aprecie, mas no qual não seja extraordinariamente bom, e pratique-o só porque gosta.

8. Perdoe a si mesmo e aos outros por errarem. Todos cometem falhas.

9. Tente se flagrar comparando-se aos outros para ver quem faz um trabalho melhor, se esforça mais ou atende a sua definição de sucesso.

10. Cuide de como você recebe críticas dos outros e tente aceitá-las sem ficar na defensiva.

COMO É SER DO TIPO DOIS

1. No que diz respeito a cuidar dos outros, não sei como nem quando dizer "não".
2. Sei ouvir e lembro histórias importantes da vida das pessoas.
3. Fico ansioso para superar conflitos em um relacionamento.
4. Sinto-me atraído por pessoas influentes ou poderosas.
5. As pessoas acham que tenho poderes paranormais porque costumo saber do que os outros precisam ou o que querem.
6. Mesmo gente que eu não conheço bem compartilha coisas profundas da própria vida comigo.
7. Sinto que as pessoas que me amam já deveriam saber do que eu preciso.
8. Necessito ser reconhecido e apreciado por minhas contribuições.
9. Sinto-me mais confortável em dar do que em receber.
10. Gosto que minha casa seja um lugar seguro e acolhedor para a família e outras pessoas.
11. Eu me importo muito com o que pensam a meu respeito.
12. Quero que as pessoas pensem que eu amo a todos, mesmo que isso não seja verdade.
13. Gosto quando os outros fazem algo inesperado por mim.
14. Muita gente me pede ajuda, e isso me faz sentir valioso.
15. Quando as pessoas me perguntam do que estou precisando, não faço ideia do que responder.
16. Quando estou cansado, costumo sentir que as pessoas não me dão o devido valor.
17. Dizem que minhas emoções às vezes parecem exageradas.
18. Sinto raiva e conflito interior quando minhas necessidades se chocam com as dos outros.
19. Às vezes tenho dificuldade em assistir a alguns filmes, pois acho praticamente insuportável ver as pessoas sofrerem.
20. Eu me preocupo muito em ser perdoado quando erro.

6

TIPO DOIS

O AUXILIADOR

Desejo que você seja feliz, mas eu quero ser o motivo.

AUTOR DESCONHECIDO

O **Dois saudável** consegue nomear suas necessidades e sentimentos sem recear perder os relacionamentos. É generoso em seus esforços de amar e cuidar dos outros. O Dois feliz e seguro também estabelece limites apropriados, sabendo o que é seu dever fazer e o que não é. Cria um espaço confortável e seguro para os outros e, com frequência, muitos o consideram um amigo. Amáveis e amorosos, as pessoas do tipo Dois se adaptam bem à mudança de circunstâncias e têm consciência do eu verdadeiro que existe além dos relacionamentos.

O **Dois regular** está convencido de que expressar as próprias necessidades e sentimentos automaticamente ameaçará a estabilidade de seus relacionamentos. É uma pessoa generosa, mas, com frequência, espera algo em troca por seus esforços, seja de forma consciente ou não. Tem dificuldade em estabelecer limites e, em geral, só sabe quem é em relação a outras pessoas. Sente-se atraído por indivíduos poderosos, esperando que estes o definam, e usa a bajulação para se aproximar deles.

O **Dois problemático** é codependente. No desejo de ser amado, aceita praticamente qualquer substituto: apreciação, carência, companheirismo e relações puramente interesseiras. Este tipo de Dois é inseguro, manipulador e muitas vezes desempenha o papel de mártir. Em vez de dar, investe, tentando ganhar amor ao satisfazer as necessidades dos outros — mas sempre esperando um retorno elevado pelo investimento.

Após terminar o seminário, aceitei trabalhar em uma igreja congregacional em Greenwich, Connecticut. A fim de conhecer a comunidade, participei de um almoço para religiosos locais no qual conheci Jim, pastor batista de uma cidade da região. Jim e eu éramos jovens, havíamos nos tornado pais pouco tempo antes e, em segredo, começávamos a nos questionar se a decisão de ingressar no ministério era meio como a escolha de fazer uma tatuagem enquanto se está bêbado — algo no qual deveríamos ter refletido com um pouco mais de cuidado. Desesperados por apoio, Jim e eu concordamos em nos encontrar uma vez por mês para tomar café da manhã juntos em uma lanchonete, a fim de conversar sobre os cultos do dia anterior e as vitórias e as vicissitudes de servir uma igreja. Logo nos tornamos amigos.

Em uma segunda-feira, Jim e eu estacionamos na mesma hora para nosso encontro na lanchonete. Para minha surpresa, ele estava dirigindo um veículo utilitário esportivo novinho em folha. Dei risada enquanto o observava tentando fazer o carrão caber na vaga. Era mais como ver alguém manobrar um navio de cruzeiro do que estacionar um veículo.

— É um belo carro para um pastor auxiliar — eu disse para Jim enquanto ele saía e apertava o botão do controle para trancar o veículo. — Ganhou um aumento?

— É uma longa história — suspirou ele, abanando a cabeça.

— Mal posso esperar para ouvi-la — falei, enquanto segurava a porta da lanchonete para ele entrar.

Enquanto tomávamos café e comíamos omelete grego, Jim me contou como ele e a esposa, Karen, se tornaram os "orgulhosos" proprietários do carrão. A história envolvia uma bem-sucedida corretora de imóveis chamada Glória, membro de sua congregação, uma mulher de meia-idade dedicada e amada. Tagarela, calorosa e constantemente animada, Glória sabia como fazer todos sentirem que eram seus melhores amigos. Seu estudo bíblico para moças do Ensino Médio era popular. Ela incentivava as adolescentes a irem à sua casa ou ligarem a qualquer hora se precisassem de um ombro para chorar. Era voluntária para fazer de tudo, desde ensinar na escola bíblica de férias até treinar o time local de *softball*.

Algumas semanas antes, Jim estava levando suas gêmeas para a pré-escola dirigindo seu velho sedã quando Glória parou na faixa ao lado no sinal vermelho. Quando percebeu que Jim estava no carro próximo ao dela, buzinou e acenou para ele, fez caras engraçadas e mandou beijos para as meninas. Assim que o semáforo ficou verde, Jim deu tchau para Glória e foi embora. Enquanto fazia isso, olhou pelo retrovisor lateral e viu que ela olhava para o carro dele com aquela expressão que costumam fazer diante de uma caixa de cães filhotes abandonados.

Para ser justo, Glória tinha motivos para se preocupar com a integridade estrutural do carro de Jim. Seu velho sedã, com dez anos de uso, era um testemunho do poder da fita isolante e da oração. A parte metálica do veículo estava amassada de um para-choque a outro, e o cano de descarga, preso à parte de baixo do carro com um cabide, fazia o barulho do motor de um F-15.

No domingo seguinte, quando Jim e família chegaram em casa após o culto, encontraram Glória na entrada da garagem. Ela parecia uma animadora de torcida universitária, batendo palmas e dando pulinhos na ponta dos pés, bem ao lado de uma Suburban novinha em folha com um laço vermelho gigantesco no capô. Jim e Karen se perguntaram se estavam na casa certa ou se tinham feito uma curva errada e chegado acidentalmente no cenário do Baú da Felicidade. Ainda estavam soltando o cinto de segurança quando Glória correu até eles, conversando tão rápido que parecia estar falando em línguas. Ela abraçou Jim assim que ele saiu do carro e lhe disse que era o melhor pastor auxiliar que a igreja já tivera. Enxugando as lágrimas, correu para o outro lado do carro, lançou os braços em volta de Karen e disparou a falar sobre como ela era uma exemplar esposa de pastor.

Logo as gêmeas desceram das cadeirinhas e começaram a dançar em volta do carro novo como os israelitas ao redor do bezerro de ouro. Enquanto isso, Glória explicava que seu coração ficara partido ao ver Jim no sinal com o sedã velho, e como ela ficara preocupada com a segurança da família. Sabia que eles precisavam de um carro novo, mas provavelmente não tinham condições de adquiri-lo com o salário de pastor, então se sentiu tocada a comprar um veículo para a família.

Jim e Karen ficaram emudecidos. Algo naquela situação toda lhes dizia que não acabaria bem. Tentaram encontrar palavras que tanto expressassem gratidão quanto comunicassem a preocupação em aceitar um presente tão extravagante, mas Glória não admitiu "não" como resposta. "Jim, eu é que sou abençoada por ser uma bênção", disse ela, colocando as chaves do carro novo na palma da mão dele.

— Sei que foi com a melhor das intenções — Jim me contou —, mas o carro é amaldiçoado. Os outros pastores da igreja estão reclamando porque nunca ganharam um carro. Karen não o dirige porque não consegue enxergar acima do volante, e ele gasta mais combustível que um porta-aviões.

— Por que você não diz à Glória que não está dando certo e devolve o carro? — perguntei.

Jim sinalizou negativamente com a cabeça.

— Você está brincando? Toda vez que a vejo, ela pergunta se continuamos amando a Suburban e se ela pode fazer algo mais para nos ajudar.

Tenho o forte palpite de que Glória é tipo Dois no Eneagrama.

O PECADO CAPITAL DO TIPO DOIS

As pessoas do tipo Dois são as mais cuidadosas, bondosas, apoiadoras, otimistas e ternas que Deus colocou na terra. Três dos meus melhores amigos são tipo Dois (uma delas é a coautora Suzanne), e juntos eles irradiam amor e generosidade de espírito para aquecer uma metrópole inteira. O Dois é o primeiro a reagir em situações de crise e o último a sair de uma festa se ainda houver louça para lavar. Na língua do Eneagrama, é chamado de Auxiliador.

Se você suspeita que possa ser tipo Dois, sente-se, pegue uma caixa de lenços, acenda uma vela aromática e respire fundo antes de ler os próximos parágrafos. De todos os números do Eneagrama, o Dois é o mais sensível a críticas, então você vai precisar acreditar quando digo que tudo vai acabar bem.

FAMOSOS TIPO DOIS
Madre Teresa
Arcebispo Desmond Tutu
Princesa Diana

Os tipos Dois, Três e Quatro compõem a Tríade dos Sentimentos (ou do Coração) e representam os números do Eneagrama mais voltados para as emoções, focados nos relacionamentos e preocupados com a imagem. Cada um desses três tipos acredita que não pode ser amado do jeito que é, por isso projeta uma imagem falsa, na crença de que assim conquistará a aprovação dos outros.

O Dois precisa sentir-se necessário. Ele depende das outras pessoas para encorajar seu flutuante senso de valor próprio.

A apresentação de uma imagem alegre e agradável, bem como a ajuda aos outros, é sua estratégia para conquistar o amor. Para o Dois, palavras de apreço são quase que embriagantes. "O que eu faria sem você?" ou "Você salvou a pátria!" fazem o Dois sentir-se bem — esse bem é do tipo "Justin Bieber acabou de me *retweetar*!".

A *soberba* é o pecado capital do Dois, o que parece não fazer sentido, pois ele parece mais abnegado do que alguém de ego inflado. Mas o orgulho espreita nas sombras do coração do Dois. A soberba se revela na maneira como ele concentra toda sua atenção e energia em satisfazer as necessidades dos outros, ao mesmo tempo que dá a impressão de não precisar de nada. O pecado da soberba entra em jogo na crença do Dois de que as outras pessoas são mais carentes do que ele e que somente ele sabe melhor o que os outros precisam. Deriva prazer do mito da própria indispensabilidade.

O Dois é um cuidador indiscriminado. Oferece auxílio e conselhos àqueles que considera mais fracos, menos experientes e mais incapazes de administrar a própria vida do que ele mesmo — pessoas que ficariam perdidas sem sua existência. É difícil não se dar um tapinha nas costas quando se tem o dom quase sobrenatural de detectar o que os outros necessitam e quando se dispõe de um suprimento aparentemente ilimitado de tempo, energia, recursos e talentos para resgatá-los. O Dois adora montar em seu cavalo branco para salvar o dia quando outros pedem sua ajuda, mas não consegue se imaginar pedindo que alguém lhe dê a mão quando a situação se inverte. O Dois raramente pede ajuda, pelo menos não de maneira direta, e não sabe como aceitá-la quando é oferecida. Faz sentido para o Dois que os outros dependam dele. Mas ele depender dos outros? Nunca! Sem nenhum rodeio, o Dois sofre com uma visão inflada de seu poder, de sua independência e de seu valor para os outros. O que se esconde debaixo do orgulho? O temor. O Dois teme que reconhecer as próprias carências resultará em humilhação e que pedir *diretamente* que alguém satisfaça suas necessidades levará à rejeição.

"E se a pessoa se recusar?", ele se pergunta. "Como vou sobreviver a tanta vergonha e humilhação? Isso só confirmaria o que já sei o tempo inteiro: não sou digno de ser amado."

Embora nem sempre esteja consciente disso, a ajuda que o Dois não evoluído dispensa aos outros é cheia de segundas intenções. Ele quer algo em troca: amor, apreço, atenção e a promessa velada de futuro apoio material e emocional. Ele se doa de forma calculada e manipuladora. O Dois acha que, se extrair apreço e aprovação evocando nos outros o sentimento de que lhe devem algo, então as pessoas pressentirão quando ele precisar de ajuda e suprirão suas necessidades sem que precise pedir. Inconscientemente, está fazendo um acordo de troca: "Pode contar comigo, contanto que você prometa que posso contar com você sem que eu precise reconhecer ou pedir ajuda".

O Dois acredita viver em um mundo onde é preciso ser necessário para ser amado e onde é preciso dar para receber. E, como acha que você não o manteria por perto se ele deixasse de servi-lo, o Dois tem dificuldade em dar um basta no tempo e na energia que dedica para cuidar de você. Causa espanto ver um Dois imaturo na cabine de controle do trem do amor. Depois de deixar a estação, é quase impossível fazê-lo parar.

TUDO SOBRE O TIPO DOIS (OU O AUXILIADOR)

O Dois tem um jeito incrível de fazer as outras pessoas se sentirem seguras e confortáveis. Assim que você entra na casa da minha amiga Suzanne, sente que pousou em uma ilha de calma, separada deste mundo louco. É cheia de poltronas com almofadas gigantes, *bombonières* com chocolatinhos Godiva, velas religiosas, quadros com temas sacros pendurados nas paredes e livros de Henri Nouwen e Mary Oliver cuidadosamente organizados sobre as mesas de canto, à disposição dos convidados. Parece uma mistura do Ritz-Carlton com um centro de retiro espiritual católico. O Dois o aceita do jeito que você é. Não apenas não julga como cria um espaço tanto físico quanto emocional no qual as pessoas podem falar o que se passa no coração e compartilhar suas experiências.

Em contrapartida, como Richard Rohr diz: "O Dois sempre tem segundas intenções". Isso acontece porque esse tipo de indivíduo vive em um mundo onde vale a regra de que aqui se faz, aqui se paga. Seja por meio de charme, bajulação, criação de uma imagem agradável ou adulação descarada, o Dois está sempre tentando seduzir ou atrair as pessoas porque não acredita que os outros estarão ao seu lado para apoiá-lo, a menos que mantenha esse exterior alegre e lisonjeiro.

O Dois regular não tem consciência de que existem expectativas veladas e motivos interesseiros por trás de seu comportamento auxiliador. Ele considera generosos e altruístas os atos de serviço que realiza por nós, não algo baseado no implícito pressuposto de que faremos o mesmo em troca. A mulher do tipo Dois não acorda pela manhã e diz a si mesma: "Minha amiga Janete está lotada de trabalho. Para ganhar expressões de aprovação e afeto, bem como para garantir que ela estará ao meu lado quando eu precisar, vou deixar um assado com um pacote de chocolatinhos na porta da casa dela". Somente na semana seguinte seus reais motivos são revelados: essa mulher, agora sobrecarregada, está fervilhando de ressentimento porque nem Janete nem nenhum dos outros ingratos que ela ajudou no passado levou comida pronta para ela. No entanto, quando o Dois se torna saudável, consegue reconhecer o que está acontecendo e diz compassivamente a si mesmo: "Ah, não! Cometi o mesmo erro de novo. Esperei receber na mesma moeda e não aconteceu! Preciso continuar trabalhando nesse sentido".

Quando o Dois entra em um lugar cheio de gente, sua atenção se volta imediatamente para "Como você está? Do que você precisa? Como está se sentindo?" e, o mais importante, "O que você quer?". É alguém tão sintonizado com a dor alheia e responsivo a ela que às vezes até parece ter algum atributo paranormal. Esse é um exemplo de como o melhor aspecto de seu número também pode ser o pior. É ótimo ter o dom de estar sintonizado às necessidades de outras pessoas e ajudá-las. Mas *nunca* é bom quando o Dois ou qualquer outro número usa esse superpoder para manipular as pessoas a lhe darem o que desejam.

Como seu valor próprio depende da resposta que recebe dos outros, o Dois sempre acaba dando poder demais a outras pessoas. Quando Michael, meu amigo tipo Dois, se casou, queria expressar seu apreço pela esposa, Amy, que trabalhava em dois empregos para mantê-los financeiramente enquanto ele terminava os estudos. Enquanto ela ainda estava no escritório, Michael limpou a casa e, na pequena mesa quadrada da sala, colocou velas e um bule com o chá de ervas preferido da esposa. Além disso, espalhou pela casa inteira bilhetinhos com mensagens de amor. Amy (que *não* é tipo Dois) chegou distraída e cansada e passou direto pela mesa sem nem notá-la. Passaram-se duas horas até ela reparar e dizer: "Essas flores são para mim?". Mas era tarde demais. Michael já havia guardado muito rancor e estava transbordando ressentimento. Havia gastado horas preparando aquela surpresa e sua esposa infeliz nem sequer notara. A noite terminou com uma briga imensa entre os dois por causa da falta de reconhecimento de Amy *pelo que Michael fizera*. "No dia seguinte, eu me dei conta de que não queria apenas o reconhecimento de Amy. Queria que ela caísse aos meus pés, venerando-me como se eu fosse o santo padroeiro da doação abnegada. Depois de um tempo de casados, percebi que minha autoestima estava ligada a como Amy e outros reagiam a meu papel de Auxiliador. É poder demais para colocar nas mãos dos outros."

O Dois está sempre em busca de sinais de que as outras pessoas o apreciam. Meu amigo Reynolds é tipo Dois e um autor e orador brilhante. Certa vez, ele me contou que considera um pesadelo falar em público. "Eu sempre me prendia à reação do auditório", conta. "Sempre que estava em frente a um grupo de pessoas, sentia que havia um cartão grudado na minha testa com os dizeres: 'Vocês me amam?'. Inevitavelmente, minhas antenas de auxiliador captavam os sinais negativos que emanavam do membro da plateia que estivesse com expressão vagamente infeliz, então eu fazia de tudo, menos virar de cabeça para baixo, para agradá-lo. Quando nada do que eu tentava conseguia despertar aquele olhar importante de aprovação e reconhecimento, eu saía me sentindo um fracassado."

O Dois tem medo de ser descartado assim que as pessoas conseguirem se virar sozinhas. Suzanne é mãe de quatro ótimos filhos que a adoram. Desde o dia em que nasceram, ela desfrutou um relacionamento íntimo com cada um deles. Porém, por um longo período, teve a certeza de que eles não sentiriam vontade

> "Aja sem expectativas."
> LAO-TZU

de passar tempo com ela depois que crescessem e se casassem. Sempre pensava: "Quando não precisarem mais de mim, vão desaparecer". O que o Dois não sabe é que as pessoas não precisam necessitar dele a cada segundo do dia para continuar em sua vida.

O Dois é capaz de entrar em uma festa e intuir qual casal brigou no caminho, quem preferiria estar em casa assistindo a um jogo e quem está ansioso, com medo de perder o emprego. Consegue pressentir o que as outras pessoas estão sentindo sem pedir que levantem a mão. O estilo de comunicação do Dois é *auxiliador e conselheiro*. A qualquer indício de que você precisa de algo, o Dois imaturo começará a despejar sugestões "úteis" (ou o plano dele para ajudá-lo). O problema é que nem todo mundo na festa quer um Auxiliador se intrometendo em sua vida. O Dois precisa aprender a praticar o discernimento. Antes de partir para a ação como um labrador entrando no mar para resgatar uma criança que está se afogando, precisa se perguntar: "Isso cabe a mim fazer?". Se alguém estiver realmente se afogando, mergulhe para ajudar. Se não, escolha se conter.

Pessoas do tipo Dois regular contam a Suzanne e a mim que têm a habilidade de sentir e satisfazer as necessidades dos outros. A palavra-chave aqui é *sentir*. Você não precisa dizer ao Dois do que precisa; ele simplesmente sabe. O problema é que ele presume que todos têm essa mesma habilidade de sentir o que se passa na vida interior das pessoas. Isso pode levar a brigas que começam com alguém jogando as mãos para cima e dizendo: "Não consigo ler a mente das pessoas. Como deveria saber o que você queria?", e terminam com o Dois saindo irritando do ambiente, gritando por trás do ombro: "Estou cansando de ter que lhe falar do que eu preciso. Você já deveria saber!".

Para o Dois, é assustador sentir-se sem energia, pois seu valor próprio depende do fornecimento contínuo de gratidão e reconhecimento que recebe dos outros por cuidar deles. Se estiver esgotado, não conseguirá oferecer nada, então servirá para quê? Nessa situação, o Dois estafado pode explodir por sentir que não recebe o devido valor. Quando isso acontece, é como assistir a um satélite entrar em combustão ao retornar à atmosfera.

Suzanne é uma Dois típica. Por ser palestrante e esposa de pastor, tem muitas oportunidades de ajudar — talvez oportunidades demais. A conversa é mais ou menos esta quando ela chega em casa se sentindo morta e acabada, entra pela cozinha e encontra Joe arrumando as coisas:

— Como você está? — pergunta Joe.

— Cansada.

— Cansada de quê?

— De tudo. Ninguém me reconhece. As pessoas contam comigo para fazer, fazer, fazer e nem me agradecem. Agora todos estão maravilhosamente bem e eu estou esgotada. Aliás, todos aqueles por quem eu faço coisas estão se sentindo tão bem que aposto que estão dando uma festa agora mesmo e se esqueceram de me convidar.

Ao longo das próximas horas, Suzanne bate portas, entrega para Joe a carta de pedido de exclusão da igreja porque os líderes nunca a agradeceram por ensinar em milhares de escolas dominicais, ou ameaça reunir os filhos em uma teleconferência para perguntar por que eles *nunca* expressaram gratidão por todos os anos em que ela acordou cedo a fim de passar seus uniformes escolares. Em seu melhor, o Dois é afetuoso e generoso; em seu pior, é um mártir ressentido.

O DOIS QUANDO CRIANÇA

Crianças que sentem a compulsão de agradar a *todos* provavelmente são do tipo Dois. Quando pequeno, o Dois costuma ser sociável e ter amigos próximos. Mas, como se preocupa com o fato de ninguém querê-lo, tenta comprar ou manter o amor doando um brinquedo preferido ou o lanche na escola.

Extremamente sensível, as emoções dessa criança sempre estão à flor da pele. Às vezes, há um toque de tristeza em sua expressão, porque não se considera digna de ser amada. Depois de aprender que ser útil pode fazê-la ganhar um sorriso e um elogio, será a primeira a se voluntariar para ajudar o técnico a guardar as coisas depois do treino ou perguntar ao professor se quer auxílio para distribuir os materiais. Com o tempo, tais crianças podem adotar o papel de bajuladoras e superestimar seu valor para o funcionamento geral da família, da escola ou do time. Podem se tornar independentes cedo, pois veem as próprias necessidades como problemas a ser evitados.

De algum modo, essas crianças captaram a mensagem prejudicial de que ter ou expressar as próprias necessidades leva a humilhação e rejeição. Têm consciência dos sentimentos de todos e tentam adaptar seu comportamento e sua imagem ao que os outros querem. Nunca presuma que, por saber quais são as necessidades que *você* tem, as crianças tipo Dois também sabem quais são as delas. Se o Dois passar por uma situação difícil e você perguntar do que ele precisa, é bem provável que responda que não sabe. Caso o pressione, ele pode expressar frustração ou ficar emotivo. O Dois gasta tempo e energia demais se concentrando nas necessidades dos outros, a ponto de perder a conexão com as próprias demandas. Quando chega à idade adulta, esse é o padrão já estabelecido em sua vida.

O DOIS NOS RELACIONAMENTOS

Se você tem a sorte de conviver com alguém tipo Dois, sabe que os relacionamentos significam tudo para ele. *Tudo* mesmo! De todos os números do Eneagrama, o Dois é o mais interpessoal. Caloroso e cheio de tato, ele se aproxima com facilidade das pessoas. Por exemplo, Suzanne não consegue passar por alguém que conhece sem tocar no braço da pessoa, dar um tapinha nas costas ou parar e colocar as mãos em volta do rosto dela, olhar em seus olhos e dizer algo do tipo: "Você sabe que eu te amo, não sabe?".

Mas é importante para o Dois saber que nós o amamos também.

Ele sente as coisas com profundidade e acha fácil expressar emoções. Mas o que você talvez não saiba é que a maioria dos sentimentos do Dois não são próprios. Ele sente o que *você* está sentindo. Não demora muito para os filhos de um Dois descobrirem que a mãe ou o pai experimenta mais seus sentimentos do que eles próprios. Mas, assim que percebem isso, é como se estivessem jogando pôquer com dinheiro da casa.

Todos os três números da Tríade do Coração estão em busca de um senso de identidade pessoal. Uma maneira de o Dois tentar estabelecer sua identidade é se identificando e se enxergando pelas lentes de seus relacionamentos. Então, em vez de se apresentar com o próprio nome, eles se concentram no relacionamento com pessoas que você conheça. É sempre "Oi! Sou o marido da Amy" ou "Sou a mãe do Jack". O Dois precisa aprender a se individualizar, a se tornar uma pessoa única.

Para o Dois, essa jornada costuma começar na meia-idade. Depois de anos colocando as necessidades de todos à frente das suas, ele fica exausto. Certo dia, acorda e percebe: "Não posso continuar dando tanto de mim. Preciso cuidar melhor de mim mesmo". Essa é uma passagem difícil e necessária para o Dois, bem como para as pessoas que se acostumaram à sua prática de sempre colocar os outros na frente e o pressionam a voltar aos bons tempos nos quais priorizava os interesses de todos. Quando o momento chegar, é importante que os outros incentivem o Dois a ser um indivíduo distinto que cuida de si de maneira apropriada.

O DOIS NO TRABALHO

Na vida profissional, com frequência o Dois é o segundo no comando, mas não acha isso algo degradante. Sabe que são os sargentos que controlam os exércitos, não os generais. Por isso, fica mais do que feliz em ser o poder por trás do trono. Quando eu estava no Ensino Fundamental, a secretária do diretor, srta. Parker, era uma mulher bondosa, cheia de energia e de coração caloroso. Ela ficava no escritório principal, onde atendia um sem-fim de telefonemas e acalmava mães iradas. Quanto tirávamos boas notas, nos deixava encher a mão de confeitos de chocolate que ficavam em uma *bombonière* em sua mesa. Também conferia se os alérgicos a amendoim haviam levado adrenalina autoinjetável e, às três da tarde, colocava um colete alaranjado e monitorava o trânsito na saída dos alunos. Se você precisasse de amor, dinheiro para comprar almoço ou um transplante emergencial de órgãos, era só procurar a srta. Parker. Tenho certeza de que o diretor era um cara bacana, mas nem lembro o nome dele.

> "A cilada de não olhar os dentes do cavalo dado é que pode ser um cavalo de Troia."
>
> **DAVID SELLER**

O Dois é alguém muito intuitivo, com habilidades interpessoais extremamente desenvolvidas. Sente a necessidade de trabalhar em funções nas quais há muito contato com as pessoas. O Dois constrói um senso de comunidade. Sabe quem está bem na firma e quem não está. Lembra o dia do aniversário das pessoas e o nome dos filhos de todos. É o primeiro a ficar por dentro dos fatos: sabe a história por trás dos divórcios, conhece os filhos de quem precisa se recuperar em um centro de reabilitação e descobre a gravidez de alguém antes de todo mundo (até mesmo do pai do bebê). Em posição de liderança, sabe recrutar as pessoas certas para cumprir a tarefa e usa incentivo e elogios para inspirar e motivar a equipe. É empático, otimista e — como se preocupa com a imagem — sabe fazer uma instituição brilhar aos olhos do mundo.

Os supervisores precisam ter liberdade para fazer críticas construtivas quando seus funcionários necessitam delas. No entanto, quem supervisiona alguém tipo Dois deve manter em mente que críticas demais ou palavras duras acabarão com ele. Diferentemente dos outros tipos, o Dois não se interessa por subir no emprego. Ou, caso tenha essa vontade, deixa fora de sua consciência esse desejo de reconhecimento e atenção, pois admiti-lo o tornaria vulnerável à decepção.

Ao contrário da crença popular, existem muitos homens tipo Dois no mundo. Após trabalhar no mercado financeiro por 35 anos, meu amigo Jamie fundou uma organização e criou uma conferência anual que une jovens líderes promissores a líderes mais velhos e experientes a fim de que desenvolvam uma amizade e sejam mentores um do outro. Sua personalidade tipo Dois se revela na paixão por conectar pessoas e ensinar os jovens para que evitem as armadilhas comumente associadas ao sucesso no início da carreira.

ASAS

Dois com asa Um (2a1). O Dois com asa Um (2a1) se preocupa em fazer as coisas da maneira correta. Quer ser visto como alguém confiável e responsável. Os Auxiliadores com asa Um têm mais autocrítica, são mais controladores e propensos a sentir culpa. Têm limites mais claros e maior consciência acerca das próprias necessidades emocionais, porém sentem mais dificuldade em expressá-las. Confiam menos e esperam um pouco mais em retorno por seus esforços.

Dois com asa Três (2a3). O Dois com asa Três (2a3) é mais ambicioso, ligado à imagem e competitivo. Extrovertido e, às vezes, sedutor como o Três (o Realizador), é mais preocupado com relacionamentos e conexões do que o Dois com asa Um. Esse Dois é mais confiante, por isso realiza mais. Ser considerado bem-sucedido chega bem perto de ser conhecido como amável e generoso. Nesse espaço, o Dois com autoimagem forte consegue se adaptar como o Três para se tornar o que for necessário a fim de alcançar os resultados desejados.

ESTRESSE E SEGURANÇA

Estresse. O Dois em estresse assume os comportamentos característicos do Oito problemático, tornando-se exigente e controlador, de maneira direta ou manipuladora. Culpa os outros pelo que o deixa infeliz e pode ser surpreendentemente agressivo e vingativo por erros passados.

Segurança. Quando está se sentindo seguro, o Dois se desloca para o lado saudável do Quatro, no qual se sente bem por não precisar fingir que ama a todos. Esse Dois tem certa compreensão da necessidade de cuidar de si mesmo e consegue focar para dentro, investindo em si e fazendo coisas criativas que lhe proporcionam alegria. É nesse espaço que o Dois consegue se imaginar sentindo-se bem consigo mesmo sem ter de ajudar outra pessoa para isso.

TRANSFORMAÇÃO ESPIRITUAL

Assim como é o caso de qualquer outro número, aquilo que é ótimo em relação ao Dois também pode não ser tão bom. Quando as pessoas dão demais, ajudam pelos motivos errados ou servem os outros por motivos egoístas, em vez de fazê-lo porque Deus pede, o ato de dar se torna calculado, controlador e manipulador. Se você é um Auxiliador, provavelmente achou difícil a leitura deste capítulo.

O Dois tem muito medo de que as pessoas o rejeitem quando descobrirem que ele também tem as próprias necessidades e tristezas não correspondidas. O Dois vive a serviço da mentira de que a única maneira de conquistar amor é escondendo a pessoa quebradiça e vulnerável que ele é de verdade, por trás da aparência e do ativismo do ajudante alegre e abnegado. Assim como todos os números na Tríade dos Sentimentos, acredita que, se mostrar seu eu verdadeiro ao mundo, sofrerá rejeição. A mensagem de cura para o Dois é: "Você é desejado". O Dois necessita saber-se importante e pode começar agora a aprender a expressar diretamente seus reais sentimentos e desejos, sem o medo indevido de ser humilhado ou rejeitado.

Todos os Dois precisam aprender a diferença entre dar por interesse ou de forma altruísta. Quem dá por interesse espera ser recompensado, ao passo que a doação altruísta não é acompanhada de nenhuma segunda intenção. Como já foi dito: "Quem se doa esperando retorno faz um investimento. Quem se doa sem esperar nada em troca demonstra amor de verdade".

Felizmente, com um pouco de autoconhecimento e consciência de si próprio, o Dois pode aprender a se doar aos outros sem cobranças implícitas. Se você é tipo Dois, isso quer dizer que deve dar apenas o que lhe cabe dar — nada mais, nada menos. Se sua amiga Isabelle está lotada de trabalho e você cuida dos filhos dela para ajudá-la, mas ela não faz o mesmo quando você se encontra em uma crise semelhante, não tem problema, porque você não tinha a expectativa de que ela o fizesse. Como meu mentor nos Alcoólicos Anônimos me lembra: "Expectativas são ressentimentos prestes a acontecer".

Lembra-se do meu amigo Jim, do início do capítulo? Ele não queria a ajuda de Glória, não precisava dela, nem a solicitou.

Aliás, a "ajuda" acabou se tornando tudo menos isso. A história teria um fim diferente se Glória, um pouco mais consciente de si, houvesse procurado Jim e dito: "Jim, aquele dia no sinal percebi que seu carro parece estar nas últimas. Por algum motivo, Deus tem me dado mais dinheiro do que necessito e ficaria muito feliz em me sentar com você e Karen para ver se posso ajudar de alguma maneira. Não se sinta pressionado, só me avise se precisar de uma força".

É uma história já batida, mas pode ser útil para quem é Dois ler o relato sobre Marta e Maria em Lucas 10. A narrativa começa com as palavras: "Jesus e seus discípulos seguiram viagem e chegaram a um povoado onde uma mulher chamada Marta os recebeu em sua casa" (v. 38). Não é interessante que a casa fosse tanto de Marta quanto de Maria, mas somente Marta recebe o crédito por receber Jesus e os discípulos? Maria não era hospitaleira? Ou, dentre as duas irmãs, somente Marta se sentia compelida a atender às necessidades de Jesus e dos discípulos?

Quando Jesus e seus amigos chegaram, Marta fez o que qualquer pessoa tipo Dois faria: certificou-se de que todos estavam confortáveis e providos daquilo de que precisavam. Ela provavelmente já havia lavado os pés de Jesus e agora estava correndo para todos os lados preparando o jantar enquanto sua irmã, Maria, que não servia para nada, estava relaxando aos pés de Jesus. Marta começou a sentir inveja e ressentimento. Todas as outras pessoas estavam na sala, comendo azeitonas e rindo, enquanto ela trabalhava feito louca na cozinha, preparando um cordeiro.

Marta ficou com raiva porque, *como sempre*, estava fazendo todo o trabalho pesado. Ela falou para Jesus: "Senhor, não o incomoda que minha irmã fique aí sentada enquanto eu faço todo o trabalho? Diga-lhe que venha me ajudar!" (v. 40). Não tenho certeza, mas acho que este é o único trecho da Bíblia em que alguém dá uma ordem para Deus. Como já disse, nem o inferno tem a fúria de um Dois sobrecarregado que não se sente reconhecido.

Jesus sabia o que realmente estava acontecendo e respondeu: "Marta, Marta, você se preocupa e se inquieta com todos esses detalhes. Apenas uma coisa é necessária. Quanto a Maria, ela fez a escolha certa, e ninguém tomará isso dela" (v. 41-42).

Para quem é Dois, a lição é simples: às vezes, você acha que está servindo a Deus ou a outras pessoas quando, na verdade, não está. Há circunstâncias em que todo esse ativismo e esse cuidado não é o que Deus o está chamando para fazer. A Bíblia não afirma que Marta *perguntou* a Jesus o que ele queria. Ela tomou para si uma grande lista de afazeres. Talvez Deus simplesmente deseje que o Dois — e cada um de nós — relaxe em sua presença.

Se o Dois deseja aprender a atender às próprias necessidades da mesma forma que presta atenção às necessidades dos outros, precisa trabalhar na própria alma em uma iniciativa solitária. Se tentar realizar essa obra em comunidade, vai se sentir tentado a ajudar as pessoas à sua volta a crescer espiritualmente, em vez de se concentrar no próprio desenvolvimento pessoal. Nessa situação, a tendência do Dois de deixar tudo de lado para ajudar as pessoas em crise é mais uma defesa contra o enfrentamento das próprias necessidades e de seus sentimentos do que um ato de serviço. Em seu tempo com Deus, o Dois deve se perguntar: "Quem sou eu quando ninguém está precisando de mim?".[1]

DEZ CAMINHOS DE TRANSFORMAÇÃO PARA O DOIS

1. Em vez de dar pistas de suas necessidades para os outros ou deixá-los adivinhar sozinhos, tente expressá-las de maneira direta.

2. Quando perceber que está se esforçando demais para apresentar uma imagem agradável ou bajulando os outros para conquistar sua aprovação, respire fundo e recomece.

3. Não diga "sim" para tudo impulsivamente. Quando alguém pedir sua ajuda, fale que dará um retorno assim que tiver refletido sobre o assunto. Ou apenas experimente dizer a palavra "não". Ela forma uma frase completa, sabia?

4. Quando o ímpeto de resgatar ou ajudar os outros sobrecarregar você, pergunte-se: "É meu papel fazer isso?". Se não tiver certeza, converse sobre o assunto com um amigo de confiança.

5. Quando perceber que caiu mais uma vez nos comportamentos típicos do seu número, pergunte-se gentilmente: "O que eu deveria sentir se não estivesse bajulando essa pessoa ou atendendo a suas necessidades agora?".

6. Sempre que possível, realize atos anônimos de serviço.

7. O Dois oscila entre ter uma visão exageradamente inflada e outra inferiorizada demais a respeito de si mesmo e de seu valor para os outros. Lembre-se de que você não é nem o melhor, nem o pior. Apenas você mesmo.

8. Não afaste os sentimentos de mágoa ou merecimento quando eles surgirem. Em vez disso, encare-os como convites para olhar para dentro com bondade e perguntar-se: "O que necessita de atenção em minha vida agora?".

9. Não se massacre quando perceber que está se aproximando muito agressivamente dos outros ou sobrecarregando-os com suas emoções. Parabenize-se por identificar a situação e diminua o tom.

10. De duas a três vezes por dia, pergunte-se: "O que estou sentindo agora?" e "O que preciso fazer agora?". Não se preocupe se não conseguir encontrar uma resposta. Leva tempo para desenvolver os músculos do cuidado pessoal.

COMO É SER DO TIPO TRÊS

1. É importante para mim parecer vencedor.
2. Amo entrar em um ambiente e saber que estou causando ótima impressão nas pessoas ali dentro.
3. Eu conseguiria convencer Bill Gates a comprar um Mac.
4. Os segredos para minha felicidade são eficiência, produtividade e ser reconhecido como o melhor.
5. Não gosto quando as pessoas reduzem meu ritmo.
6. Eu sei como disfarçar o fracasso, fazendo-o parecer sucesso.
7. Sempre prefiro liderar a seguir.
8. Sou competitivo ao extremo.
9. Consigo encontrar uma forma de conquistar praticamente qualquer pessoa e me conectar com ela.
10. Sou campeão em realizar múltiplas tarefas.
11. A todo momento, observo como as pessoas estão reagindo a mim.
12. Tenho dificuldade em não levar trabalho para as férias.
13. Tenho dificuldade em dar nome a meus sentimentos ou ter acesso a eles.
14. Não sou muito de falar sobre minha vida pessoal.
15. Às vezes, sinto que sou uma farsa.
16. Amo definir e cumprir metas atingíveis.
17. Gosto que outras pessoas saibam de minhas realizações.
18. Gosto de ser visto na companhia de pessoas bem-sucedidas.
19. Não me importo de usar atalhos se, com isso, a tarefa for realizada com mais eficiência.
20. As pessoas falam que eu não sei como ou quando parar de trabalhar.

7

TIPO TRÊS

O REALIZADOR

*A real pergunta é: você é capaz de amar quem eu sou de
verdade? [...] Não a imagem que criou a meu respeito,
mas quem eu realmente sou.*

CHRISTINE FEEHAN

O **Três saudável** transcendeu o objetivo de meramente ter uma
boa aparência e está avançando no sentido de ser conhecido e
amado por ser quem é, e não por aquilo que realiza. Continua
amando estabelecer metas, elevar-se à altura do desafio e resolver
problemas, mas seu valor próprio não está limitado a essas coisas.
Tenta equilibrar sua energia abundante entre trabalho, descanso
e algum tipo de prática contemplativa, reconhecendo a importância de *ser* em vez de *fazer*. Sente-se valioso, o que libera uma terna
benevolência focada no bem comum.

O **Três regular** não se contenta em conquistar um pouco; quer conquistar tudo. Passa tempo demais no trabalho ou
na academia. Extremamente focado, sua necessidade de ter um
bom desempenho se estende até ao tempo que passa treinando o
time de futebol infantil ou fazendo trabalho voluntário na igreja.
Vê o amor como algo a ser merecido, então tenta silenciar suas

convicções interiores, valorizando o que outros definem como sucesso e esforçando-se para fazer cada vez mais e melhor. É confiante em suas habilidades, mas também ligado à imagem, sempre preocupado de que o mau desempenho o levará a perder sua posição aos olhos dos outros.

O *Três problemático* considera o fracasso inaceitável. Isso o torna incapaz de admitir erros e o leva a se comportar como se fosse superior aos demais. Desesperado por atenção, esse Três pode se deslocar do pecado capital do autoengano ao pecado do engano intencional, contando histórias forjadas sobre si mesmo e sobre suas realizações a fim de manter a própria imagem. Em sua pior condição, o Três pode ser mesquinho, maldoso e vingativo.

Cresci em Greenwich, Connecticut, cidade natal de muitos dos mais bem-sucedidos administradores de fundos de cobertura, investidores em capital de risco e banqueiros de investimento. Há mais pessoas tipo Três morando em Greenwich do que atores infantis em clínicas de reabilitação. Dentre os principais deles, estava meu pai.

Assim como todo Três, papai acreditava que só podia ser amado se fosse ou parecesse bem-sucedido, evitando o fracasso a qualquer custo e se igualando à sua imagem, a fim de agradar a todos. Por anos, teve uma carreira glamorosa e de alta visibilidade na indústria de cinema e televisão como diretor administrativo da Columbia Screen Gems Motion Pictures na Europa e no Oriente Médio. Até que, aos 40 anos, perdeu tudo por causa de uma série de decisões terríveis nas esferas pessoal e profissional. No que diz respeito ao trabalho, meu pai agora era um fracassado, mas você não faria a menor ideia disso ao olhar para ele ou ouvi-lo conversar.

Mesmo quando nossa família estava passando o maior aperto financeiro, meu pai continuava comprando ternos feitos sob medida na Jermyn Street, em Londres, dirigia um carro esportivo britânico caro (embora de segunda mão) e é o único homem que conheci que conseguia ficar bem usando lenço de pescoço por dentro da camisa. Ele contava histórias de como Mel Brooks e Carl Reiner apresentavam atos de comédia em nossa sala enquanto morávamos em Londres, falava sobre os safáris que fez com William Honden e contava como o ator Roger Moore, que atuou no papel de James Bond, devia sua carreira a ele. Todas essas histórias eram "verdadeiras", porém enfeitadas, narradas como se houvessem acontecido no mês anterior, não uma década antes.

Meu pai acreditava que os ricaços de Greenwich só valorizavam pessoas cheias de realizações, abastadas, sofisticadas e com boas conexões, então ele se transformava "naquele cara" para conquistar a admiração deles.

Mas o talento de papai para projetar a imagem perfeita a fim de impressionar a multidão não se limitava à alta sociedade de Greenwich. Ele era capaz de fazer isso em qualquer lugar, com qualquer pessoa. Funcionava assim: quando chegava a uma festa, a primeira coisa que fazia era examinar o ambiente. Queria entender a disposição geral do grupo — quem estava ali, quais eram suas preferências, valores e expectativas. Era como se estivesse tentando responder às perguntas: "Que *persona* preciso criar e incorporar para conquistar a aprovação dessas pessoas? Quem elas querem que eu me torne para que possam me amar e admirar?". Assim que descobria as respostas (o que levava no máximo trinta segundos), fazia uma transformação instantânea e se tornava "aquele cara". É sério! Certa vez, testemunhei meu pai se aproximar de um grupo de mecânicos em volta de um centro de serviços automotivos e, em tempo menor do que o que você gasta para terminar de pronunciar a palavra "carburador", ele já havia pegado os trejeitos, o estilo de conversar, o humor e o comportamento geral do grupo. Papai não sabia a diferença entre amortecedor e escapamento, mas, quando fomos embora, aqueles mecânicos poderiam achar que ele talvez fosse o apresentador de um programa de rádio sobre veículos.

O PECADO CAPITAL DO TIPO TRÊS

Eu não o culparia se, depois de ler essas histórias, você rotulasse meu pai de farsante. Mas você sentiria mais compaixão por papai se soubesse que ele criava e projetava essa imagem resplendente de sucessos e conquistas (conforme a definição de qualquer grupo com quem se encontrava) porque acreditava que ser ou, pelo menos, parecer bem-sucedido era a única maneira de provar seu valor e conseguir ser amado?

Essa é a armadilha do Realizador.

De acordo com o Eneagrama, o pecado capital do Realizador é o *engano* — não tanto por enganar os outros, mas sim por enganar a si mesmo. Como Nathaniel Hawthorne escreveu: "Ninguém é capaz de usar uma máscara para si e outra para a multidão por um período considerável sem acabar confuso, não sabendo qual é a verdadeira".[1]

Ao elaborar uma *persona* para impressionar e talvez até ajudá-lo a se relacionar com pessoas influentes que podem fazê-lo avançar social ou profissionalmente, o Três perde contato com seu eu autêntico. Com o tempo, passa a se identificar tanto com a *persona* brilhante a ponto de seu verdadeiro eu se perder em meio à *performance*. Assim como todos os outros, é enganado e passa a acreditar que sua imagem falsa corresponde a *quem ele realmente é*.

FAMOSOS TIPO TRÊS
Taylor Swift
Mitt Romney
Tom Cruise

A estratégia de projetar uma imagem falsa para atender a uma necessidade não satisfeita não é algo peculiar ao Três. Todos os números na Tríade dos Sentimentos ou do Coração (2, 3, 4) rejeitam a ideia de que podem ser vistos como realmente são e amados de maneira incondicional, por isso abandonam seu eu verdadeiro e incorporam papéis. O Dois assume uma imagem prazenteira e afável em um piscar de olhos para agradar as pessoas ao seu redor, o Quatro (adiantando o que vem pela frente!) projeta uma imagem de singularidade por motivos que você logo saberá, e o Três lança uma imagem de sucesso e realizações para conquistar admiração.

O Três imaturo precisa vencer e dar a impressão de que a vitória foi fácil. Para ele, "ganhar o segundo lugar" é um eufemismo condescendente para "ser o primeiro perdedor". Não importa se está na sala de aula, no campo esportivo, na arena dos negócios, no palco, pastoreando uma megaigreja, na sala de reuniões ou servindo os pobres, o Três *precisa* ser a estrela. Como cresceu acreditando que o mundo só valoriza as pessoas por aquilo que elas fazem, tornar-se o rei ou a rainha do pedaço é uma questão de vida e morte. Confundindo sucesso com amor, o Três que não tem consciência de si precisa tirar nota máxima em todas as provas, fechar todos os negócios, pregar todos os domingos um sermão com o mesmo nível do discurso "Eu tenho um sonho", de Martin Luther King Jr., e quebrar todos os recordes de vendas da empresa. Viver é acumular realizações que despertam aplausos.

O Três está sempre em metamorfose, mudando de *persona* para se adaptar ao ambiente. "Nós do tipo Três não temos uma *persona*; somos uma legião", brincou comigo um pastor tipo Três, que agora tem maior consciência espiritual de quem é. Em um *workshop* recente, uma mulher muito bem vestida se aproximou de mim durante o intervalo após a palestra sobre o tipo Três e confessou: "Minha sócia jura que consegue ouvir o barulho do meu '*software* de análise do público' iniciando em meu cérebro quando entramos em um local cheio de clientes em potencial. Antes do fim das apresentações, sei exatamente quem eu preciso me tornar para fechar o negócio".

O Três sem consciência é um camaleão social. Entretanto, como você já pode imaginar, sua habilidade de criar e projetar uma imagem para fazer a venda ou conquistar a moça ou o rapaz pode deixá-lo sem saber qual é seu eu autêntico. Muito de vez em quando, o Três diminui bastante o ritmo para refletir na vida, e pode se sentir uma fraude: "Coloco mil máscaras, mas quem sou eu de verdade?". Quando esse *insight* acontece, vem à tona o maior medo do Três: "E se não houver ninguém por trás da máscara? E se eu não passar de um pacote vazio?".

> "Gosto de mudar de personalidade."
>
> **MICK JAGGER**

Se o Três não tiver um conselheiro espiritual sábio que o ajude a manter o sentimento de vazio por tempo suficiente para dar uma chance para seu eu autêntico emergir, vai entrar em pânico e se esconder atrás da *persona* de novo, desta vez redobrando os esforços para ter sucesso e impressionar, a fim de mascarar seu vazio. Na maioria das vezes, é necessária uma queda absurdamente trágica para o Três acordar e reconhecer que "Seja fiel a você mesmo" é um lema de vida melhor do que "Imagem é tudo".

TUDO SOBRE O TIPO TRÊS (OU O REALIZADOR)

Há muito a se amar em um Três saudável. É uma pessoa otimista e resiliente, com sonhos audaciosos que inspiram os demais. Quando espiritualmente saudáveis e cônscios de quem são, não têm nada a provar. Sentem o desejo de falar sobre os sonhos dos outros e celebrar as realizações alheias, em vez de ostentar as próprias conquistas ou vender uma imagem. Não há nenhum toque de falsidade no Três evoluído. Ele não teme mais o fracasso e compartilha abertamente o que aprendeu com os próprios erros. É generoso e sábio. Com frequência, oferece suas habilidades consideráveis para ajudar as organizações a serem mais eficientes em alcançar sua missão.

No entanto, o Três problemático sofre de uma triste inquietação — sempre se esforçando, sempre de olho em oportunidades de progredir. Com traquejo político e vestido para matar, de algum modo, sempre está avaliando a multidão, como se perguntasse: "Como estou me saindo?". Às vezes, fica inquieto demais quando passa muito tempo parado em um lugar, por isso precisa de férias cheias de atividades, como uma viagem de mergulho

> "Imagem é tudo."
>
> **ANDRE AGASSI**

ou um mês passeando de bicicleta pela França. Mas é preciso sorte para conseguir convencê-lo a não levar consigo uma pasta cheia de trabalho. Conforme Hurley e Donson observaram, às vezes o Três finge estar interessado em conversas com as pessoas, quando, na verdade, não está. Se achar que você não é relevante ou interessante o suficiente, o Três vai sorrir e assentir com a cabeça como se estivesse prestando atenção em cada palavra, quando, na verdade, sua mente está fechando um negócio imobiliário ou fazendo um relatório, ou então ele está olhando em volta periodicamente para ver onde estão as pessoas realmente importantes.

Há pouco tempo, Suzanne e eu falamos em uma conferência cheia de homens e mulheres muito bem-sucedidos. Certa noite, um advogado corporativo de sessenta e poucos anos chamado David contou para o grupo como ele havia acreditado que a vida significava as coisas que possuía, as pessoas que conhecia e a aparência que ostentava, até que, aos 50 anos, teve uma crise que o fez conhecer Jesus de verdade, um episódio que o levou a encarar quem era. "Tenho me esforçado muito para me conhecer e me tornar quem realmente sou", disse David, apontando o coração com a mão. "Hoje, penso muito menos em trabalhar e vencer, e muito mais em ser eu mesmo, o David."

David é um Três extremamente evoluído. Ele não crê mais que, para ser amado, precisa trabalhar oitenta horas por semana e ser reconhecido por todos como o melhor em tudo o que faz. De modo geral, o Três tem mais dificuldade em reconhecer e se conectar com seus sentimentos do que qualquer outro número do

Eneagrama. Além de não captar muito bem os próprios sentimentos, não apreende muito bem os dos outros. Lembra que vimos, no último capítulo, que o Dois pode não ter a menor ideia quanto às próprias emoções, mas consegue identificar as dos outros com a precisão de um radar? O Três fica no escuro quanto aos sentimentos de modo geral — os próprios e os dos outros também.

O Três *simula* sentimentos, mais do que os *tem*. Como não consegue acessar ou reconhecer seus sentimentos muito bem, inconscientemente observa como as outras pessoas expressam suas emoções e as copia. O que entrega o fato de não estar realmente conectado ao luto que expressa visivelmente com aparência de tristeza é que pode estar ao mesmo tempo pensando em um projeto de trabalho inacabado.

O Três consegue mascarar e adiar sentimentos para não estragar o disfarce que diz: "Tenho tudo sob controle". No momento, pode estar se sentindo deprimido, bravo ou assustado, mas mantém a mesma expressão confiante. No fim das contas, o Três se importa mais com a eficiência e com a conclusão de tarefas. Os sentimentos são confusos e retardam o progresso rumo a um objetivo, por isso o Três não perde muito tempo com eles.

De acordo com Riso e Hudson, a mensagem que o Três captou na infância é que não é adequado ter identidade ou sentimentos próprios. Quando criança, o Três sentiu necessidade de deixar de lado o eu verdadeiro para se tornar o protótipo perfeito do tipo de pessoa que os indivíduos mais importantes de sua vida associavam a sucesso. Certa vez, eu disse para um Três em sua jornada espiritual: "Você devia amar muito seu pai, pois chegou ao ponto de deixar seu verdadeiro eu para trás a fim de agradá-lo!". Aquele homem chorou como se estivesse aliviado por saber que, atrás da máscara, havia amor, não vazio.

Deixo aqui uma pergunta: o que incentivaria o Três a mudar em uma sociedade que o aplaude e o recompensa por personificar nossa definição cultural de sucesso? *O capitalismo é um modelo econômico tipo Três!* Muitos de nós olham para o Três e pensam: "Ah, como eu gostaria de ser como ele!". Digo isso porque todos nós compactuamos com a perpetuação de um mundo que incentiva essas pessoas maravilhosas a continuarem a viver a serviço de uma mentira. É errado de nossa parte pedir ao Três que use seus dons para ajudar nossa empresa a crescer, ou a angariar recursos para a principal campanha da igreja — especialmente porque, depois de usá-lo, nós lhe viramos as costas e o criticamos por trás dos panos por não ser autêntico ou por seu jeito narcisista. É por isso que Suzanne e eu amamos o Eneagrama. O conhecimento da visão de mundo e da motivação que impulsionam a personalidade do Três desperta em nosso coração certa compaixão por sua condição e, na melhor das hipóteses, pela de todos os outros, não é mesmo?

Ficamos maravilhados quando conhecemos uma pessoa tipo Três que está evoluindo espiritualmente, pois precisa acordar todos os dias e nadar contra a forte maré de nossa cultura voltada para o sucesso e obcecada com a imagem. E há muitas pessoas boas assim, fazendo o trabalho de se tornar aquilo para que foram criadas. São santos em formação.

O TRÊS QUANDO CRIANÇA

No início da vida, o Três capta a mensagem prejudicial de que "Você é o que você faz". Em consequência disso, torna-se uma máquina de alto desempenho, lutando para ser excelente e reconhecido por suas realizações, pois elas constituem a base de sua identidade. Se sentir que seus pais ou a cultura valorizam as conquistas acadêmicas acima de todas as outras coisas, colocará como objetivo entrar em Harvard antes mesmo de começar o Ensino Médio. Da mesma maneira, se o Três crescer em uma cultura ou família na qual escalar os degraus da máfia para se tornar um chefão representa o sucesso absoluto, então esse se tornará seu objetivo de vida. Estranho, eu sei, mas é contextual.

O mais triste de tudo é que o Três se conforma com a imagem preferida de sua família ou cultura mesmo que isso signifique se tornar alguém sem nenhuma se-melhança com quem ele real-mente é ou fazer coisas contrárias à sua natureza. O tenista Andre Agassi tem uma história que re-flete essa realidade. Em 1991, Agassi apareceu em um comer-cial de televisão anunciando a câmera Rebel, da marca Canon. Na propaganda, o superatleta com ar convencido e roupas da moda sai de um Lamborghini branco, lança um olhar despreocu-pado para a câmera, abaixa seu Ray-Ban até a ponta do nariz e fala: "Imagem é tudo". Ah, as delícias de ser jovem e tipo Três!

> "Nosso mais profundo chamado é crescer para nos tornar nosso eu autêntico, sem nos importar se ele corresponde à imagem do que achamos que *deveríamos* ser."
>
> **PARKER PALMER**

Em seu livro de memórias, *Autobiografia*, Agassi conta como foi crescer com um pai cujo amor por ele estava atrelado a seu desempenho nas quadras. Agassi chocou o mundo ao confessar publicamente no livro que ele odiou jogar tênis desde a primeira vez em que colocou as mãos em uma raquete até o dia em que se aposentou. O que o impulsionou a se tornar campeão não foi a paixão pelo esporte, mas sim seu desejo de conquistar o coração de um pai que ele descreve como incapaz de "diferenciar entre me amar e amar o tênis".[2] Outras pessoas tipo Três relatam que cresceram em lares nos quais se preocupavam que os pais, colegas ou técnicos os negligenciariam ou se esqueceriam deles caso não conquistassem troféus ou tirassem notas extraordinárias.

Os pais de meu amigo Allen cresceram em profunda pobreza. Enquanto ele e o irmão gêmeo eram crianças, os pais viviam di-zendo: "Queremos que vocês cheguem muito mais longe na vida do que nós conseguimos". No começo, quando os dois garotos começaram a tirar excelentes notas e a se destacar no basquete, o pai e a mãe de Allen ficaram tão entusiasmados e os elogiaram tanto que eles sentiram não ter outra escolha a não ser manter o ritmo.

"Meus pais são maravilhosos e nos amavam mais que tudo neste mundo", Allen hoje conta. "Mas eles não faziam a menor ideia de quanta pressão colocaram sobre nosso sucesso. Partiria o coração deles saber que crescemos acreditando inconscientemente que seu amor por nós estava condicionado a detonarmos em tudo o que fazíamos e que tínhamos medo de decepcioná--los. Eles jamais disseram: 'Só os amaremos se vocês forem bem--sucedidos'. Mas éramos crianças e foi isso que inconscientemente escutamos." Infelizmente, a vida que alguns pais não tiveram às vezes pressiona os filhos a optar por destinos que não escolheriam por conta própria.

As crianças tipo Três acordam pela manhã com um plano para o dia. Preocupadas com seu desempenho social, sabem que roupa vão usar para ir à escola e com quem vão se sentar durante o lanche. Sabem quem são os mais populares e podem agir de forma contrária àquilo que sentem ou desejam a fim de ser aceitos nesse círculo. Elas vêm equipadas com todo o aparato necessário para realizar conquistas e ser bem-sucedidas.

Tentam fazer aquilo que é valorizado pelas pessoas a seu redor e sentem muito quando falham. São focadas e naturalmente competitivas porque creem que são amadas por suas realizações. São crianças que querem se destacar. E se destacam mesmo.

O TRÊS NOS RELACIONAMENTOS

Por ser o número do Eneagrama que estabelece menor contato com seus próprios sentimentos, faz todo o sentido que o Três tenha bastante trabalho a realizar quando o assunto é relacionamento.

Como parte de sua ampla campanha de *marketing* pessoal, o Três desprovido de consciência espiritual deseja projetar a imagem de família perfeita para o mundo exterior, mas manter as aparências pode esgotar o cônjuge e os filhos. Desconectado de seus sentimentos e ávido por deixar a impressão correta, o Três pode desempenhar, de maneira consciente ou inconsciente, o papel de pai e cônjuge absolutamente dedicado. Outros indivíduos tipo Três em piloto automático podem inconscientemente classificar o cônjuge ou o relacionamento com este como mais um item de coisas a fazer em sua lista de tarefas. Tais pessoas podem se tornar um dos muitos projetos nos quais o Três está trabalhando no momento. Por exemplo, você pode ouvir o Três contar que ele e o cônjuge se reúnem uma vez por ano para definir metas espirituais, financeiras, físicas ou sociais para seu casamento ou debater maneiras de tornar a administração cotidiana da família mais eficiente e produtiva. É claro que a intencionalidade nos relacionamentos é admirável, contanto que os envolvidos continuem a compor uma união espiritual a ser cultivada, e não uma parceria empresarial a ser administrada.

Sem exceção, os relacionamentos das pessoas tipo Três não evoluído sofrem porque quase todas elas são *workaholics*. Têm tantos projetos em andamento e tantos objetivos a alcançar que não podem dedicar atenção total à pessoa que amam. Como Helen Palmer destacou: "O coração do Três está no trabalho".[3] Por isso, os sentimentos que ele tem são usados para realizar um objetivo ou uma tarefa, e não sobra muito para as outras pessoas.

O Três tem um talento sobrenatural para multitarefas. Ele consegue simultaneamente dirigir, fechar um negócio megamilionário ao telefone, comer um sanduíche, escutar um audiolivro do *best-seller* de David Allen, *A arte de fazer acontecer*, e ainda conversar com o cônjuge sobre o problema que um dos filhos está enfrentando na escola. Não se trata de algo impressionante na escala normal, é impressionante no nível Cirque du Soleil (a menos que você seja o cônjuge, o filho ou o amigo que se sente desvalorizado e menos importante que as ambições de um Três).

Como o Três altera seu jeito de ser para conquistar diferentes tipos de pessoa, ele mantém seus círculos de amizade separados uns dos outros. Se der uma festa e cometer o erro de convidar todos os amigos das diferentes esferas de sua vida, vai perder a cabeça, pois ninguém consegue mudar a forma de se comportar tão depressa.

O Três valoriza amizades independentes e sem muitas exigências. Viver se resume a realizar coisas, por isso ele se afasta de amizades trabalhosas, complicadas ou exigentes que tiram tempo e energia da realização de objetivos.

A estratégia defensiva do Três é a identificação. O Três se defende de mágoas por meio da imersão completa na tarefa que está desempenhando; também se protege igualando sua identidade a seus títulos e às instituições onde trabalha. Por causa disso, defende até a morte a reputação da empresa ou o número absurdo de horas que passa no escritório.

Como Richard Rohr observa, o número mais triste no Eneagrama é o Três malsucedido cujas ambições são maiores que seu talento.[4] Eu acrescentaria que é de partir o coração conhecer um Três de meia-idade que nunca acordou para o próprio jogo. Também é terrível jantar ao lado de um senhor de setenta e poucos anos que ainda gosta de citar o nome de suas conexões importantes, mencionar onde fez faculdade ou se gabar de como era jovem quando se tornou sócio e quanto dinheiro havia acumulado por ocasião de sua aposentadoria.

O TRÊS NO TRABALHO

Se ainda não ficou claro, o lugar onde o Três se sente melhor é o trabalho. Mais que qualquer outro tipo no Eneagrama, ele anseia por realizações e reconhecimento. Para a maioria dos adultos, isso significa arrasar no emprego. Para o Três que não trabalha fora, como pais que ficam em casa para cuidar dos filhos, essa tendência natural de buscar validação exterior pode emergir de outras maneiras, como a comparação de qual criança aprendeu a usar o banheiro ainda no útero e foi aceita em uma universidade de prestígio antecipadamente, quando ainda estava na pré-escola.

Ao escolher o sucesso em vez da essência, as pessoas do tipo Três são reverenciadas nos Estados Unidos. São os avatares do capitalista ideal — homens ou mulheres inteligentes, carismáticos, ambiciosos, tipo A. Mas tome cuidado. É tênue a distinção entre tipo e estereótipo. Há quem pense que todos os indivíduos tipo Três são como o personagem Don Draper da série televisiva *Mad Men*. Seria possível um Três espiritualmente imaturo se tornar uma pessoa realizadora acima da

> "Trabalhar é mais divertido do que se divertir!"
>
> **Noël Coward**

média, louca pelo sucesso e obcecada com a imagem, alguém que seduz e abre caminho até o topo da cadeia alimentar corporativa, ou um candidato sorridente, que distribui apertos de mão em uma feira a fim de conquistar votos? Sem dúvida, mas isso é mais um estereótipo — uma caricatura batida, amplamente divulgada de um tipo específico de gente. O Três é uma pessoa, não um clichê. Assim como todos nós, é um indivíduo complicado e pode apresentar uma variedade infinita de tons e nuances. Nem todos os Três são CEOs ou celebridades, nem aspiram a isso. Podem ser encontrados em quase todas as profissões, da música ao campo missionário. É possível ser qualquer um, de David Bowie a Dorothy Day, a fundadora do Movimento do Trabalhador Católico. Mas todos acreditam na mesma mentira: você só é *amado* enquanto durar seu sucesso.

É como um amigo meu, professor universitário, me contou certa vez: "Venha escutar as conversas que acontecem entre os professores nas reuniões de colegiado da faculdade. Quando não estão lembrando um ao outro onde fizeram o doutorado, citam o nome do periódico de prestígio em que recentemente foi publicado um de seus artigos, mencionam o convite que acabaram de receber para fazer o discurso de abertura em um famoso congresso acadêmico ou manobram para se tornar professores titulares".

Quando são espiritualmente saudáveis, essas pessoas carismáticas, produtivas e que correm atrás do que querem se tornam líderes autênticos e visionários, edificadores extraordinários que merecem nossa admiração. Assim como todos os números, porém, quando são imaturos e desconhecem seus pontos cegos, comportam-se como acidentes à procura de um cruzamento.

As pessoas dizem que o Três está disposto a fazer o que for preciso para progredir. Ele se importa com títulos, com quem é o próximo da fila para ser promovido e com quem ocupa o escritório principal. O Três é fenomenal em vendas, embora desenvolva certo orgulho por sua capacidade de se modificar para ser quem o cliente deseja e fechar negócio.

Como o *status* é muito importante para o Três, ele valoriza bastante os símbolos de posição hierárquica. Quando alcança estabilidade financeira, descobre quais brinquedinhos transmitem a mensagem de sucesso no contexto em que vive e, então, dá um jeito de adquiri-los. Se for um banqueiro de investimentos ou atleta profissional, pode ser um barco, uma segunda casa ou um carro de luxo. Se for um defensor da justiça social, ele vai vestir roupas extremamente surradas como parte da campanha para demonstrar seu compromisso em viver de maneira solidária aos pobres.

A dificuldade do Três com os sentimentos fica bem clara quando você o vê no trabalho. Ele vive para definir uma meta e conquistá-la, definir outra, conquistá-la, definir a próxima, conquistá-la e assim por diante. É daí que o Três extrai energia, mas isso lhe cobra um preço. Imagine um Três trabalhando em um projeto importante, mas seu cônjuge ou um amigo telefona para dizer que está bravo ou chateado com ele por algum motivo. É possível que o Três também tenha seus sentimentos quanto à situação, mas lidar com eles ameaça sua capacidade de concluir o projeto dentro do prazo. Portanto, ele se desconecta a fim de permanecer focado no trabalho. É como se dissesse: "Vou guardar essa emoção dentro da pasta de 'Sentimentos para resolver depois' e voltar a ela quando terminar esta tarefa".

Com que frequência você acha que o Três volta para lidar com o sentimento? É bem raro. Depois que o projeto termina, ele passa para o próximo. Quando o Três chega à meia-idade, como você acha que está sua pasta de "Sentimentos para resolver depois"? Se ainda não tiver estourado, sem dúvida estará superlotada. A habilidade do Três para adiar os sentimentos ou deixá-los de lado explica por que as pessoas costumam considerá-lo superficial, raso emocionalmente e de difícil conexão. Produtividade, eficiência, metas e resultados mensuráveis — é com essas coisas que o Três se importa e é nelas que se sai melhor do que qualquer um, sobretudo em eficiência. O Três quer alcançar a linha de chegada de um projeto ou uma tarefa o mais rápido possível, e esse desejo de eficiência afeta relacionamentos e decisões.

O Três é pragmático. Faz o que for necessário para realizar a tarefa. A fim de alcançar um objetivo, pode pegar atalhos para ser mais ágil, o que prejudica a qualidade do trabalho. Não é necessariamente antiético, mas pode maquiar a realidade ou deixar de fora alguns fatos a fim de garantir uma posição, uma vantagem para uma promoção ou para fechar negócio. Sou compositor de músicas e trabalhei algumas vezes com um editor de sucesso em Nova York que é um típico Três. Certa vez, perguntei a um colega compositor se aquele editor gente boa mas astuto era um cara correto. Ele riu e disse: "Doug não é mentiroso, mas 'esculpe' a verdade se precisar".

Com frequência, no caminho rumo à meta, o Três passa por cima das pessoas, podendo ou não pedir desculpas por isso. Ele também exige lealdade de seus funcionários; então, caso seu chefe seja um Três imaturo, eu não questionaria abertamente a decisão dele de lançar uma nova linha produtos a menos que você queira estar no banco de reservas na ocasião do grande lançamento.

Entusiasmado e confiante, o Três tem um estilo de comunicação *promocional* ou vendedor. Seria melhor para o Três falar de menos que demais. Ele ama vender para as pessoas uma ideia, a empresa para a qual trabalha, o produto que vende, a causa que defende, o *hobby* que pratica.

O Três é carismático e, por ser adaptável e antenado ao que os outros querem dele, sabe exatamente o que dizer para inspirar e motivar as pessoas que trabalham para ele. Em geral, atua em carreiras nas quais as promoções dependem de boas impressões e são concedidas àqueles que personificam melhor os valores da empresa ou das pessoas para quem trabalham.

ASAS

Três com asa Quatro (3a4). É difícil ser Três com asa Quatro. Conforme veremos no próximo capítulo, o Quatro é um Romântico que se importa muito com profundidade e autenticidade. É uma pessoa que leva muito a sério o conceito de uma vida interior plena. Como o Três pode ser um camaleão e o Quatro valoriza a autenticidade, o 3a4 sente tremenda confusão e dissonância interna. Ao mesmo tempo que projeta uma imagem para agradar o grupo, a asa Quatro aponta para si e grita: "Farsa! Fraude!". O Três com asa Quatro é mais introspectivo e sintonizado com a vergonha e outros sentimentos do que o 3a2. É sensível, artístico, emocionalmente intenso e trabalha com mais cuidado para "criar" a imagem correta. O Três com asa Quatro não é tão focado em ser uma estrela quanto o 3a2, mas pode ser mais pretensioso.

Três com asa Dois (3a2). Charmoso e íntimo, o 3a2 pode se tornar excelente anfitrião, político, vendedor e pastor. No entanto, quando a ânsia por atenção e reconhecimento toma conta dele ou quando não se sente reconhecido, pode ficar bravo e hostil. Mais que o 3a4, sente necessidade de ser a estrela.

Personifica de verdade algumas das características que usa no esforço de ser considerado amável, generoso e bom. Esse Três continua a sentir o forte desejo de ser reconhecido por suas realizações, mas também dedica parte de sua energia para ajudar os outros a ser bem-sucedidos.

ESTRESSE E SEGURANÇA

Estresse. Quando o Três fica estressado, assume os comportamentos característicos do Nove problemático. Retira-se no sofá com o controle remoto ou se perde em tarefas improdutivas. Aparentemente esgotado, perde o otimismo e a confiança que lhe são característicos e começa a duvidar de si. Desmotivado, o Três estressado pode perder o interesse em se exercitar, comer alimentos saudáveis e cuidar da aparência.

Segurança. Quando o Três se sente seguro, desloca-se para o lado positivo do Seis, torna-se mais caloroso e sintonizado com os próprios sentimentos e os dos outros. Menos competitivo e na defensiva, nessa condição o Três tem mais energia para dedicar à família e aos amigos. Sem a necessidade de ser a estrela ou estar no controle, preocupa-se mais com o que é o melhor para o grupo e deseja se conectar a algo maior do que ele. O Três conectado com o lado positivo do Seis consegue finalmente ter a experiência de ser amado por ser quem é, e não por aquilo que faz.

TRANSFORMAÇÃO ESPIRITUAL

Ser tipo Três e viver em uma sociedade capitalista de consumo é como ser alcoólatra e morar em cima de um bar. Em nossa cultura obcecada com o sucesso e a imagem, ele é mais reverenciado e recompensado que qualquer outro número no Eneagrama. Surpreende, então, que seja difícil para ele começar um trabalho espiritual consigo mesmo? Como as estratégias de adaptação de sua personalidade funcionam muito bem e por muito tempo, é possível que só comece seus esforços de progredir espiritualmente quando chegar à meia-idade ou quando não conseguir acobertar as próprias falhas.

Quando o Três desperta espiritualmente e adquire consciência de si mesmo, é inevitável que ele se sinta nu e envergonhado. Não dá pra driblar esse sentimento. Nessa ocasião, precisará de um amigo bondoso, mas forte, que o chamará de volta à verdade quanto a quem ele é, caso torne a se vender e se embalar para ser aprovado pelas pessoas. Aliás, todos nós necessitamos de pelo menos um amigo que possa nos incentivar no esforço de nos tornar quem realmente somos. Esse trabalho não deveria ser feito de maneira solitária.

Todos precisamos ouvir que somos amados do jeito que somos, mas o Três precisa ouvir isso até chegar o dia em que ele se olhar no espelho e enxergar não uma imagem qualquer, mas o reflexo de um filho ou uma filha de Deus. A mensagem de cura para o Três é: "Você é amado do jeitinho que é". Anjos cantam quando essa mensagem entra no coração de uma pessoa tipo Três.

DEZ CAMINHOS DE TRANSFORMAÇÃO PARA O TRÊS

1. É importante para todos os números desenvolver uma prática de silêncio, solidão e meditação, mas isso é essencial em particular para o Três, pois ele dá muito valor à atividade e à produtividade.

2. Encontre um líder espiritual a fim de acompanhá-lo em sua jornada para recobrar seu eu autêntico. É difícil trilhar esse caminho sozinho.

3. Desafie sua definição de sucesso e crie uma nova baseada em seus próprios sentimentos, desejos e valores, não nos herdados de sua família ou cultura.

4. Não espere ter um caso extraconjugal, tornar-se alcoólatra ou ser o mais jovem em sua família a sofrer um ataque cardíaco para se perguntar: "Quem sou eu quando não estou usando a máscara?". Faça isso agora.

5. Sucesso material e autenticidade não excluem um ao outro. O sucesso é melhor ainda se a pessoa responsável por ele for você de verdade.

6. Faça uma lista de quem e o que (cônjuge, filhos, saúde, amizades etc.) são sacrificados quando você corre freneticamente para cruzar primeiro a linha de chegada.

7. Tire férias e *não leve trabalho junto*.

8. Tente ser mais um na multidão. Resista à tentação de assumir as rédeas da liderança ou ser o centro das atenções. Em vez disso, procure ser um membro colaborador da equipe, alguém que deseja ajudar os outros a brilhar e a ter sucesso.

9. Tenha pelo menos um amigo próximo com quem você possa ser verdadeiro e vulnerável. Sendo Três, é provável que você tenha muitos amigos, mas certifique-se de que alguns deles são capazes de amá-lo quando você for um desastre total, e não somente quando estiver projetando uma imagem de sucesso.

10. Leia os livros de Richard Rohr *Falling Upward: A Spirituality for the Two Halves of Life* [Queda para cima: espiritualidade para as duas metades da vida] e *A libertação do ego: A busca do verdadeiro si-mesmo*.

COMO É SER DO TIPO QUATRO

1. Gosto de coisas não convencionais, dramáticas e refinadas. Definitivamente não sou fã daquilo que é comum.
2. Nunca senti que pertenço de verdade.
3. Tenho tantos sentimentos ao longo do dia que é difícil saber para quais dar atenção primeiro.
4. Algumas pessoas acham que sou desligado, mas, na verdade, apenas tenho um estilo próprio.
5. Em situações sociais, tendo a ficar na minha e esperar que os outros se aproximem de mim.
6. Acho a melancolia confortável, por isso é irritante quando as pessoas tentam me animar.
7. Não sou igual a todo mundo. Ainda bem!
8. Sou muito sensível a críticas e preciso de tempo para superá-las.
9. Gasto muito tempo tentando me explicar.
10. Quando as pessoas me dizem o que devo fazer, sou tentado a fazer exatamente o contrário.
11. Às vezes eu simplesmente desapareço e fico em silêncio por dias.
12. Lido bem com músicas, histórias e filmes tristes. Pessoas felizes demais me dão dor de cabeça.
13. Sinto que falta em mim algo essencial.
14. Tenho muita dificuldade em me fixar em um relacionamento porque sempre estou à procura da minha alma gêmea ideal.
15. Fico constrangido com facilidade. Tenho dificuldade em encontrar meu espaço em um local cheio de gente.
16. As pessoas dizem que sou intenso demais e que meus sentimentos as assustam.
17. Sou uma pessoa criativa. Tenho inúmeras ideias maravilhosas e inovadoras. Executá-las é que é difícil.
18. Muita gente me interpreta mal e isso me frustra.
19. Eu atraio as pessoas, mas então fico nervoso e acabo as afastando.
20. Eu me preocupo muito com a possibilidade de ser abandonado.

8

O Romântico

Se você já teve o sentimento de solidão, de ser um estranho,
sabe que ele nunca vai embora de verdade.

TIM BURTON

O **Quatro saudável** experimenta uma considerável gama de emoções, e o modo como as administra implica calar-se e não agir com base nos sentimentos. Sabe que não precisa ser especial para conquistar o amor incondicional de Deus. Encontrou uma maneira de viver que, na maior parte do tempo, se revela fora do padrão de vergonha e inferioridade. É profundamente criativo, emocionalmente honesto e sintonizado ao belo.

O **Quatro regular** luta diariamente com a aceitação de si mesmo como é. Tais esforços se complicam quando ele busca identidade no exagero de sua singularidade. Esse tipo de Quatro se faz de tímido: quer que você o aprecie, mas dificulta o acesso a ele. Com frequência, deixa a melancolia tomar conta sem nenhum controle, causando uma distância dolorosa entre si e os outros. O Quatro regular é taciturno, melodramático, carente e cheio de autocomiseração.

O **Quatro problemático** tende a ser manipulador, fazendo o papel de vítima a fim de criar ou manter relacionamentos.

Acha-se inferior em comparação aos outros, o que só aumenta sua autodepreciação. Esse tipo de Quatro sente tanta vergonha que não consegue se conectar com a parte de si que acredita poder mudar e ser melhor.

Pouco antes do nascimento de Cailey, nossa primogênita, Anne começou a pesquisar carrinhos de bebê. Assim como nós, a maioria de nossos amigos tinha vinte e tantos anos, e as mulheres estavam grávidas ou colocando bebês no mundo como uma fábrica de produção em série. Não faltavam pessoas a quem pedir conselhos.

— Todo mundo diz que devemos comprar um carrinho da marca Graco — disse Anne certa noite enquanto jantávamos.

— Todo mundo? — respondi, arqueando uma das sobrancelhas.

Não gosto quando alguém fala que devo fazer algo porque todo mundo faz. Durante a migração anual, milhares de lemingues noruegueses cometem suicídio em massa porque todo mundo que eles conhecem está fazendo isso.

— Será que não poderíamos ser mais criativos?

— É um carrinho de bebê, não um vestido de baile — respondeu Anne, com um tom de voz que dizia: "Estou grávida de oito meses, então não me venha encher a paciência".

— Está certo — disse eu, deixando o assunto de lado rapidamente.

Na manhã seguinte, porém, enquanto folheava catálogos, acabei deparando com um anúncio de um carrinho muito legal. Era caro, é verdade, e o fabricante precisaria enviá-lo da Inglaterra, mas era nossa primeira filha, certo? Encomendei um imediatamente.

— Você está maluco? — Anne objetou quando lhe contei a novidade. — Poderíamos ir à loja agora mesmo e comprar um Graco pela metade do preço.

— Vamos ter uma *menina*. Você não quer que ela tenha um moisés inglês?

— Um *moisés*? — Anne zombou, meneando a cabeça em tom de descrença enquanto virava as costas e saía do ambiente. — O "Sr. Preciso Ser Único" ataca novamente.

— Espere só para vê-lo — prometi. — Você vai me agradecer.

Três dias antes da data prevista para o parto, chegou à nossa porta a caixa com o nosso novo carrinho tipo moisés. Eu estava ansioso para abri-la e admirar o carrinho, até que vi a inscrição "Montagem necessária" em letras grandes na lateral do papelão.

Quando o assunto é habilidades manuais, minha dificuldade é genética. Aliás, um conselheiro vocacional me informou certa vez que minha inteligência espacial e destreza com os dedos recebeu uma nota mais semelhante à de um molusco do que de um ser humano. "Sinta-se à vontade para compor músicas sobre ferramentas, mas não pegue em uma", aconselhou. "Vai acabar machucando alguém".

Ignorei a advertência do conselheiro e respirei fundo. "Eu consigo fazer isso" — declarei vez após vez enquanto arrastava a caixa para dentro de casa.

Depois que estava lá dentro, coloquei as peças do carrinho no chão da sala. Com o manual de instruções aberto em uma das mãos e usando a outra para coçar a cabeça, analisava aquele mar de porcas, parafusos, fechos plásticos e uma miscelânea de peças curiosas. Eram tantas partes que me perguntei se estava ali para montar um carrinho de bebê ou um Boeing 747.

Não sou uma pessoa que foge de desafios, então prometi a mim mesmo que o carrinho estaria pronto para ser usado quando Anne chegasse do trabalho. Algumas horas depois, porém, ela me encontrou caído no sofá, olhando para o teto e dedilhando um lamento triste no violão, como Leonard Cohen em um dia ruim.

— Essa é a metáfora da minha vida — murmurei, apontando para o carrinho inacabado, apoiado sobre um dos lados e com o eixo de rodas vazio, virado para o ar, como se estivesse me mostrando o dedo do meio. — Não há esperança para mim.

Anne sorriu e se sentou ao meu lado no sofá.

— Você é uma tortura para si mesmo — disse ela, fazendo carinho em minha mão.

Não foi a última vez que Anne me disse isso ao longo do nosso casamento. Afinal, eu sou tipo Quatro no Eneagrama.

O PECADO CAPITAL DO TIPO QUATRO

O Quatro sente que algo importante lhe falta.

Não sabe ao certo o que é, se foi tirado dele ou se o tinha muito tempo atrás, mas o perdeu. O problema é que a peça em falta não se encontra em lugar nenhum, e a culpa é dele mesmo. Então, ele se sente "diferente", envergonhado, incerto em relação a quem é e desconfortável com o mundo.

Quando eu tinha 12 anos, um homem que consertava bicicletas disse que o pneu da frente da minha magrela cambaleante estava "fora do eixo" — eu nunca havia escutado essa expressão, mas reconheci imediatamente que ela descrevia não só a bicicleta, como também a mim mesmo. Fora do eixo. É assim que o Quatro se sente.

O Quatro crê que apenas ele tem esse defeito terrível, por isso, quando se compara com os outros (e faz isso o tempo inteiro), sente-se inferior. Como Richard Rohr expressa, o Quatro se sente, com frequência, "dominado por uma vergonha oculta".[1] A alegria e a plenitude que os outros parecem desfrutar é um lembrete diário do que lhe falta.

FAMOSOS TIPO QUATRO
Amy Winehouse
Thomas Merton
Vincent van Gogh

Há uma cena na versão em filme de *O morro dos ventos uivantes* que retrata de maneira fenomenal a sensação interior de abandono, perda e separação do Quatro. Os personagens principais, Catherine e

Heathcliff, estão do lado de fora da casa de seus vizinhos ricos, os Linton, que estão dando uma festa. Com o nariz grudado na janela de vidro, Catherine e Heathcliff observam os convidados vestidos com elegância dançando e rindo noite adentro. A expressão melancólica no rosto dos protagonistas deixa claro que gostariam de participar da celebração, mas não chegarão mais perto do que isso. Eles não pertencem àquilo.

Assim como Catherine e Heathcliff, o Quatro anseia por entrar na festa da vida, mas a ausência daquele *algo* fundamental o priva de conseguir um convite. Foi exilado na Ilha dos Brinquedos Desajustados por alguma falha inexplicável cometida por ele mesmo.

Não causa surpresa que o pecado capital do Quatro seja a *inveja*. Ele inveja a normalidade, a felicidade e a sensação de conforto que os outros parecem desfrutar ao longo da existência. Identifica instantaneamente quem tem uma vida mais interessante, uma família ou história de infância mais feliz, o melhor emprego, um gosto mais requintado, uma educação mais privilegiada, roupas mais elegantes ou um talento artístico incomparável. A inveja, aliada à sensação penetrante de "deficiência irremediável", encaminha o Quatro a uma busca sem fim para encontrar a peça em falta, sem a qual nunca se sentirá à vontade no mundo. Infelizmente, ao se concentrar no que está faltando, o Quatro fica cego para aquilo que se faz presente em sua vida, a saber, as várias qualidades maravilhosas que ele já tem.[2]

Caso você esteja se perguntando, inveja e ciúmes são coisas diferentes. A inveja está ligada a desejar uma característica que os outros têm, ao passo que o ciúme acontece quando sentimos que algo de que já dispomos corre risco de nos ser tirado. Embora a inveja seja seu grande pecado, o Quatro também sente ciúmes. Para ele, o ciúme se manifesta no medo do abandono e se expressa em uma tendência possessiva em relação às pessoas que ama.

TUDO SOBRE O TIPO QUATRO (OU O ROMÂNTICO)

Como você já deve ter adivinhado, o Quatro é propenso à melancolia. Assim como Jó, personagem do Antigo Testamento, ele pode se afundar em lamento. Afinal, é difícil ser todo radiante quando a música do U2, "I Still Haven't Found What I'm Looking For" [Ainda não encontrei o que estou procurando], hoje já ultrapassada, ou "Creep" [Esquisito], do Radiohead, tocam como a trilha sonora de sua vida.

Não confunda, porém, melancolia com depressão. A languidez e o anseio do Quatro têm ar agridoce. Se quando eu tinha vinte e poucos anos você me deixasse escolher entre uma viagem com tudo pago para a Disney ou para o oeste da Irlanda, onde poderia me sentar no alto de um penhasco com vista para o mar e compor músicas, optaria pela Irlanda em um piscar de olhos. Como escreveu certa vez Victor Hugo, autor de *Os miseráveis*: "Melancolia é a felicidade de estar triste".

Infelizmente, a melancolia do Quatro pode acabar em melodrama. Ele pode transformar um pequeno desentendimento com um amigo em uma ópera de Wagner. Já o término do namoro pode se comparar a uma cena de *Doutor Jivago*. Com frequência, toda essa teatralidade acaba afastando as pessoas com quem o Quatro mais deseja estabelecer uma conexão íntima. Como é o caso com todos os tipos no Eneagrama, as estratégias que empregamos para atender às nossas necessidades podem se voltar contra nós.

Talvez você imagine que, por causa do desejo de se encaixar e pertencer, o Quatro tenha vontade de ser como as outras pessoas, a fim de se enturmar melhor, mas essa é a última coisa que ele quer. A necessidade do Quatro é *ser especial ou único*. Ele acredita que a única maneira de recobrar ou compensar a peça em falta e finalmente garantir uma identidade autêntica é cultivando uma imagem ímpar, que o distinga de todos os outros. Talvez assim as pessoas o amem, o aceitem e ele possa voltar do exílio na Ilha dos Brinquedos Desajustados.

A necessidade do Quatro de ser especial nunca ficou tão clara para mim do que durante uma sessão de aconselhamento pré-conjugal que fiz com o casal Roger e Linda. Roger, quiroprático habilidoso, não ficou surpreso ao descobrir que era tipo Um. Linda achava que podia ser Quatro, mas não tinha certeza. Então descrevi para ela como são os indivíduos tipo Quatro. No meio do processo, uma luzinha se acendeu.

— Espere aí, então existem outras pessoas como eu? — disse ela em tom de lamento, como se eu houvesse acabado informar que ela tinha seis semanas de vida.

— Bem, mais ou menos, mas...

— Não pode ser! Eu achava que era *diferente* — completou, cobrindo o rosto com as mãos e soluçando descontroladamente.

A maioria das pessoas tipo Quatro poderia dar aula de Angústia como segunda língua. Elas se sentem atraídas por tudo o que é trágico; seu estilo de comunicação é o *lamento*. Podem desempenhar o papel de românticos trágicos — ou às vezes dos artistas que sofrem por sua arte — e é certo que sempre terão histórias tristes para contar. Não falo sobre sofrimento ou temas tristes o tempo inteiro, mas, quando o faço, isso não parece exercer sobre mim o mesmo efeito deprimente que tem sobre os outros. Na verdade, histórias tristes me tocam quando são honestas e não sentimentais. As emoções sombrias e intensas que elas despertam me ajudam a explorar minhas próprias profundezas e encontrar significado. Ao longo dos anos, porém, descobri que nem todos veem o mundo sob essa mesma perspectiva. Em 1990, pensei que o filme de Tim Burton, recém-lançado na época, *Edward Mãos de Tesoura*, seria perfeito para ver com uma moça em nosso primeiro encontro. Acabei percebendo que nem todos pensavam assim.

O Quatro é o mais complexo de todos os tipos do Eneagrama. O que você vê nunca é a realidade toda. Sempre há mais camadas de coisas acontecendo por baixo da superfície. Suas águas são profundas. "Quem sou eu? Qual é meu propósito? Como a narrativa da minha vida se encaixa no grande plano de todas as coisas?" Essas são as perguntas existenciais angustiantes que ocupam a mente do Quatro, como se estivesse o tempo inteiro lendo Albert Camus em um dia chuvoso.

Como você já deve imaginar, o Quatro luta contra a insatisfação. Sempre quer o que não está disponível. Aquilo que tem nunca é o que ele realmente deseja, e o que deseja sempre está "numa galáxia bem distante", muito além de seu alcance. Se tão somente soubesse que aquilo que ele quer está dentro de si!

O Quatro não tem sentimentos; ele é todo sentimentos. Os sentimentos formam a base de sua identidade. Quem, por acaso, viveria sem eles? Entretanto, o Quatro não se satisfaz em ter sentimentos regulares, apenas para continuar tocando o barco; quer sentimentos *superlativos*.

Quando jovem, não havia nenhuma emoção que eu não quisesse embelezar ou intensificar. Se estivesse me sentindo bem, queria ficar em êxtase, então colocava um disco do Sinatra com sua banda para tocar e convidava dez amigos para jantar de última hora. Se me sentisse melancólico e introspectivo, ouvia "Adágio para cordas", de Samuel Barbers — qualquer coisa que aumentasse o que quer que eu estivesse sentindo no momento.

Levando em conta seu amor por emoções carregadas e sua excessiva identificação com elas, o Quatro apresenta um humor constantemente flutuante. Ele oscila de um estado de espírito para outro com tamanho primor e rapidez quanto um macaco pula de galho em galho. Conforme o autor Tom Condon destaca, os problemas e o cenário emocional do Quatro não são muito diferentes dos de um adolescente. Ambos têm em comum "o senso de alienação, a busca consciente por identidade, a preocupação com quem são e sua singularidade em relação aos outros, a tendência de romantizar a morte, a convicção de que ninguém nunca sentiu o que eles sentem e a aguda percepção tanto do êxtase quanto da dor de amar".[3]

Mais preciso, impossível!

O humor do Quatro é como o clima que muda de maneira repentina. Em um piscar de olhos, ele é capaz de subir e descer, voltar para a média, mergulhar, voar e finalmente voltar para a linha de base. Aliás, o Quatro pode ficar tão sobrecarregado por sentir tantas coisas ao mesmo tempo que, quando chega a hora de organizar os sentimentos, não sabe com qual deles deve lidar primeiro. Percebe o problema? Se a identidade do Quatro estiver atrelada a seus sentimentos, estará em mutação constante. Seu conceito de eu nunca estabiliza. Até que ele tome ciência disso, observar sua conduta é como assistir a alguém que experimenta o equivalente emocional a uma volta na montanha-russa mais radical do mundo.

> "Sou tão solitária quanto a grama. O que me falta? Seja lá o que for, será que um dia encontrarei?"
>
> **SYLVIA PLATH**

O Quatro tem uma imaginação fértil e uma vida fantasiosa, à qual recorre para refletir e lamentar sobre o passado. Passa muito tempo recordando, saudoso, a infância, dizendo: "Se ao menos..." ou "E se?". Quando não está fantasiando sobre o passado, imagina um futuro no qual viverá no lugar perfeito, terá o emprego ideal, o grupo certo de amigos e finalmente se sentirá completo ao lado de sua alma gêmea.

A vida é um labirinto sem saída para o Quatro. Ele quer pertencer ao mundo, mas se sente deficiente. Então, para compensar aquilo que acha que lhe falta, projeta uma imagem especial, a qual o leva a agir de maneiras que dificultam ainda mais sua inclusão. Veja o exemplo do meu amigo Don, excelente compositor e Quatro emblemático. Quando ele estava no oitavo ano, mudou-se com a família do Missouri para o Kansas. Embora a distância seja de apenas quatro horas, poderia muito bem ser um universo paralelo distante deste planeta. Depois de tentar e falhar em fazer amizade com os mais populares da nova escola, Don mudou de estratégia.

Ele começou a ir para a escola de ciclomotor amarelo, capacete vermelho com dardos de ventosas afixados na parte de cima (parecendo um par de antenas) e sua pasta preta da Samsonite presa às costas com uma corda elástica. Às vezes, ia para a aula vestindo a roupa de voo que o pai usava na Aeronáutica e um par de óculos de laboratório.

Percebe como todos esses comportamentos excêntricos e compensatórios conspiravam contra o objetivo desejado por Don, ou seja, conquistar aceitação social? Embora dardos com ventosas e roupas de piloto possam não fazer seu estilo, o Quatro costuma ser conhecido por usar roupas que o distinguem e chamam atenção. Ele faz parecer que simplesmente pegou tudo e juntou por acaso, mas pode confiar: é tudo muito bem pensado.

A busca por autenticidade significa tudo para o Quatro, e ele consegue detectar um farsante a quilômetros de distância. Estava no ensino médio quando li *O apanhador no campo de centeio*, de J. D. Salinger; esse livro foi um divisor de águas para mim, pois eu me identificava muito com o desprezo de Holden Caulfield, o personagem principal, por "farsas". Nem sei lhe dizer quantas pessoas tipo Quatro me contaram que tiveram a mesma reação. Não gostamos de mediocridade, superficialidade ou pessoas irrefletidamente otimistas o tempo inteiro. Minha filha gosta de me fazer lembrar que, quando ela tinha 16 anos, reclamou à mesa de jantar:

— Eu só quero ser feliz.

Ao que eu respondi:

— Onde é que você tomou gosto por luxos como esse?

Eu gosto da felicidade, mas, considerando a condição do mundo, quem pode esperar alegria perpétua? Além disso, as pessoas que nunca sofreram ou que estão sempre felizes são menos interessantes que vasos de planta.

As pessoas tipo Quatro se sentem atraídas por aquilo que é fora do padrão e vanguardista na vida. Importam-se muito com o belo e a arte. Decoram seu lar de uma maneira que reflete sua originalidade e cria coisas que expressem seus sentimentos e sua visão oblíqua do mundo. Praticam *hobbies* incomuns e, com frequência, têm um grupo extremamente interessante e diversificado de amigos.

Todos esses interesses elitizados podem dar a impressão de que o Quatro é esnobe ou indiferente. Para ser honesto, ocasionalmente nos consideramos superiores às massas desordenadas, pensando que elas têm sentimentos superficiais ou gosto inferior, ou ainda que estamos isentos de tarefas subalternas como lavar roupas e varrer o jardim quando estamos ocupados com as questões mais amplas da vida. Às vezes, porém, nossa posição distanciada da multidão é, mais que qualquer coisa, um convite para sermos notados e para que venham se conectar conosco.

O Quatro encontra melhor o sentido das coisas quando este é expresso por meio de imagens, metáforas, histórias e símbolos que podem transmitir sentimentos e verdades que testam os limites da linguagem. Sou sacerdote episcopal e vivo em Nashville. Posso lhe garantir que vejo um bocado de gente tipo Quatro nas manhãs de domingo. Amamos igrejas litúrgicas, nas quais incenso, sinos, imagens, ícones, sacramentos, vestes coloridas e pompa satisfazem nosso apreço por mistério e transcendência.

Isso porque nem comecei a falar nos mártires. Nós, tipo Quatro, amamos os mártires!

O QUATRO QUANDO CRIANÇA

Com frequência, pessoas tipo Quatro contam que se sentiam diferentes e incompreendidas pelos pais, irmãos e colegas enquanto cresciam. Meus irmãos mais velhos eram caras durões que não se esquivavam de brigas ocasionais, enquanto eu era de constituição física pequena e mais introspectivo. Eles jogavam futebol americano e brincavam de luta, enquanto eu tocava violão e lia P. G. Wodehouse. Frequentaram uma escola católica, enquanto eu pertencia a Hogwarts. Definitivamente cresci me sentindo bastardo nas reuniões de família.

Quando criança, o Quatro parece ao mesmo tempo acessível e indisponível. Vive com a sensação de que não é como as outras crianças, então precisa criar um lugar para si tirando proveito de suas diferenças. Na maioria das vezes, o tiro sai pela culatra, sabotando as chances de conseguir o que realmente quer, que é a sensação de pertencimento.

A mensagem prejudicial que o Quatro ouve o tempo inteiro é: "Há algo de errado com você. Ninguém o entende e você nunca vai fazer parte de nada". Essas crianças se sentem constantemente solitárias e incompreendidas. São desesperadas para que as pessoas as "entendam", mas o jeito geralmente excêntrico que usam para comunicar quem são e como veem o mundo torna tudo ainda mais incompreensível para os outros. O presente às vezes parece insuportável, e o futuro é carregado de ansiedade. Por isso, pensam muito sobre o passado. Tentam descobrir onde perderam a peça que está faltando, como as coisas poderiam ser diferentes e por que Deus as abandonou. Quando você deparar com um Quatro que exibe um olhar distante e saudosista, uma expressão de quem está suspirando e encarando algo a cem quilômetros de distância, provavelmente esse é o refrão que toca na cabeça dele: "E se...? E se...? E se...?". Chame-os do que quiser, mas esses pequenos cérebros e corações crescem e se tornam indivíduos tipo Quatro como Bob Dylan, Meryl Streep, a coreógrafa Martha Graham e o diretor de cinema sueco Ingmar Bergman. Então não se apresse em lhes dizer: "Por que você não pode ser como as outras crianças?".

O QUATRO NOS RELACIONAMENTOS

Os relacionamentos são o palco no qual o drama da vida do Quatro se desenrola. Em geral, as pessoas tipo Quatro são amigos ou cônjuges que dão trabalho. Sempre estão à procura da pessoa ideal que os ajudará a superar o sentimento de indignidade e completá-los. É muito a se pedir.

O Quatro é intenso. Quer cavar fundo, até o coração, e lidar com tudo o que está acontecendo entre você e ele. Quando ele se encontra em um pico emocional, quer que você o acompanhe até lá em cima e se alegre. Caso esteja se sentindo para baixo e morbidamente interessado em si, pode convidá-lo a fim de contar seus ais enquanto tomam uma garrafa de vinho, na esperança de que você consiga consertá-los.

O Quatro pode transformar eventos ou situações triviais em oportunidades de demonstrar seu ar shakespeariano. Quando sua necessidade por experiências emocionais extremas exceder a oferta, ele pode instigar um drama com um amigo ou com o cônjuge e então, após semanas de silêncio, fazer um pedido de desculpas estranho em forma de poema ou música autoral e declamar ou cantar por mensagem de voz. Sua queda por comportamento teatralizado pode lhe conferir o título de rei ou rainha do drama.

Para algumas pessoas, a alegria do Quatro é excessiva demais, e sua tristeza também é exagerada. Isso pode ser cansativo.

O Quatro também é um desafio nos relacionamentos porque sempre se preocupa em sentir novamente o abandono que vivenciou ou imagina ter vivenciado quando criança. Essa ansiedade se manifesta naquilo que Helen Palmer descreve como uma dança de puxar para perto e empurrar para longe.[4]

> "'O que tudo isso significa no fim das contas?', eu continuava a me perguntar como uma jovem universitária. 'Por que me faz querer chorar? Talvez seja o fato de todos sermos forasteiros, criando nosso próprio caminho costumeiro através de um deserto de normalidade, que não passa de um mito.'"
>
> **ANNE RICE**

Olhando para o passado, sobretudo para o início de nosso casamento, percebo que houve momentos em que inconscientemente comecei a pensar: "Talvez eu ame demais esta mulher. E se eu a perdesse, ou pior, e se ela me deixar? Eu não conseguiria suportar".

Quando esse medo do abandono se instalava, eu inconscientemente começava a afastar Anne de mim, criando uma distância emocional entre nós ao me concentrar em seus defeitos, sendo crítico de forma vaga, remoendo sobre aquilo que faltava em nosso casamento ou retendo afeto. Após horas (ou semanas), eu acordava e entrava em pânico, pensando: "Oh, não! Fui longe demais! Eu adoro essa mulher e a última coisa que quero é perdê-la". Então eu corria de volta a fim de puxar Anne para perto, dizendo coisas do tipo: "Amo tanto você! Pode contar comigo para tudo. Eu posso contar com você?".

Outra variação da dança do empurra e puxa acontece quando o Quatro diz para si mesmo: "Se eu tão somente encontrasse o companheiro certo, o terapeuta certo, a igreja certa ou o amigo certo, então seria completo". Quando o Quatro encontra esse alguém ou algo perfeito, puxa-o para perto o suficiente para ele mesmo entender que quem quer que seja ou o que quer que seja não preenche o buraco em sua alma. Então o Quatro o empurra para longe. Talvez pare de atender ligações ou desapareça sem dar explicação. Mas, quando a pessoa começa a se afastar demais, ele volta a desejá-la.

Mais que qualquer coisa, o Quatro necessita de um cônjuge e de amigos que saibam "se desligar sem se afastar".[5] Você precisa saber ouvir sem necessariamente concordar. Se você ama alguém tipo Quatro, não se permita ser sugado para dentro desse turbilhão emocional em movimento. É preciso se manter desligado e deixar o Quatro passar por esses altos e baixos até que acabem. Mas, a menos que a pessoa seja louca de verdade, não a deixe. Se você o fizer, só confirmará o pior medo do Quatro, de que ele é "irreparavelmente deficiente". Nos relacionamentos, o Quatro precisa que seus sentimentos sejam validados. Necessitam que seus amados compreendam que melancolia não é depressão.

Quem ama alguém tipo Quatro pode encorajá-lo a olhar para os lados positivo e negativo das coisas.

Assim como acontece com todos os tipos, quando o Quatro é maduro, saudável e consciente de quem é, torna-se excelente amigo, colega de trabalho e cônjuge. Ele despertará você para a beleza e a natureza transcendente do mundo, guiando-o por emoções que, de outra maneira, você nunca ousaria sentir. Sua alma de artista é capaz de dizer com clareza tudo o que você sempre sentiu de forma vaga. Medite no quadro *Noite estrelada sobre o Ródano*, de Van Gogh, ou ouça os álbuns *Carrie and Lowell*, de Sufjan Steven, ou *Purple Rain*, do Prince, e você apreciará o dom do Quatro de guiar as pessoas para dentro e através de águas emocionais profundas nas quais elas não ousariam se aventurar se estivessem sozinhas.

Sabe quando você está sofrendo e quer que alguém esteja do seu lado, sem tentar consertá-lo ou fazê-lo sentir-se melhor? Quando estiver nessa situação, procure um Quatro. Ele tem mais empatia que qualquer outro tipo. O Quatro sabe instintivamente como respeitar e testemunhar a dor alheia. Sabe que não há nada que possa fazer além de demonstrar solidariedade a você até que a emoção angustiante que está vivenciando termine sua tarefa. Quando seu cachorro precisar ser sacrificado e você não conseguir suportar a ideia de ir ao veterinário sozinho, não chame um Dois. Ele vai aparecer com um assado e um filhote novo. O Quatro levará você ao veterinário, permanecerá ao seu lado e o ajudará a segurar o cachorro em seus momentos finais, concedendo-lhe nada mais do que sua presença. Não existe Quatro que não saiba fazer companhia em momentos de luto. Dito isso, o Quatro pode ser extraordinariamente engraçado. Sua visão estranha sobre o mundo e seu senso de ironia podem gerar momentos absurdos e cômicos.

O QUATRO NO TRABALHO

Como você pode imaginar, muitas pessoas tipo Quatro seguem carreira artística. Uma porcentagem desproporcional dos mais amados atores, poetas, escritores, músicos, dançarinos, pintores e diretores são tipo Quatro no Eneagrama. Mas o Quatro não escolhe exclusivamente caminhos vocacionais ligados às artes. Pode ser qualquer coisa, de *chef* a professor de ioga, de pastor a *web designer*. Como o Quatro se sente confortável em acompanhar as pessoas em suas jornadas por períodos de dor, pode se tornar um excelente terapeuta, conselheiro pastoral e líder espiritual. Vai se dar bem no trabalho, contanto que tenha a oportunidade de expressar sua criatividade, sua profundidade de sentimentos e seu estilo diferenciado.

Se você quer que o Quatro realize tarefas comuns ou rotineiras, esqueça. Em primeiro lugar, ele sente que tais deveres são inferiores à sua sensibilidade. O Quatro procrastina quando você pede que assuma projetos que envolvem detalhes demais, como escrever relatórios ou lidar com papelada burocrática. Se você conhece um Quatro cuja profissão seja garçom ou motorista de táxi, é bem provável que se trate de um emprego secundário para custear sua arte ou alguma outra paixão criativa.

Para o Quatro se sentir realizado, seu trabalho precisa ter um propósito mais elevado, usar e destacar sua área de especialidade, lançar mão de sua imaginação fértil e vida interior, e possibilitar o estabelecimento de conexões emocionais com os outros. Eles não gostam de uniformidade, praxe e excesso de regras ou expectativas.

O Quatro nem sempre se dá bem em equipes nas quais seus dons sejam enterrados. Ele quer ser visto e apreciado por contribuir com perspectivas únicas. Não ficará necessariamente ressentido se você não colocar em prática algo que ele sugerir, contanto que fique claro que você ouviu e entendeu sua ideia. Claro, é alguém temperamental, mas, se você lhe passar algo especial para fazer e lhe der liberdade, com frequência o Quatro superará suas expectativas.

Helen Palmer adverte: quando chegar o momento de avaliar o desempenho do Quatro, evite dizer coisas do tipo "Por que você não escreve matérias como o André?". Se fizer isso, o Quatro vai passar o resto do dia com inveja do André, em vez de se concentrar na matéria que você quer que ele escreva.[6]

Em posição de liderança, o Quatro toma decisões com base nos sentimentos e na intuição, o que pode assustar e afastar pessoas focadas em fatos. Lidera pela força da personalidade, e isso pode intimidar quem trabalha para ele. Sua capacidade de unir pessoas compatíveis e criar um clima de colaboração, em vez de competição, é valiosa. O Quatro é inspirador e traz à tona o que há de especial nos outros.

Infelizmente, a dança do puxa e empurra do Quatro acontece não só nos relacionamentos pessoais, mas também no local de trabalho. Em um dia, ele vai tratá-lo como se fosse o Funcionário do Mês e, no outro, vai olhá-lo de lado e agir como se você fosse um recém-contratado. Não se preocupe, ele vai voltar. Faz parte da dança.

Por fim, se você trabalha para alguém tipo Quatro, seja autêntico. Pessoas falsas ou frívolas são invisíveis para ele.

ASAS

Quatro com asa Três (4a3). O Quatro está espremido entre o Realizador (Três) de um lado e o Observador (Cinco) do outro. O Quatro com asa Três dominante quer ser, ao mesmo tempo, o mais singular *e* o melhor. Sua energia é competitiva e ele tem bastante da consciência da própria imagem do Três, mostrando-se mais ligado à necessidade de diminuir o tom de seu vigor emocional e de suas idiossincrasias para ser socialmente aceito. Com o acréscimo da energia do Três, duas condutas são prováveis: apresentar-se mais extrovertido, o que se traduz em excesso dramático, e ser mais produtivo, transformando sonhos e ideias em realidade. Essas duas tendências mostram o desejo do Quatro de ser notado. Em geral, esse tipo de Quatro tem oscilações de humor mais frequentes do que o Quatro com asa Cinco.

Quatro com asa Cinco (4a5). O Quatro com asa Cinco tende a ser introvertido e não convencional. Ele se preocupa com a

própria singularidade, mas sente menos necessidade de ser notado pelo público do que o 4a3. É silenciosamente diferente, muitas
vezes excêntrico. Passa mais tempo sozinho e tem facilidade para
deixar suas emoções seguirem seu caminho sem precisar conversar com alguém sobre elas ou responder com algum tipo de ação.

ESTRESSE E SEGURANÇA

Estresse. Quando em estresse, o Quatro começa a se parecer
com o Dois problemático e a agir como este. Reprime as próprias
necessidades e se torna extremamente dependente dos outros.
Carente de atenção, precisa de uma tonelada de palavras de segurança e afirmação dos amigos e do cônjuge. O ciúme pode vir
à tona.

Segurança. O Quatro seguro assume as características do
Um saudável. Para de falar sobre suas ideias criativas e se torna disciplinado o suficiente para colocá-las em prática. Torna-se
mais antenado ao que está acontecendo no presente, mais centra-
do e calmo. Quando o Quatro se conecta ao lado positivo do Um,
é muito mais bem-sucedido nos relacionamentos, sabendo que
pode ter sentimentos sem precisar falar sobre eles ou agir com
base neles. Esse é um ponto de muita maturidade para o Quatro.

TRANSFORMAÇÃO ESPIRITUAL

Ao longo de toda a vida, o Quatro se sentiu diferente e distante
dos outros. É de espantar que tenha adquirido a crença de que só
pode reconquistar o amor pelo qual tanto anseia ao se tornar único e especial? Seu senso de identidade nunca foi estável, em suas
tentativas incessantes de encontrar aquela que se encaixa corretamente. O Quatro não deveria ficar bravo consigo mesmo, já que
todos têm estratégias peculiares e contraintuitivas para que suas
necessidades sejam atendidas.

A primeira coisa que o Quatro precisa é ouvir em alto e bom
tom: não tem peça nenhuma faltando! Pode ser difícil acreditar

nisso, mas Deus não o enviou aqui com uma parte vital ausente de sua constituição essencial. O Quatro chegou à porta da vida com o mesmo equipamento que todas as outras pessoas. O reino também está dentro deles. Tudo de que necessitam está aqui.

Por fazer parte da Tríade dos Sentimentos, a jornada do Quatro rumo à saúde e à vitalidade espirituais envolve trabalho. Ele precisa aprender a controlar e a estabilizar suas emoções. É difícil a princípio, mas o Quatro precisa aprender a observar seus sentimentos e manter certa distância, em vez de exagerá-los, afundar-se neles ou agir por impulso. Para tanto, o Quatro necessita cultivar o que é chamado de *serenidade*, uma virtude extremamente ignorada na tradição cristã. Serenidade diz respeito à capacidade de permanecer emocionalmente composto e constante, a despeito do que esteja acontecendo ao nosso redor. Lembre-se: os sentimentos são como ondas na superfície do oceano. Não se ligue ou se identifique com eles, mas sim com o vasto oceano que há por baixo. Já precisei dizer para mim mesmo mais de uma vez na vida: "Eu não sou aquilo que sinto!".

O Quatro não precisa se preocupar em ter de se contentar com emoções comuns, medianas. Sentimentos regulares não o tornam menos especial, e depois que conseguir colocar sua casa emocional em ordem, equilibrando altos e baixos, ele se descobrirá capaz de construir e manter relacionamentos com os outros com muito mais facilidade. Com oração, meditação e autoconhecimento, a necessidade do Quatro de ser único abrandará. Para o Quatro, a mensagem de cura mais importante é: "Nós vemos você. Você é belo. Não se envergonhe".

Já viu o olhar de ternura que emana do rosto da mãe quando ela fita os olhos de seu recém-nascido? O Quatro precisa se lembrar de que é assim que Deus olha para ele. Deus o vê, ouve e entende. Sua identidade só pode ser encontrada nele. E o Quatro nunca deve se contentar com menos.

DEZ CAMINHOS DE TRANSFORMAÇÃO
PARA O QUATRO

1. Tome cuidado com a tendência de se manter absorvido em si mesmo. Ouça quando os outros compartilharem histórias do próprio sofrimento e reconheça que dificuldades não acontecem somente com você.

2. Vigie para não instigar um drama ou uma crise dentro da família ou com os amigos quando suas emoções começarem a ficar fora de controle. O mundo *não* é um palco e você não é Shakespeare.

3. Esforce-se ao máximo para encontrar motivos de apreço e demonstrá-los por aquilo que é único nas pessoas que você ama, em vez de focar sempre o que falta.

4. Ofereça-se o dom da amizade incondicional consigo mesmo, a fim de dissipar sentimentos de vergonha e inferioridade. Nunca desista de você!

5. Não se afunde em sofrimento. Em vez disso, descubra o que o está causando e o que você pode fazer para curá-lo.

6. Cuidado com a inveja! Você nunca sai ganhando quando se compara com os outros.

7. Parece de fantasiar sobre o relacionamento, a carreira ou a comunidade ideal, ficando imobilizado enquanto anseia por essas coisas. Em vez disso, trabalhe duro até o fim por aquilo que é possível.

8. Não procure beleza e significado apenas no extraordinário ou incomum, mas também no comum e simples.

9. Quando o passado ligar, deixe a secretária eletrônica atender. Ele não tem nada novo a lhe dizer.

10. Não adorne seus sentimentos nem se deixe ser levado por eles. Nas palavras de Jack Kornfield: "Nenhuma emoção é definitiva".

COMO É SER DO TIPO CINCO

1. Sei cuidar de mim mesmo e penso que os outros deveriam fazer o mesmo.
2. Nem sempre falo em voz alta, mas, na minha cabeça, sou bastante sarcástico e cínico.
3. Em geral, sinto-me um tanto deslocado em meio a outras pessoas.
4. Tudo bem quando as pessoas fazem perguntas específicas a meu respeito, mas não gosto quando querem informações demais.
5. Preciso passar algum tempo sozinho.
6. Se quero que as pessoas saibam como estou me sentindo, eu falo. Em geral, eu gostaria que não ficassem perguntando.
7. Acho os pensamentos mais confiáveis que os sentimentos.
8. Preciso de alguns dias para processar uma experiência ou saber como me sinto em relação a alguma coisa.
9. Pessoas são perda de tempo. Eu me apego àquilo que tenho.
10. Muitas vezes, percebo que preferiria observar a participar.
11. Confio em mim. Isso quer dizer que penso nas coisas por um tempo e, então, tomo minhas decisões.
12. Não consigo entender por que as pessoas se encontram "só para passar tempo juntas".
13. Gosto de ouvir.
14. Sou muito cuidadoso com meu tempo e minhas energias.
15. Fico cansado quando preciso estar com pessoas por muito tempo.
16. Quando criança, eu me sentia invisível com frequência. Agora adulto, às vezes escolho ser invisível.
17. Em algumas ocasiões, acho que deveria ser mais generoso. Isso é difícil para mim.
18. Em grupos, estar desinformado me deixa muito desconfortável.
19. Não gosto de grandes reuniões sociais. Prefiro estar com poucas pessoas.
20. Bens materiais não me fazem feliz.

TIPO CINCO

O INVESTIGADOR

Eu penso que existo, logo, eu existo. Eu acho.

GEORGE CARLIN

O ***Cinco saudável*** enxerga as coisas no longo prazo. Encontrou um equilíbrio apropriado entre participar e observar, envolver-se com os outros de maneira confortável e demonstrar neutralidade verdadeira. Esse Cinco provavelmente tem conhecimento profundo acerca de várias áreas de sua vida e está disposto a compartilhar com os outros aquilo que descobriu. Vive em um mundo de fartura, enxergando-se como parte do ambiente inteiro, em vez de uma entidade separada de tudo e de todos.

O ***Cinco regular*** se apega a uma mentalidade de escassez, que leva ao acúmulo excessivo de tempo, espaço e afeto. Sente-se mais à vontade em observar do que em participar do mundo exterior; para ele, o pensamento substitui os sentimentos. Esse Cinco tende a depender somente de si mesmo, em vez de ter fé. Mede cuidadosamente o tempo que passa com os outros. Luta contra qualquer coisa que o leve a se sentir incompetente ou incapaz.

O ***Cinco problemático*** não quer depender de ninguém para nada. Tem uma personalidade defensiva e preocupada com segurança, independência e privacidade. Esse Cinco crê que está preso na armadilha de que não há o suficiente e expressa com frequência esse tipo de pensamento em forma de julgamento, cinismo e sarcasmo. Quando participa de reuniões familiares ou sociais, fica separado dos demais.

Bill e eu nos conhecemos no seminário e logo fizemos amizade. Ele era psiquiatra e havia decidido deixar para trás uma prática médica de sucesso para cursar doutorado em teologia. Tínhamos em comum o amor por Flannery O'Connor, Willie Nelson e G. K. Chesterton. Passávamos horas fazendo trilhas, jogando *squash* e pescando juntos. Para nossa alegria, nossas esposas também se tornaram boas amigas e faziam companhia uma para a outra sempre que Bill e eu íamos para as montanhas.

Bill era a pessoa mais brilhante que eu já havia conhecido até aquele momento da vida. Estudara em uma das mais prestigiosas universidades dos Estados Unidos, onde se graduou em estudos clássicos, foi o primeiro de sua turma de medicina e depois passou dois anos na Suíça estudando psicanálise junguiana. Era um homem que parecia saber mais do que o intelectual mediano sobre uma ampla gama de assuntos, como arte, filosofia, história antiga e arquitetura — isso sem mencionar que sabia ler a *Odisseia*, de Homero, em grego.

Certa vez, enquanto fazíamos nossos pedidos em um restaurante mexicano, Bill disparou a conversar com o garçom em espanhol. Não estou falando em frases básicas do tipo "¿Dónde está el baño?", mas sim do nível "Ouvi dizer que o novo romance de Gabriel García Márquez é muito bom. Você já leu?". Você podia começar a conversar sobre qualquer tema obscuro que, de alguma forma, Bill sabia pelo menos um pouco sobre o assunto. Ele provavelmente deve ter feito *backup* das informações que vagavam por sua cabeça em um daqueles servidores seguros que ficam no deserto de Utah.

Em nosso último semestre, Bill e eu tivemos uma conversa na qual ele mencionou que viajaria para visitar sua irmã que sofria de uma doença grave e vitalícia. Fiquei pasmo. Eu não fazia ideia de que Bill tinha uma irmã, muito menos de que era enferma. Nos dias que se seguiram, pensei sobre nossa amizade e aos poucos percebi que havia muito sobre Bill que eu não conhecia. Havíamos passado horas fazendo trilhas e pescado juntos no vale Roaring Fork, e, em todo aquele tempo, ele só havia compartilhado uma pequena fração daquilo que eu contava sobre minha própria história, minhas dificuldades, alegrias e decepções. Fascinado por escutar sobre a vida dos outros e um ótimo ouvinte, Bill sempre dava um jeito de mudar o foco da conversa de volta para mim sempre que eu lhe perguntava sobre a vida dele.

Como na época eu não estava familiarizado com o Eneagrama, não sabia que ocultar informações pessoais é uma característica clássica do tipo Cinco.

O PECADO CAPITAL DO TIPO CINCO

Pessoas do tipo Cinco como Bill vivenciam o mundo como algo invasivo, avassalador e esgotante. É um lugar no qual a procura sempre é mais rápida que a oferta. Pede mais do que ele quer ou acha que tem para dar. Tipicamente introvertido e analítico, o Cinco não acredita que tem recursos interiores suficientes ou energia para atender às demandas da vida. Sente-se esgotado pelo envolvimento prolongado com outras pessoas ou quando expectativas demais recaem sobre ele. Cada aperto de mão, telefonema, reunião de negócios, encontro social ou inesperado parece lhe custar mais do que para outras pessoas. Temeroso de não ter habilidade bastante para funcionar no mundo, desliga-se e se retrai para dentro da mente, região na qual se sente mais à vontade e confiante. Monitora quanto tempo passa com os outros e retorna para a esfera da mente sempre que possível a fim de recarregar as energias.

Não ouvimos a palavra *avareza* com frequência, mas ela é o pecado capital do Cinco. Tipicamente, pensamos no termo como o anseio ganancioso por dinheiro ou ganhos materiais, mas, no Eneagrama, refere-se mais à necessidade que o Cinco sente de reter, ao desejo de se apegar ao pouco que já tem e protegê-lo, em vez de sentir vontade de adquirir mais. Com medo de que não haja o bastante, o Cinco reduz suas necessidades e acumula os itens essenciais mais básicos, para garantir que pode manter uma existência autossuficiente agora e no futuro. Para o Cinco, isso inclui resguardar não só seus muitos recursos, mas também tempo, energia, espaço físico e informações pessoais; também implica garantir seus momentos de solidão e privacidade. O Cinco valoriza autonomia e autossuficiência e por isso estoca essas coisas, pois nunca deseja se encontrar em uma posição na qual dependa do cuidado alheio. A ideia de perder sua independência o aterroriza. Nem é preciso acrescentar, mas o Cinco é relutante em compartilhar suas preciosas necessidades com os outros.

A avareza também se expressa por meio do desejo excessivo do Cinco de adquirir conhecimento, informação, ideias, modelos conceituais, especialização, fatos interessantes e compreensão de como as coisas funcionam. O Cinco espera que o conhecimento lhe proporcione aquilo que a maioria das pessoas encontra nos relacionamentos, como amor, conforto e apoio.

FAMOSOS TIPO CINCO
Stephen Hawking
Dietrich Bonhoeffer
Bill Gates

O Cinco, o Seis e o Sete compõem a Tríade do Medo ou do Pensamento (também chamada de Tríade do Medo ou da Cabeça). Cada um desses números tem uma estratégia distinta para experimentar a sensação de controle e encontrar um refúgio seguro neste mundo imprevisível. O Cinco é motivado pelo desejo de entender. Para ele, acumular conhecimento e dominar informações não é apenas uma iniciativa interessante, mas a chave para a sobrevivência. Ao embarcar em uma busca vitalícia por informações, normalmente sobre temas incomuns ou desafiadores, o Cinco acredita que pode se proteger de danos emocionais e espirituais. Albert Einstein, Oliver Sacks e o diretor David Lynch são alguns exemplos dos muitos indivíduos tipo Cinco que saíram dos caminhos já trilhados para ser pioneiros de ideias e explorar assuntos pelos quais apenas poucos se enveredaram. Quer maneira melhor de construir a autoestima (e às vezes se sentir superior aos outros) e de se proteger das pessoas do que se tornar especialista em um campo de estudo?

O Cinco é minimalista. Não precisa de muitas coisas, nem as quer. Em sua opinião, quanto mais posses as pessoas têm, mais energia precisam gastar pensando nelas, conservando-as ou repondo-as. Infelizmente, o desejo do Cinco de manter a vida simples e econômica se revela em sua aparência. Ele nunca ganharia um concurso de moda.

No fim, a avareza cobra um preço do Cinco. Ele acumula demais no que diz respeito às emoções. A ganância por privacidade e o medo de se abrir o leva ao isolamento. Acreditando na velha máxima "Quem tem conhecimento, tem poder", ele prefere guardar para si a grande quantidade de saber e suas poucas necessidades. Pior ainda, economiza em amor e afeto e reluta em ofertá-los às pessoas que mais desejam apoiá-lo e cuidar dele.

TUDO SOBRE O TIPO CINCO (OU O INVESTIGADOR)

Pode ser um pouco difícil conhecer de verdade as pessoas do tipo Cinco, mas elas têm algumas características gerais em comum que as marcam como tribo.

O Cinco prefere observar. O Cinco pode parecer misantropo e, às vezes, é mesmo. Em geral, chama a atenção das pessoas por ser emocionalmente distante, não presente de corpo inteiro ou desconfortável com sua própria figura, além de reservado e às vezes intelectualmente arrogante. Em parte, isso acontece porque o Cinco *observa a vida à distância, em vez de pular de cabeça e participar.* Observar das laterais, bem como obter conhecimento, é sua primeira forma de defesa. Se conseguir observar e entender o que está acontecendo, talvez se sinta a par de tudo ou preparado caso algo súbito seja esperado dele. Nem todo Cinco é inteligente, mas todos são observadores. Em uma festa, por exemplo, você o reconhecerá ao ver alguém num canto, observando a multidão. Também é possível notá-lo circulando em um evento social como um antropólogo em pesquisa de campo, coletando e analisando informações sobre as pessoas e os acontecimentos gerais. Essa tendência de observar, porém, não é passiva. Longe disso. O Cinco assiste a tudo *ativamente* — internalizando informações e arquivando-as para uso futuro.

A despeito da tendência à observação, muitas pessoas do tipo Cinco são sociáveis. Algumas apreciam em especial a companhia de outros amantes do conhecimento, de indivíduos intelectualmente curiosos ou daqueles que compartilham seu entusiasmo por um assunto especializado ou *hobby*, como manuscritos raros, ópera alemã ou mesmo coleção de bugigangas da série *Jornada nas Estrelas.*

Um benefício de toda essa observação periférica é que o Cinco consegue se manter objetivo mesmo que haja interesses pessoais a defender. No que diz respeito a permanecer neutro, o Cinco é como a Suíça. Quando eu preciso tomar uma decisão importante e meus sentimentos estão obscurecendo minha capacidade de julgamento, ligo para meu amigo Chris. Por ser do tipo Cinco, ele é capaz de analisar os fatos, estudar a situação de todos os ângulos e então me apresentar um argumento embasado e imparcial sobre por que acha que devo escolher determinado caminho, mesmo se não for o que eu quero ouvir ou se, de algum modo, afetar negativamente a vida dele. Como o Cinco é capaz de ser neutro, ele raramente reage; em vez disso, responde às situações. Quando administrado de forma correta, esse é um dom extraordinário. (Assim como o Nove, o Cinco é capaz de enxergar os dois lados das coisas, mas como não se preocupa se vai causar conflito, é extremamente direto ao dar sua opinião.)

O Cinco coleciona conhecimento. Conhecimento e informações de quase todo tipo (até mesmo a informação mais estranha) confere ao Cinco uma sensação de controle e defesa contra sentimentos de inadequação. O Cinco também coleciona informações e conhecimento porque não quer

> "Compreender é uma espécie de êxtase."
>
> CARL SAGAN

parecer bobo ou desinformado, ou ainda ser humilhado por não saber a resposta correta. Não quer se sentir incapaz ou inapto, o que, na verdade, acredita ser. Nem preciso dizer que a melhor e a pior coisa que aconteceu para o Cinco foi o surgimento da Internet. Depois de mergulhar nesse buraco sem fundo, esse viciado em informações entra em um transe de colecionar conhecimento e não há como saber quando ele vai voltar, nem quais informações novas e divertidas vai trazer à tona consigo. Vi isso acontecer certa tarde, quando liguei para ver como meu amigo Bill estava.

— Minha impressora quebrou e estou na Internet tentando descobrir como consertá-la — disse ele.

— Bill, há quanto tempo você está trabalhando nisso? — perguntei, com um suspiro.

— Desde as oito da manhã — admitiu.

Olhei para o relógio.

— São cinco da tarde! Você pensou em levar a impressora de volta à loja onde a comprou e pedir que a consertem?

Seguiu-se uma longa pausa.

— É uma Inkjet velha. Pararam de fabricar suas peças há anos — ele disse, meio tímido.

— Você é um psiquiatra que ganha duzentos dólares por consulta e acabou de desperdiçar um dia inteiro lendo sobre como consertar uma impressora que ninguém desejaria nem de graça?

Mais uma pausa.

— Sim, mas agora eu conheço a história da impressão desde a prensa de Guttenberg até os dias de hoje — disse ele com ar triunfante.

Por mais engraçada que essa história seja, o Cinco realmente acaba sendo vítima na estrada da informação. Os computadores e a Internet lhe oferecem mais uma maneira de evitar interagir com as pessoas — e interação é a última coisa de que ele necessita.

Compartimentalização e privacidade. A compartimentalização é um mecanismo de defesa clássico contra a sensação de sobrecarga na vida do Cinco. Por crer que seus recursos interiores são limitados, e na tentativa de se sentir no controle de tudo, o Cinco abriga seu emprego, seu casamento, seus *hobbies*, suas amizades e outros compromissos em cubículos mentais separados. Dessa maneira, é capaz de determinar com precisão quanta energia cada um necessita para ser mantido, alocá-la corretamente e lidar com um compartimento de cada vez. Logo ele descobre que a vida não coopera com esse desejo de manter as diferentes áreas da vida separadas uma da outra. De maneira semelhante, em cada compartimento o Cinco tem amizades com pessoas que nunca se conheceram nem sabem da existência uma da outra. Alguns anos atrás, quando cheguei ao funeral do meu amigo Sam, tipo Cinco no Eneagrama, fiquei surpreso ao encontrar a igreja lotada. Sem conseguir encontrar um lugar para sentar, fiquei em pé no fundo do templo, perguntando-me se estava no lugar errado. Com exceção de três ou quatro pessoas, eu não conhecia ninguém ali, a despeito do fato de Sam

> "Não consigo viver sem exercitar o cérebro. Que outro motivo existe para viver?"
>
> **Sherlock Holmes**

e eu havermos participado do mesmo grupo de estudos bíblicos para homens e passado tempo juntos com regularidade.

Na recepção após o funeral, descobri que alguns dos que ali estavam eram membros do clube de astronomia do qual Sam participava ativamente havia bastante tempo. Vários outros eram tripulantes de um barco no qual ele competia. Conheci cinco caras com quem ele andava de bicicleta aos sábados de manhã e vários ornitólogos que tinham vindo de Baja, na Califórnia.

Astronomia? Pássaros? Quem era esse cara?

A fim de manter sua privacidade, o Cinco conta a cada grupo de amigos ou colegas apenas uma parte de sua história, mas nunca conta a nenhum grupo a história inteira. Ele não vai lhe contar todas as atividades nas quais está envolvido, nem apresentar a você os amigos que fez nas diferentes esferas. Como um jovem Cinco certa vez disse em tom de brincadeira para Suzanne: "Morro de medo de acordar de um coma algum dia e as pessoas em pé ao redor da minha cama forem de todas as áreas da minha vida. E se eu não souber por quanto tempo fiquei inconsciente nem o que elas contaram umas para as outras?".

O Cinco não é dominado pelos sentimentos. De todos os tipos, o Cinco é o mais retraído emocionalmente. Isso não quer dizer que ele não tenha emoções, mas que quer ter controle sobre sentimentos imprevisíveis que podem ameaçá-lo ou sobrecarregá-lo. Para o Cinco, o afastamento significa que ele pode sentir uma emoção e então deixá-la passar. Em seguida, sente a próxima emoção e a deixa passar. O Cinco gosta de se enxergar como um pensador racional e vê o restante de nós como seres irracionais. Em particular, olha para os tipos focados nos sentimentos — como o Dois, o Três e o Quatro — e se pergunta como eles conseguem desperdiçar tanta energia com todo aquele turbilhão interior.

Sou do tipo Quatro. No que diz respeito a sentimentos, sou como um mosquiteiro. Já houve sentimentos que apareceram e permaneceram por tanto tempo que eu deveria ter lhes cobrado aluguel. No seminário, se eu me agitava por alguma coisa, recorria ao Bill, que me ouvia com a maior paciência. Mas, se eu ficava emocionalmente descomedido, ele deixava de parecer preocupado e passava a me olhar com toda a receptividade de uma coruja-das-neves, piscando e me encarando, como se quisesse dizer: "Quando é que tudo isso vai acabar?".

O Cinco precisa de tempo para processar as emoções. Em encontros sobre o Eneagrama, as pessoas costumam ouvir a descrição de seu número e ficar emocionadas, porque finalmente se sentem compreendidas (ou, em contrapartida, envergonhadas e expostas). Com o Cinco não é assim. Ele absorve todas as informações e não sente nada até que passe alguns dias sozinho para processar tudo *em particular*. Para ele, a vida é como um restaurante *self-service* de conhecimento. Ele entra na fila, escolhe o que quer, embala para viagem, leva para casa, come e digere ao longo da semana. Precisa de períodos prolongados de tempo sozinho a fim de processar seus pensamentos e sentimentos.

Esse intervalo pode assustar as pessoas de outros tipos. Quando Bill e eu fomos assistir ao filme *Filadélfia*, anos atrás, reagi como um Quatro típico.

> "Gostaria de ser o tipo de pessoa que aproveita as coisas na hora, em vez de precisar voltar para minha mente e só então aproveitá-las."
>
> **David Foster Wallace**

Quando as luzes acenderam ao fim da exibição, eu soluçava como um bebê. No saguão, enquanto saíamos, eu estava praticamente em busca de um conselheiro para enlutados, enquanto Bill me olhava com aquela típica expressão da coruja-das-neves. Na hora, achei que ele fosse um tanto frio, mas hoje sei que Bill precisava ir para casa a fim de tentar pensar e processar seus sentimentos.

O CINCO QUANDO CRIANÇA

Muitas pessoas do tipo Cinco que conheço contam que cresceram com um pai ou uma mãe importunos e que gostavam de se intrometer. Já outros descrevem uma infância na qual faltavam afeto e interações profundas e significativas com seus cuidadores. Sensíveis e caladas, essas crianças tipo Cinco se refugiavam na esfera da mente, na qual podiam se resguardar ou se esconder de pais possessivos, bem como trabalhar com seus sentimentos sem ser vistos.

Quando criança, o Cinco é curioso, criativo e confortável em ficar sozinho. Muitos são gênios da informática e leitores vorazes que gostam de fazer coleções. Dan, um amigo meu do tipo Cinco, cresceu com seis irmãos desordeiros em uma casa minúscula na zona rural do Texas. A fim de escapar do caos, ele transformou metade da cabana de ferramentas de seu pai em um refúgio.

"Eu passava milhões de horas naquele barracão lendo *O Senhor dos Anéis* e desmontando as coisas para saber como funcionavam. Foi ali que meus amigos e eu fizemos nossa primeira incursão no mundo da linguagem para computadores. Meus irmãos e minhas irmãs eram barulhentos, gostavam de chamar atenção, enquanto eu não pedia muita coisa. Não poderia culpar minha mãe se, certa noite, durante o jantar, ela olhasse por cima do prato em minha direção e dissesse: 'Espere aí, quem é você?'"

Em geral, o Cinco é uma criança silenciosa e controlada. Sente-se desconfortável quando não consegue tomar conta de si, então aprende a se virar por conta própria, em vez de depender dos outros. Encontra as respostas para a maioria de suas perguntas dentro de si mesmo e retém muito do conhecimento que tem sobre as coisas.

As crianças tipo Cinco têm sentimentos contraditórios em relação à escola. São inteligentes e gostam de aprender. Em geral, tiram boas notas. No entanto, as demandas sociais do ambiente escolar são desafiadoras e difíceis de interpretar. Parece que as pessoas ou querem tempo demais com elas, ou tempo de menos. O Cinco se sente bem passando tempo sozinho, de modo que se contentaria com apenas um ou dois amigos; contudo, não é adepto de compartilhar sentimentos, e as outras crianças têm dificuldade em entender sua necessidade de espaço pessoal.

As pensativas crianças tipo Cinco têm grandes temores, por isso muitas vezes parecem mais sérias do que são. É preciso convidá-las para brincar e, mesmo assim, isso lhes parece um pouco frívolo e estranho. Lá no fundo, são ternas, compassivas e gostariam de ser mais abertas com o amor e o afeto, mas a vulnerabilidade que sentem é grande demais para administrar.

Todos nós captamos mensagens prejudiciais quando crianças. Se você é tipo Cinco, pense nas palavras que podem articular a mensagem prejudicial que captou. Provavelmente será alguma variação dentro dos temas amplos de competência e conexão, por exemplo: "Você não é capaz de dar conta das exigências da vida e dos relacionamentos. Para sobreviver, você precisa se afastar emocionalmente e se esconder".

O CINCO NOS RELACIONAMENTOS

No que diz respeito aos relacionamentos, o Cinco pode ser o mais incompreendido de todos os tipos. É importante lembrar como o envolvimento social pode ser penoso para ele. Por exemplo, Anne e eu temos uma amiga tipo Cinco chamada Georgia, que é professora particular de crianças com transtornos de aprendizagem profundos. Calada e bondosa, Georgia só aguenta interações sociais até seu tanque esvaziar e ela precisar ir para casa recarregar. Em encontros com muitas pessoas, ela e o marido, um Sete extrovertido, costumam ir com carros separados, pois ela sempre sente vontade de ir embora antes dele. Temos um pequeno grupo que se encontra semanalmente para jantar juntos. Em geral, Georgia tira a mesa e se retira para a cozinha a fim de lavar a louça, enquanto o restante continua a conversar. É o jeitinho dela, e aprendemos a não insistir que ela fique e socialize. Georgia não é uma pessoa fria, mas se conectar com os outros é desafiador para ela. Assim como todas as pessoas do tipo Cinco, seu estilo de comunicação é factual ou em tom de palestra. Se lhe perguntar como se sente, ela lhe dirá o que pensa. O Cinco tem fronteiras altas e espessas. É como se Georgia estivesse do outro lado de uma estrada de três faixas e você precisasse gritar além do trânsito a fim de estabelecer uma conexão verdadeira com ela.

O Cinco não deseja ser sugado para dentro dos dramas emocionais de ninguém, e isso se torna outro desafio relacional para ele. Não é uma pessoa de coração frio: ele ouve e dá apoio enquanto você fala sobre seus sentimentos. Mas não quer ser responsabilizado por esses sentimentos. Ele assume responsabilidade pelas próprias emoções e espera que você faça o mesmo.

O Cinco necessita de independência. As pessoas que se relacionam com ele precisam entender que não se trata de uma preferência, mas sim de uma necessidade. Como o Cinco quer manter a independência e a autossuficiência, você pode acordar num sábado de manhã e descobrir que seu cônjuge tipo Cinco saiu com os cachorros para algum lugar, sem deixar um bilhete contando para onde foi, nem quando planeja voltar. Ao aparecer várias horas depois, é possível que você precise lhe perguntar aonde foi. Caso contrário, talvez nem passe pela cabeça dele contar onde esteve.

Quem está em um relacionamento com um Cinco precisa reconhecer e respeitar a necessidade que ele tem de privacidade e momentos de solidão. Em casa, o Cinco costuma ter um espaço no qual possa ficar retirado, onde consiga se recarregar. Tenho um amigo Cinco que é grande fã de música. Ele construiu um cômodo no porão de sua casa no qual fica lendo, fumando charutos e ouvindo sua coleção de discos de John Coltrane. Sua esposa chama o espaço de "o refúgio do eremita". Para um Cinco com orçamento mais limitado, seu retiro pode ser uma poltrona de couro em um canto da casa ou um simples banquinho no porão. Com frequência, esse espaço especial é cheio de livros, jornais, anos de assinatura da revista *National Geographic* e curiosidades estranhas coletadas em viagens. Mas é o espaço *dele* e a bagunça *dele*. Dificilmente o Cinco se mostrará satisfeito se você invadir esse refúgio sem uma justificativa muito boa.

O forte valor que o Cinco atribui à privacidade também se estende a manter suas cartas na manga. Embora queira ficar junto das pessoas ou ser incluído, raramente toma a iniciativa de estabelecer interações sociais. Por isso, fiquei surpreso quando meu amigo Adam me ligou de última hora perguntando se eu queria jantar com ele.

— Se fosse qualquer outra noite, eu adoraria, mas hoje é aniversário da Anne, então as crianças e eu vamos fazer uma surpresa e levá-la àquele restaurante italiano ótimo que fica na rua 12 Sul. Ela ama ir lá — expliquei.

— Beleza — disse ele. — Fica pra outra hora.

E desligou.

Depois de um tempo, refleti no que teria acontecido se nossos papéis estivessem trocados. O que Adam teria dito se eu ligasse convidando-o para jantar, mas ele tivesse outro compromisso?

Diria simplesmente: "Não posso". Ponto final. Ele não explicaria por que não poderia ir, para onde iria, o que faria e com quem faria. Tudo isso é particular. Ele só revelaria os fatos que eu precisasse saber e nada mais. Já eu, em contrapartida, compartilhei "informações íntimas" sobre os planos da minha família. Dei até o endereço do restaurante! O Cinco pode não ter consciência disso, mas quando as pessoas compartilham esses detalhes triviais da vida estão deixando a porta aberta para que o outro pergunte mais sobre o que está acontecendo. Adam poderia ter dito: "Como estão as crianças? Anne continua gostando do trabalho? Peguei intoxicação alimentar comendo lula frita nesse restaurante, então não peçam esse prato". Pode parecer insignificante, mas revelar até mesmo coisas pequenas sobre a vida é como um fertilizante que opera milagres no progresso dos relacionamentos. Por contar a todos apenas o que precisam saber, o Cinco deixa seus amigos e até o cônjuge se perguntando: "Será que eu conheço essa pessoa de verdade? Será que *algum dia* o conhecerei?". Como as flores, os relacionamentos não se desenvolvem no escuro. Eles florescem à luz da revelação pessoal.

Cônjuges de pessoas do tipo Cinco às vezes contam para Suzanne e para mim que se sentem emocionalmente negligenciados. O marido de uma mulher Cinco me disse certa vez: "Estamos casados há trinta anos e nos adoramos, mas ela é tão independente e autossuficiente na esfera mental que sei que ela conseguiria se adaptar à vida sem mim bem melhor do que eu sem ela. Levou bastante tempo até eu aceitar a ideia de que ela não necessita tanto de mim, ou, pelo menos, não da mesma maneira que preciso dela".

O Cinco precisa e aprecia estar com outras pessoas, mas não lhe pergunte se ele quer "jogar conversa fora". O Cinco quer um motivo para o encontro, como uma festa de aniversário, um filme para assistir ou ir com você a uma exibição de carros antigos, assunto sobre o qual ele não tem conhecimento — ainda. Mas se o plano for só jogar conversa fora, ele prefere ficar sozinho.

Para entender melhor o Cinco, deixe-me fazer uma analogia com carros. Imagine que você tem um tanque no qual guarda todo o combustível de que necessita para interagir com as pessoas o dia inteiro. O tanque do Cinco é menor que o dos outros números, então, à medida que o dia passa, ele confere o nível com mais frequência e se torna cada vez mais ciente de que o combustível está acabando e ele precisa voltar para casa.

Também há benefícios incríveis de ter um relacionamento com alguém do tipo Cinco. Ele não é emocionalmente carente, não tem expectativas impossíveis em relação às pessoas que ama e, em geral, permanece calmo quando os indivíduos ao seu redor estão desmoronando. Você também pode compartilhar os segredos mais obscuros com o Cinco e saber que ele o guardará a sete chaves. Assim como um padre, ele manterá em segredo tudo o que você lhe disser "dentro do confessionário", em parte porque sabe como a confidencialidade seria importante se a situação fosse invertida.

O Cinco não expressa com frequência quanto ama você, mas isso não quer dizer que ele não tenha esse sentimento. Passo sessenta dias por ano em retiros e conferências. Uma ou duas vezes por ano, Bill acessa meu *site* para conferir meu calendário e pergunta se pode me encontrar em um dos locais onde vou palestrar, mesmo que isso envolva viajar de avião e que já tenha me ouvido fazer aquela palestra antes. Isso é amor, pessoal!

> "O bom casamento é aquele no qual cada um dos cônjuges nomeia o outro o guardião de sua solidão, demonstrando assim a maior confiança mútua possível."
>
> **RAINER MARIA RILKE**

O amor é perigoso e exigente. Para um relacionamento florescer, duas pessoas precisam partilhar não só seus pensamentos, mas os sentimentos também, e isso é um desafio para o Cinco, pois implica compartilhar espaço, exercer menos controle sobre o tempo que tem para ficar sozinho, sacrificar a privacidade e lidar com as emoções exageradas do outro. Para dar certo, ele precisa abrir mão de grande medida da segurança, da independência e da privacidade que guiaram sua vida desde a infância. Seu cônjuge e seus amigos podem ajudar sendo pacientes enquanto ele aprende a identificar e expressar seus sentimentos. É uma grande conquista quando o Cinco assume o risco de contar segredos e se comprometer a caminhar ao lado de alguém. Celebre todos os dias se um Cinco escolheu fazer essa jornada com você. É bem provável que você seja mais especial do que imagina!

O CINCO NO TRABALHO

No mundo profissional, o Cinco é valorizado por sua mente fria, clara, pioneira e analítica. De Bill Gates, fundador da Microsoft, ao escritor Jean-Paul Sartre, do físico Stephen Hawking à primatóloga Jane Goodall, os Cinco estão bem representados em qualquer lista dos grandes inovadores e pensadores do mundo.

Nem todo Cinco é um titã da indústria ou ganhador do prêmio Nobel, por isso ele pode escolher uma carreira como engenheiro, pesquisador, bibliotecário, professor universitário, programador de computadores ou psicólogo. Como permanece calmo em meio a crises, é um excelente médico para trabalhar em prontos-socorros. Mestre na arte da observação, o Cinco pode se tornar um artista magnífico. A autora Joan Didion, a pintora Georgia O'Keefe, o músico Thom Yorke, do Radiohead, e o ator Anthony Hopkins são apenas algumas pessoas do tipo Cinco cuja visão artística deixou uma marca no mundo.

A despeito do que faz ou de quanto é bem-sucedido, o que o Cinco mais necessita no trabalho é de previsibilidade. Se sabe quais serão as exigências feitas a ele todos os dias, tem condições de dividir com sabedoria seus recursos interiores para conseguir chegar em casa sem falta de combustível.

Já que estamos no assunto, o Cinco não gosta de reuniões. Se não tem escolha a não ser participar, quer saber precisamente que horas começará e terminará, quem mais estará lá e quais itens serão discutidos. Quando a reunião termina, o Cinco está ansioso para ir embora. Por isso, se a pessoa na liderança perguntar se alguém tem mais alguma pergunta e um dos presentes levantar a mão, o Cinco vai tapar o rosto e murmurar: "Se me derem um estilete eu acabo com isso agora num piscar de olhos".

Quando ocupa uma posição de liderança, o Cinco pode se concentrar demais em um projeto e acabar não apoiando as outras pessoas ou não prestando atenção suficiente nelas. A fim de manter a privacidade e preservar seus recursos internos, o Cinco cria linhas de defesa que o separam dos outros. Teria o maior prazer em entregar seu prestigioso escritório de canto com paredes de vidro para o colega Três que preza pela imagem e procurar outro lugar onde as pessoas teriam dificuldade em encontrá-lo — de preferência no subsolo, já que odeia ser interrompido enquanto está trabalhando. Se está em uma posição elevada o suficiente na escada corporativa, é provável que tenha um assistente administrativo e alguns estagiários que cuidam das interferências e o isolam de precisar encontrar muita gente ou conversar com pessoas.[1]

O Cinco prefere que você lhe dê um projeto, diga qual é o prazo e permita que ele o realize como e onde escolher. Muitas das recompensas tradicionais por excelência no trabalho não são motivações primárias para o Cinco, que não costuma ser materialista nem está sempre mirando uma promoção ou um aumento, diferentemente do Três, por exemplo. Se você quer reconhecer e recompensar o Cinco por um trabalho bem feito, dê a ele mais autonomia. Independência é seu maior anseio, mesmo quando trabalha em equipe. Em geral, é impaciente com decisões de grupo porque não gosta de longas discussões nem de ouvir as pessoas fazerem livre associação de ideias.

O Cinco consegue ocupar posições que exigem fazer apresentações ou discursos, contanto que tenha tempo para se preparar. Ele não gosta de ser colocado debaixo dos holofotes de maneira inesperada nem que o peçam para falar ou fazer algo espontaneamente. Se o Cinco souber o que se espera dele e o mantiverem bem informado quanto ao que está acontecendo, terá um ótimo desempenho.

ASAS

O Cinco está posicionado entre o Quatro apaixonado e intenso, de um lado, e o Seis leal, mas ansioso, do outro. As qualidades de um ou ambos os tipos podem estar disponíveis para ele.

Cinco com asa Quatro (5a4). Esse Cinco é mais criativo, sensível, empático e focado em si mesmo do que o 5a6. Independente e, com frequência, excêntrico, o 5a4 não tem certeza do que fazer com seus sentimentos, mas prefere processá-los sozinho a fazer isso em grupo. Pense no ator Robert de Niro, na fotógrafa Annie Leibonitz ou no físico Albert Einstein. Nada mal!

O Cinco com asa Quatro tem maior probabilidade de sentir melancolia. A conexão com a energia do Quatro e a profundidade das emoções o ajuda a ser mais gentil consigo mesmo e menos emocionalmente afastado dos outros. O 5a4 saudável é capaz de comunicar os próprios sentimentos para as pessoas a quem ama.

Cinco com asa Seis (5a6). O medo desempenha um papel mais proeminente na vida de um 5a6 que na de um 5a4. O Cinco com asa Seis é mais ansioso, cauteloso e cético, mas também mais sociável e leal que um 5a4. Vive mais dentro da mente e questiona as autoridades e o *status quo*.

Esse Cinco também é mais relacional. Com a influência do Seis, ele se torna mais consciente do próprio medo, o que aumenta seu interesse em formar alianças nas várias comunidades de que participa. Com frequência, é socialmente estranho e cético em relação aos outros, mas considera que conhecer as pessoas traz mais conforto do que embaraço.

ESTRESSE E SEGURANÇA

Estresse. Quando está sob estresse, o Cinco se desloca instintivamente para o lado não tão saudável do Sete, acumulando coisas e se apegando mais a elas, o que só faz seu mundo parecer cada vez menor. Quando isso acontece, ele tira a atenção das necessidades dos outros e se concentra quase que totalmente na própria necessidade de segurança e independência.

O Cinco nesse espaço também se torna frívolo, desorganizado e distraído a ponto de não conseguir concluir tarefas. Continua a viver dentro da mente, mas para de pensar nas consequências de seu comportamento. Nessa situação, o Cinco pode se tornar rude, condescendente e desligado.

Segurança. Quando o Cinco se sente seguro, move-se para o lado positivo do Oito, um deslocamento gigantesco! No momento em que isso acontece, ele se torna infinitamente mais espontâneo, extrovertido e fisicamente presente. A diferença é tão gritante que as pessoas dizem: "O que deu na Holly? De repente ela ficou tão cheia de energia, confiante e tagarela!". O Cinco que quer conhecer e experimentar uma vida abundante sem pagar mais do que pode é capaz de conseguir isso por meio do lado positivo do Oito.

TRANSFORMAÇÃO ESPIRITUAL

No que diz respeito à espiritualidade, o Cinco tem uma vantagem em relação ao restante de nós. Ele não se apega ao ego de maneira tão ferrenha. Seu amor pela solidão o torna naturalmente contemplativo. É atraído pela simplicidade, forma poucos laços com as coisas terrenas e se desapega com maior facilidade. Pessoas de outros números que se encontram na estrada de transformação espiritual podem invejar sua calma interior e imparcialidade.

No entanto, quando o Cinco exagera, a imparcialidade deixa de ser uma virtude, pois, para evitar mágoas e esgotamento, ele arrisca se desconectar daquilo que sente. Torna-se frio, indiferente e indisponível para relacionamentos — um observador da vida, em vez de participante. Da perspectiva cristã, isso não é imparcialidade. "O objetivo supremo da imparcialidade é o engajamento", escreveu David Benner. "Assumimos uma postura imparcial a fim de reorganizar nossos laços e então, alinhados e em cooperação com o influxo da Graça em nosso mais profundo ser, podemos permitir que o amor passe por nós para tocar e curar os outros."[2] Para alcançar maturidade espiritual, o Cinco precisa aprender esse padrão de separar a fim de engajar.

O Cinco necessita praticar a conexão de suas emoções em tempo real. Não dá para celebrar o Natal na segunda-feira e só senti-lo na sexta! Se tudo o que eu disse neste capítulo até agora fez algum Cinco se sentir infeliz, eu o incentivo a sentir essa infelicidade agora mesmo, não no mês que vem. Depois que dominar a ligação com seus sentimentos para então deixá-los partir, pode ensinar os outros a fazer o mesmo, pois o restante de nós se emaranha demais com o que sente.

O Cinco que deseja se livrar de seus padrões automáticos deve reconhecer como suas ações são frequentemente motivadas pelo medo. Assim como ocorre com o Seis e o Sete, o medo é um pecado sempre às voltas do Cinco, pois esse número é motivado pelo desejo de segurança. Ciente de que tem recursos limitados, pergunta-se de quanta informação, quanto afeto, quanta energia, quanta privacidade, quanto dinheiro, quanto de *qualquer coisa* ele pode abrir mão e quanto deve conservar para si.

Que diferença faria na vida do Cinco se ele aderisse a uma mentalidade de fartura! Esse estado mental diz que, quando damos, recebemos. Essa é a álgebra do evangelho. E se o Cinco confiar que há muito mais que o suficiente para transitar pela vida e, por isso, ele sempre pode ofertar?

Até certo ponto, o Cinco também precisa se tornar confortável com a dependência ou, no mínimo, com a interdependência. Ele se viu motivado a viver de maneira tão autossuficiente a ponto de nunca precisar depender de mais ninguém. No entanto, adquirimos humildade quando permitimos que as outras pessoas tomem conta de nós. A criação de tantas fronteiras a fim de nunca vivenciar a dependência de ninguém induz o Cinco a uma grande perda. Também priva aqueles que o amam da alegria de cuidar dele.

DEZ CAMINHOS DE TRANSFORMAÇÃO PARA O CINCO

1. Permita que seus sentimentos surjam de maneira natural. Vivencie-os assim que ocorrerem; depois, deixe-os ir embora.

2. Reconheça quando estiver sucumbindo a uma mentalidade de escassez acumulando afeto, privacidade, conhecimento, tempo, amor, dinheiro, bens materiais ou pensamentos.

3. Quando acontecer algo que parece despertar emoções em outras pessoas, tente participar disso com elas no momento, em vez de separar tais sentimentos para processar mais tarde.

4. Procure compartilhar mais de sua vida com os outros, confiando que não farão mau uso das informações.

5. Aventure-se fora de sua zona de conforto e compartilhe mais de quem você é e daquilo que tem.

6. Tente lembrar que você não tem resposta para tudo. Isso não o faz parecer bobo, apenas humano.

7. Telefone para um amigo e convide-o para jogar conversa fora, sem nenhum outro motivo além de desfrutar a companhia um do outro.

8. Permita-se alguns luxos materiais e algumas experiências mais requintadas. Compre um colchão novo! Viaje!

9. Faça ioga ou outra atividade que o conecte com seu corpo. A superação da desconexão entre o corpo e a mente vai transformar sua vida.

10. Mesmo quando não tiver certeza do assunto, participe da conversa, em vez de se esquivar dela.

COMO É SER DO TIPO SEIS

1. Estou sempre imaginando o pior e me planejando para ele.
2. Muitas vezes, não confio nas pessoas em posição de autoridade.
3. As pessoas dizem que sou leal, compreensivo, engraçado e compassivo.
4. A maioria dos meus amigos não sente tanta ansiedade quanto eu.
5. Ajo rápido em situações de crise, mas, quando as coisas se estabilizam, eu desmorono.
6. Quando meu cônjuge e eu estamos em uma fase muito boa do relacionamento, fico me perguntando o que vai acontecer para atrapalhar.
7. Ter certeza de que tomei a decisão certa é quase impossível.
8. Tenho consciência de que o medo ditou muitas das escolhas em minha vida.
9. Não gosto de estar em situações imprevisíveis.
10. Acho difícil parar de pensar sobre as coisas que me preocupam.
11. Em geral, não me sinto confortável com extremos.
12. Normalmente tenho tanto a fazer que acho difícil terminar tarefas.
13. Sinto-me mais confortável quando estou rodeado por pessoas bem semelhantes a mim.
14. As pessoas dizem que, às vezes, sou pessimista demais.
15. Demoro para começar e, depois que começo, ainda fico pensando no que pode dar errado.
16. Não confio quando as pessoas me elogiam demais.
17. É útil para mim quando as coisas estão ordenadas de algum modo.
18. Gosto que me digam que sou bom no que faço, mas fico nervoso quando meu chefe quer me dar mais responsabilidades.
19. Preciso conhecer as pessoas por muito tempo antes de conseguir confiar nelas de verdade.
20. Sou cético em relação ao novo e ao desconhecido.

TIPO SEIS

O Leal

*Não há nada de mal em esperar pelo melhor, contanto
que você esteja preparado para o pior.*

STEPHEN KING

O **Seis saudável** aprendeu a confiar nas experiências de vida. Tem consciência de que certeza e previsibilidade precisa não são prováveis na maioria das situações. É um pensador lógico e produtivo que quase sempre organiza seus pensamentos e suas ações em torno do que seria mais vantajoso para o bem comum. Leal, honesto e confiável, o Seis saudável consegue julgar o caráter com profundidade. Crê que, no fim das contas, tudo vai dar certo.

O **Seis regular** questiona quase tudo. Esforça-se para sair da própria mente e do padrão de se planejar sempre para o pior cenário. É excessivamente focado em autoridades e pode ser ou subserviente ou rebelde. Considera o mundo um lugar perigoso e reage lutando ou fugindo. Quando consegue administrar todas as suas ansiedades, esse Seis é comprometido com a educação, a igreja, o governo, a família e organizações sociais de serviço.

O **Seis problemático** encontra perigos em toda esquina. Sua ansiedade beira à paranoia, pois teme que o mundo seja injusto e que, em sua maioria, as pessoas não sejam quem dizem ser nem se mostrem dignas de confiança. Incapaz de confiar até em si mesmo, busca figuras de autoridade e especialistas que tomem decisões em seu lugar. Esse Seis encontra defeitos nos outros e tende a cair em padrões associados ao mecanismo mental de projeção.

Em 1999, os autores Joshua Piven e David Borgenicht lançaram nos Estados Unidos o livro *O pior cenário possível: Manual de sobrevivência para situações extremas do dia a dia*. Com instruções reais e bem-humoradas quanto ao que fazer em circunstâncias surpreendentemente terríveis, o livro se vende como "um companheiro essencial para uma era perigosa". Ao mesmo tempo assustador e engraçado, traz capítulos medonhos sobre como realizar uma traqueotomia, identificar uma bomba, aterrissar um avião, sobreviver caso seu paraquedas não abra, lidar com um touro bravo, pular de um edifício para cair em um contêiner de lixo e escapar de abelhas letais, entre outras coisas.

Alguém me deu um exemplar de *O pior cenário possível* quando foi lançado. Dei de ombros e expressei desinteresse.

O livro vendeu dez milhões de exemplares.

A quem os autores, agora extremamente ricos e agradecidos, devem mandar um bilhete de gratidão por alavancar a níveis épicos a vendagem do livro? Podem começar com o tipo Seis do Eneagrama, provavelmente responsável por metade dessas vendas.

O Seis vê o mundo como um lugar perigoso no qual um desastre pode acontecer a qualquer momento. As aparências são enganosas. As pessoas têm intenções ocultas. O Seis fica de orelha em pé em busca de possíveis ameaças e encena mentalmente aquilo que fará quando o pior acontecer. Para o Seis, imaginar catástrofes em potencial e se planejar para elas é uma maneira de manter uma sensação de certeza, controle e segurança em um mundo imprevisível. Levando em conta sua tendência de perguntar o tempo inteiro: "E se...?" ou "O que farei quando...?", não consigo imaginar que, ao deparar com um livro que se descreve como "Manual para sobreviver às reviravoltas repentinas da vida para o pior", o Seis consiga evitar comprar dois exemplares — um para ler e outro para guardar, caso alguém roube o primeiro.

Quanto mais aprendo sobre a vida e as pessoas, mais eu amo e aprecio a turma do tipo Seis. Chamado de Leal, o Seis é o tipo mais fiel e confiável do Eneagrama. (Às vezes, também é chamado de Advogado do Diabo, Questionador, Cético, Cavaleiro ou Guardião.) Ele fica de olho em nós. Resguarda nossos valores. É a cola que une o mundo. Muitos professores do Eneagrama creem que essas pessoas confiáveis, calorosas, engraçadas e dispostas a se sacrificar compõem mais de metade da população mundial. O fato de nossas cidades e vilas estarem repletas desses cidadãos constantes e vigilantes deveria ter efeito revigorante sobre nós.

O PECADO CAPITAL DO TIPO SEIS

Com um subtítulo desses, você sabe o que está por vir, certo? O Seis é maravilhoso, mas também tem um lado obscuro do qual precisa se proteger. Seu pecado capital é o *medo*, pois sofre com uma necessidade profundamente sedimentada de se sentir seguro.

Embora digamos que o medo é o pecado em torno do qual o Seis gravita, na verdade o que ele realmente experimenta é ansiedade. Medo é o que se sente diante da presença de uma fonte clara e imediata de perigo — como quando um cara de máscara no rosto arromba sua porta e começa a persegui-lo por seu apartamento segurando uma serra elétrica por sobre a cabeça. A ansiedade, em contrapartida, é uma sensação vaga e aleatória de apreensão que surge em resposta a uma ameaça desconhecida ou potencial que pode nunca se materializar. É o que você sente quando *imagina* o que aconteceria se um cara mascarado perseguisse você por seu apartamento segurando uma serra elétrica. O medo diz: "Algo errado está acontecendo!", ao passo que a ansiedade é mais previdente: "E se isso ou aquilo acontecesse? E se... E se... E se...?". Esse é o *slogan* de sua campanha.

O Seis sente forte ansiedade quando a vida está indo bem porque se pergunta o que poderia acontecer para arruinar tudo. Os relacionamentos ou empregos que parecem estáveis hoje podem evaporar ou ser levados embora amanhã. Nas palavras de Steven Wright: "Se tudo parece estar indo bem, com certeza você não olhou direito".[1]

Minha infância foi povoada por muitos Seis ansiosos.

Com certeza, a sra. Mary Elizabeth, minha professora do primeiro ano (que a luz perpétua brilhe sobre ela), era tipo Seis. Pelo menos uma vez por dia, ela dava um intervalo do plano de aulas e começava a fazer perguntas tenebrosas do tipo: "E se alguém apontasse uma arma para sua cabeça e o forçasse a decidir entre negar a fé ou morrer?". Se hoje você fizesse esse tipo de pergunta a crianças de 7 anos, alguém ligaria para o Conselho Tutelar.

A irmã Mary Elizabeth não era a única pessoa em minha vida que refletia sobre essas questões. Enquanto crescíamos, meus irmãos e eu tivemos uma babá que parecia sofrer de transtorno de estresse pré-traumático. Ela se enchia de preocupações do que poderia acontecer conosco. "Não corra com tesouras, você vai perfurar sua irmã. Não coma comida de uma lata amassada, você vai morrer de salmonela. Você vai ser eletrocutado se tomar banho durante uma tempestade com trovoadas. Se ficar perto demais do micro-ondas, vai acabar igual a seu primo Marty." Para evitar possíveis sequestradores de veículos, ela nos fazia fechar as janelas e trancar as portas do carro quando passávamos por áreas "perigosas" da cidade. Eu cresci em Greenwich,

FAMOSOS TIPO SEIS
Ellen DeGeneres
Jon Stewart
Frodo Baggins

Connecticut, lugar no qual as pessoas acham que "mau gosto" — e não roubo automotivo violento — é um crime com o qual se preocupar.

Deixando o humor de lado, para o Seis, o pecado capital do medo é muito real e tem consequências sérias.

Os tempos são difíceis para o Seis. O ar que respiramos está carregado com ansiedade. Infelizmente, você e eu não somos os primeiros a descobrir que 3,5 bilhões dos habitantes de nosso planeta (com margem de erro de algumas centenas de milhões, para mais ou para menos) são facilmente motivados pelo medo e pela necessidade profunda de segurança e certeza. Políticos, âncoras de canais de notícias, especialistas em propaganda, pregadores embusteiros e outros golpistas sem princípios sabem disso muito bem. Para ganhar votos, aumentar a audiência, conseguir dinheiro e vender sistemas de vigilância, esses demagogos do pânico, especialistas e executivos do *marketing* usam deliberadamente bem pesquisadas táticas de assustar para atacar a todos nós, mas suas principais vítimas são as pessoas do tipo Seis. Todos precisamos aprender a impedir que o medo tome conta de nossa vida, mas isso é especialmente válido para o Seis. A história demonstra que, quando um povo ansioso toma decisões como grupo com base no medo e no desejo frustrado de segurança, coisas ruins podem acontecer.

TUDO SOBRE O TIPO SEIS (OU O LEAL)

O Seis sente forte necessidade de segurança e consistência. Ele aprecia ordem, planos e regras. Gosta do conforto e da previsibilidade que leis e diretrizes claras oferecem. Assim como o Um, ele liga para o 0800 do fabricante de móveis a fim de pedir um parafuso desnecessário para a mesa de sua sala de jantar, não porque sem a peça o móvel ficará imperfeito, mas sim porque consegue visualizar a mesa com a refeição de fim de ano caindo, uma ambulância vindo levar o vovô para o hospital com a perna quebrada, queimaduras de terceiro grau por causa do molho quente derramado sobre ele e assim por diante, *ad infinitum.*

O Seis valoriza a comunidade. Ele não sai da igreja porque não está sendo "alimentado espiritualmente", os anúncios são longos demais, a congregação ficou grande (ou pequena) demais, a música é (complete a lacuna) ou não concorda com tudo o que o pastor diz no púlpito. O Seis é o número mais leal do Eneagrama. Indivíduos desse tipo formam um grupo devoto de membros que, depois de se comprometer com uma comunidade, finca raízes e não a abandona por discordâncias pequenas.

Embora o Seis seja tipicamente desconfiado e cético a princípio, depois que você conquistar sua confiança, ele permanecerá a seu lado para sempre. O Seis quer se sentir conectado com as pessoas a quem ama. São as mães que ligam todos os dias só para "ver como estão as coisas", querendo saber como você está e se está seguro. O Seis tem a habilidade notável de unir as pessoas. Acredita na importância da família, do lar, de criação de filhos responsáveis e do casamento. Toma decisões com base em seus valores, em parte porque tem muita necessidade de segurança.

O Seis é cheio de dúvidas e questionamentos. Quando chega a hora de tomar decisões, ele se torna como C-3PO, o droide de protocolo preocupado de *Star Wars*: "Estamos perdidos!". Sofrendo de paralisia por análise, busca o conselho de amigos, colegas de trabalho, familiares e especialistas porque não confia no próprio pensamento. Decide-se, depois muda de ideia. Sente-se pressionado de um lado, depois empurrado para o outro. Hesita e se equivoca, ficando louco e levando os outros à loucura enquanto oscila de um lado para o outro entre sim, não e talvez. Nas palavras de Tiago, é aquele que, por duvidar, é "como a onda do mar, empurrada e agitada pelo vento" (Tg 1.6).

Parte do problema é que o Seis vê os dois lados de tudo. Se você é Seis e está lendo este livro agora, deve estar pensando: "Sim, entendo seu ponto de vista. Porém..." ou "Ian e Suzanne parecem ter pensado bastante sobre o assunto, mas sempre existe a possibilidade de...". O Seis fica surpreso ao descobrir que outras pessoas não têm tanto medo quanto ele, mas se identifica rapidamente com sua constante batalha de autoquestionamento e desconfiança acerca de si mesmo. Quando confrontado com a necessidade de tomar decisões, o Seis congela como um antílope perplexo diante das luzes de um semáforo, paralisado sem saber qual direção seguir.

> "Não tenho medo, mas vivo com os nervos à flor da pele."
>
> JOHN IRVING

Existem dois tipos de Seis. Cada um deles administra o medo, a necessidade de segurança e seu relacionamento com as autoridades de maneira diferente. Um deles é extremamente leal e ouve plenamente as autoridades porque pensa que nelas reside a segurança. Sempre fiel à autoridade, esse tipo de Seis procura agradar e obedecer às regras. É respeitoso com os patrões, tentando satisfazê-los ao máximo, porque vê as autoridades como a fonte de sua estabilidade. Chamamos esse tipo de pessoa de *Seis fóbico*.

Há outro tipo de Seis que também se concentra nas autoridades, mas não para agradar ou obedecer. Esse tipo de pessoa suspeita das figuras de autoridade. Fica de olho em quem está no comando, para ver se não vai enganar alguém ou dar um golpe. Chamado de *Seis contrafóbico*, entra em greve se sentir que algo está errado. Procura segurança não evitando ou aplacando uma possível ameaça, mas deliberadamente provocando-a e atacando-a. Sua segurança provém de conquistar a fonte de seu medo, não de se render a ela.

Na realidade, a maioria das pessoas do tipo Seis é uma mistura entre fóbico e contrafóbico, o que reflete seu temperamento vacilante e duvidoso. O Seis fóbico recua e foge, ao passo que o contrafóbico tenta conquistar e subjugar quaisquer temores que tiver. Quase todo Seis oscila entre esses dois polos. Pegando emprestada uma frase de Churchill, o Seis está "ou aos seus pés ou na sua garganta". Não importa se o Seis é fóbico ou contrafóbico, sua grande força motivadora é o medo, e seu foco recai sobre as autoridades.

O SEIS QUANDO CRIANÇA

Crianças do tipo Seis aprendem a se preocupar cedo na vida. Mensagens do tipo "Não entre na piscina antes de completados trinta minutos depois de comer, senão terá cãibra e se afogará" ou "Nunca converse com estranhos" grudam nelas igual carrapicho. Enquanto crescia, ouvi todo tipo de advertência maluca, mas interiorizei muito poucas. Porém, quando essas crianças descobrem que o mundo não é seguro e que nem sempre se pode confiar nos adultos responsáveis, reagem obedecendo ou se rebelando. Por onde passam, sabem quem está no controle e ficam de olho nessa pessoa.

Tais crianças respondem à vida de forma calculada. Antes de pularem de um trampolim de seis metros de altura para mergulhar em um lago, observam um ou dois coleguinhas fazerem isso. Hesitam porque não confiam no ambiente em que vivem e, portanto, têm dificuldade em confiar em si mesmas. Crianças com pouca autoconfiança costumam achar difícil aceitar palavras de encorajamento, perdendo de vista justamente as mensagens que as tornariam mais seguras e as ajudariam a ter mais confiança em si mesmas.

Professores e técnicos amam a garotada do tipo Seis, que em geral são bons seguidores e ouvintes. Por serem leais, essas crianças unem os grupos de amigos. Poucas gostam dos holofotes, mas todas querem sentir-se participantes. Gostam de atuar em grupos, de modo que esportes e atividades escolares de equipe são seus preferidos. Derivam uma sensação de conforto das rotinas previsíveis e crescem para se tornar os indivíduos que manterão a união de todas as comunidades com as quais contamos para que nossa vida faça sentido.

Muitas crianças do tipo Seis (não todas elas) crescem em situações instáveis. Como não podem confiar em seu ambiente, duvidam de si mesmas e procuram coragem e conselhos em outras pessoas. Se são criadas com um alcoólatra em casa, por exemplo, aprendem a nunca baixar a guarda e sempre esperar que o pior aconteça, para que não sejam pegas desprevenidas.

O pai de Lance, um amigo meu, tinha acessos frequentes de raiva. Toda noite, Lance e seu irmão olhavam da janela do quarto o pai descendo do carro, pois sabiam com que humor estava pela força que usava para bater a porta do veículo. Assim como Lance, as crianças do tipo Seis captam pequenas pistas de que um perigo ou uma ameaça estão presentes e se sentem seguras quando aprendem a prever se alguém vai machucá-las.[2]

O Seis é um excelente amigo ou cônjuge quando é espiritualmente maduro e cresce em autoconhecimento. Leal até o fim, o Seis está falando a sério ao afirmar "Até que a morte nos separe". Esperto e charmoso, o Leal pode controlar a ansiedade e ser muito engraçado. Pessoas do tipo Seis como Larry David podem transformar suas ansiedades e inseguranças exageradas, bem como sua tendência de ver catástrofes em tudo, no combustível para histórias autodepreciativas que fazem seus amigos rirem por dias. Ouça as primeiras gravações das apresentações estilo *stand-up* de Woody Allen se quiser ver um Seis fóbico que fez fortuna tornando públicas suas dúvidas acerca de si mesmo, ou o Seis contrafóbico George Caline questionar agressivamente tudo e todos.

O SEIS NOS RELACIONAMENTOS

O fato de o Seis ver o mundo sob as lentes do medo pode arruinar seus relacionamentos. Não é fácil permanecer ao lado dele, sobretudo no início da convivência. Pessoas que precisam de segurança e certeza sempre elevam suas barreiras. Tentam adivinhar o que você está pensando. Com medo de ficar cego emocionalmente (e por ter sofrido no passado), fica em busca de pistas de traição ou abandono iminentes. O Seis vai incomodar você com pergun-tas do tipo: "Está tudo bem entre a gente?" ou "E se você acordar um dia e perceber que não me ama mais?". Ele alternará entre se afastar e se apegar. Por ter dúvidas, presumirá que você também duvida, o que o levará a questionar você. Isso não alcança aquilo que procura — maior compromisso e segurança —, já que esse tipo de lamúria tende a afastar ainda mais as pessoas amadas.

Algo que ajuda o Seis, nas dores de suas dúvidas, é lembrá-lo de seu compromisso por ele. Nunca repreenda as indagações dele nem faça pouco caso ou ria de suas dúvidas acerca do relaciona-mento entre vocês, a menos que queira aumentar a ansiedade de que as coisas não vão dar certo. Certeza calma e racional é a chave.

Mesmo quando o Seis começa a confiar no relacionamento, ainda resta o mundo perigoso e instável contra o qual ele precisa lutar. Às vezes, é difícil estar ao lado de pessoas que vivem imagi-nando desastres e se preparando para eles. Que bom seria se elas parassem de ver situações aterrorizantes em tudo e relaxassem, não é? Quando o Seis começa a ficar preso no pensamento do pior cenário possível, peça a ele que o conduza passo a passo na cadeia de acontecimentos negativos que está prevendo. A cada passo, pare e diga: "É verdade. Parece horrível. Então o que aconteceria e quem estaria ao seu lado para ajudá-lo?". Depois de um tempo, uma de duas coisas vai acontecer: ou a trama do pesadelo acaba-rá dando em algo tão irracional e absurdo que o Seis começará a rir, ou ele verá (em geral com a sua orientação) que, por mais horrível que seja o futuro tão temido, ele terá recursos internos e externos para lidar com o que vier e superá-lo, caso se torne rea-lidade. Lembre-se: o pensamento no pior cenário possível precisa ser administrado, não desconsiderado. Se você chamar o Seis de pessimista, ele simplesmente argumentará de volta dizendo que é realista.

O Seis vai e volta nas mesmas coisas, e isso pode ser irritante nos relacionamentos. Ele decide, depois se questiona; decide, depois se questiona. E quando você acha que ele tomou uma decisão, o Seis o acorda no meio da noite para dizer que mudou e ideia. Céus!

Qual é a fonte de toda essa indecisão? O Seis nunca aprendeu a se conectar com seu sistema interno de orientação e a confiar nele. Com frequência, duvida da própria habilidade de fazer boas escolhas porque, via de regra, se esquece dos sucessos passados. Às vezes, as pessoas que o amam precisam lembrá-lo de como as coisas deram certo da última vez que ele tomou uma decisão e se manteve firme, ou como superou quando os resultados foram inferiores aos esperados. Ninguém acerta todas nesta vida.

> "A ansiedade é como uma cadeira de balanço. Ela lhe dá algo para fazer, mas não o leva muito longe."
>
> **JODI PICOULT**

A notícia maravilhosa sobre o Seis nos relacionamentos é que ele é guerreiro. Com tempo e palavras de certeza, consegue ir além da dúvida e das repetidas perguntas sobre o relacionamento que tem com o cônjuge. Quando isso acontece, torna-se um dos mais divertidos, constantes e tranquilos companheiros do mundo.

O SEIS NO TRABALHO

Anos atrás, trabalhei com um homem tipo Seis chamado Dan, que me salvou de mim mesmo em diversas ocasiões. Na época, eu era um jovem pastor excessivamente autoconfiante, com QI de passarinho, líder de uma igreja em rápido ritmo de crescimento. Como todo bom Seis, Dan ficava de olho em mim e, quando percebia que eu estava prestes a tomar uma decisão que, na opinião dele, resultaria em calamidade, ficava ansioso, me chamava em um canto e dizia: "Você já pensou direito no que pode acontecer se nos levar nessa direção?".

Na maioria das vezes, Dan me irritava. Sua necessidade de expressar dúvida e fazer perguntas sobre minhas ideias brilhantes não só colocava freios em nossos avanços, mas parecia despejar chuva no meu telhado. No entanto, em alguns casos, se não fosse por suas dúvidas e perguntas, eu teria dado com a minha cara (e a da nossa igreja iniciante) bem na parede.

O Seis é um solucionador de problemas perspicaz e de mente analítica. Ele ama estar na equipe subvalorizada, tentando reerguer uma empresa ou um programa em vias de falhar, sobretudo quando os outros dizem que é impossível. O goleiro deveria ficar nervoso ao ver um Seis se preparar para bater um pênalti quando a disputa já está cinco a cinco. O Seis aprecia o fato de o gol improvável consagrar o time e é notório por tirar uma vitória da manga quando os ânimos estão abatidos.

Há muitas coisas que podemos aprender com o tipo Leal. A maioria de nós pensa e age rápido demais. Tomamos decisões no calor do momento, de maneira precipitada e até mesmo irresponsável. Mas clareza e sabedoria sobrevêm quando estamos dispostos a nos sentar e pensar nas consequências de nossas escolhas. Como é advogado do diabo por natureza, o Seis traz isso à tona onde quer que trabalhe. Toda empresa precisa de um cético leal que não tenha medo de fazer perguntas difíceis ou apontar as falhas de um plano. Uma sala repleta de empreendedores cheios de cafeína e afeitos a correr riscos pode não gostar quando o Seis faz a pergunta que estoura o balão de grandes ideias, mas alguém precisa ser a voz da ansiedade!

Às vezes eu me pergunto quantos Seis levantaram corajosamente a mão e fizeram a pergunta impopular que levou um presidente a recolocar os pés no chão e analisar as consequências impensadas caso resolvesse partir para uma política bélica. Devemos a esses Seis de visão clara um préstimo de gratidão.

O funcionário tipo Seis faz *muitas* perguntas, não necessariamente por se opor a você, mas porque está tentando descobrir o que deve fazer e garantir que todo o quadro foi devidamente analisado. Quando estiver tentando lançar uma nova iniciativa e precisar do apoio de um Seis, ouça todas as suas dúvidas e ansiedades. Leva tempo para o Seis pensar em tudo e formular perguntas, por isso, publique a pauta das reuniões com antecedência. Sim, todos esses questionamentos e conferência dos fatos pode tornar o processo mais lento para a equipe, mas, se você permitir que o Seis expresse suas preocupações e tenha suas dúvidas esclarecidas, ele o acompanhará até os confins da terra. Caso contrário, você seguirá sozinho.

O Seis também tem pensamentos ambíguos quanto ao sucesso. Na véspera da vitória, ele pode procrastinar, porque sabe que o sucesso só chamará atenção. O Seis não gosta da exposição que acontece quando está sob os holofotes porque isso o torna vulnerável a ataques. Além do mais, o Seis não se dá bem em ambientes muito competitivos nos quais é colocado contra os colegas. Vencer à custa de um colega de trabalho não harmoniza com a pessoa que recebe o título de Leal.

O Seis tem a estranha tendência de crer que pensar em algo é o mesmo que fazê-lo. O lugar onde isso se torna mais evidente é o ambiente de trabalho. Então, se você lhe perguntar se está trabalhando naquele projeto que você designou, ele dirá que sim, mesmo que ainda não tenha movido uma palha, a não ser planejar e pensar sobre o assunto! Para ele, pensar e fazer são a mesma coisa. No trabalho, aprenda a fazer perguntas de acompanhamento se realmente quer saber onde o Seis se encontra em termos de progresso.[3]

Como o Seis é meticuloso, tende a pegar trabalho demais, o que lhe deixa estressado, ressentido e pessimista. Quando a sobrecarga cresce muito, ele pode ter uma reação exagerada, que, por sua vez, tem efeito cascata e assusta outras pessoas. Se isso acontecer, peça-lhe que divida as tarefas em passos menores e mais fáceis de administrar. Também incentive-o a delegar mais.

ASAS

Seis com asa Cinco (6a5). Esse Seis é mais introvertido, intelectual, cuidadoso, controlado e apto a buscar segurança por meio da aliança com uma figura de autoridade. Ele gravita em torno de um sistema de crenças bem definido e de um grupo que compartilha de seus valores. Às vezes, o 6a5 é mal interpretado como distante e reservado, mas ele apenas gosta de proteger a privacidade, participar de atividades solitárias e praticar *hobbies*. O 6a5 tem maior necessidade de tempo sozinho. Isso pode ajudá-lo a adquirir uma perspectiva mais ampla das coisas que contribuem para sua ansiedade. O contrário também é verdadeiro, uma vez que o Cinco com asa Seis pode remoer os fatos, exacerbando os pensamentos improdutivos. Como analisa em excesso por tempo demais e sem partir para a ação, esse Seis pode sofrer de paralisia por análise.

Seis com asa Sete (6a7). O Seis com asa Sete é uma prazerosa surpresa. Refletindo o lado brincalhão do Sete (o Entusiasta), é divertido, animado e aventureiro. Está disposto a se arriscar, mesmo que só um pouquinho, então seus limites se alargam e passam a acomodar mais opções. Mas o 6a7 não se separa completamente da ansiedade, portanto sempre há um plano B caso a aventura dê errado. O Seis com asa Sete é bem mais extrovertido e disposto a se sacrificar pelas pessoas amadas do que o Seis com asa Cinco.

ESTRESSE E SEGURANÇA

Estresse. Sob estresse, o Seis se desloca para o lado negativo do Três, podendo se tornar um *workaholic* que busca sucesso material ou acumula recursos a fim de se sentir mais seguro. Nesse espaço, ele tem mais tendência de fazer uma representação pessoal incorreta e projetar uma imagem de competência para afastar a ansiedade e passar aos outros a impressão de que está tudo bem. Não tenta fazer nada que julgue possível terminar em fracasso. Porém, como lhe falta confiança, isso quer dizer que ele se mostra relutante em assumir riscos necessários.

Segurança. Quando o Seis se sente seguro, desloca-se para o lado positivo do Nove, no qual é menos propenso a se preocupar com ameaças em potencial. Sob a influência da serenidade do Nove, o Seis para de se planejar para desastres e se sente menos ansioso em relação à vida de modo geral. Nesse espaço, ele é mais leve, flexível, empático e cheio de energia. Aceita melhor os outros, consegue enxergar a vida de mais de um ângulo e tem maior probabilidade de confiar nos próprios instintos, em vez de depender de figuras de autoridade externas, grupos ou sistemas de crença que interpretem a vida em seu lugar. Mais confiante e menos exausto, o Seis conectado ao lado positivo do Nove consegue acreditar que tudo vai dar certo.

TRANSFORMAÇÃO ESPIRITUAL

No caminho rumo ao crescimento espiritual, o Seis precisa equilibrar duas coisas conflitantes: ele vive em uma cultura que nunca lhe permitirá sentir segurança, mas precisa sentir-se seguro.

Como sentir-se seguro em um mundo no qual o alarmado âncora do noticiário de TV aparece ao vivo nos pedindo que permaneçamos ligados porque em sessenta segundos ele nos trará uma notícia urgente? Quando eu era criança, uma "notícia urgente" significava que alguém estava com os dedos no botão de detonar uma bomba nuclear. Agora, quer dizer que Kim Kardashian ameaçou postar uma foto do traseiro e "quebrar a Internet". A propaganda de uma seguradora mostra um homem incauto sendo estraçalhado em um cruzamento enquanto o narrador adverte: "Os problemas nunca tiram férias; seu seguro também não deveria". Não quero nem pensar no que vai acontecer se eu viver após minha aposentadoria. Se eu, que sou Quatro, me assusto com esse tipo de coisa, nem consigo imaginar como o Seis se sente. Ele tem a tendência de internalizar mensagens de medo e desastre iminente, por isso é vital que reconheça esse padrão e

> "A fé é um lugar de mistério, no qual encontramos coragem para crer naquilo que não podemos ver e força para abrir mão do medo da incerteza."
>
> **Brené Brown**

pense duas vezes antes de permitir que a ansiedade tome conta de sua vida.

O Seis precisa ser incentivado a duvidar menos de si e a experimentar mais autoconfiança. Ele é mais forte e despachado do que imagina. No entanto, busca transformação da maneira errada. Pensa que o antídoto do medo é a coragem, mas nunca parece reunir o suficiente dela para fazer o que é preciso; então, está claro que essa não é a resposta. O que o Seis precisa é desenvolver fé, que é diferente de coragem e não exige certeza. A fé pede ao Seis que acredite e confie em algo ou alguém maior que ele, o qual sempre estará a seu lado nos momentos de crise e nunca o deixará.

O Seis necessita se lembrar da verdade espiritual de que, em última instância, sempre está seguro. Isso não significa que se encontra magicamente protegido de desastres ou calamidades, mas apenas que, da perspectiva eterna, esta história vai terminar bem. Para que essa mensagem lhe adentre profundamente até os ossos, ele precisa decidir se Deus de fato está no controle ou não. Precisa crer que, mesmo que nada esteja acontecendo conforme planejado, as coisas vão dar certo.

DEZ CAMINHOS DE TRANSFORMAÇÃO PARA O SEIS

1. A prática regular da oração concentrada ou da meditação é vital para todos os números, mas sobretudo para o Seis. Sua mente nunca para de trabalhar. É cheia de vozes que expressam opiniões vacilantes, dúvidas sobre a confiabilidade de outras pessoas, visualização de cenários terríveis e questionamentos acerca da própria habilidade de tomar boas decisões.

2. Esteja alerta às tendências prejudiciais em seu relacionamento com as autoridades. Você segue sem questionar ou se rebela instintivamente? É necessário encontrar um caminho equilibrado, mais consciente e menos absoluto.

3. A fim de desenvolver autoconfiança e crença em seu sistema interno de orientação, registre em um diário as vezes em que

você tomou uma boa decisão e apreciou seus frutos, ou que sobreviveu às consequências de escolhas ruins. De qualquer maneira, você continua vivo!

4. Pratique a arte de aceitar elogios sem desconsiderá-los ou suspeitar dos motivos por trás deles.

5. Quando desempenhar o papel de advogado do diabo, apontando os possíveis defeitos de ideias e planos alheios, não se esqueça de reconhecer também as dimensões positivas. Não é legal ser conhecido como "balde de água fria".

6. Limite sua exposição a canais de notícias ou a livros e filmes que reforçam desnecessariamente sua visão ansiosa ou pessimista da vida. (Francamente, devemos todos fazer isso!)

7. Ao iniciar um relacionamento, permaneça alerta para ver se estão surgindo pensamentos e sentimentos de dúvida acerca do compromisso de seu parceiro com você. O que está levando você a alternar entre questioná-lo ou apegar-se a ele?

8. Aprenda a reconhecer a diferença entre medo legítimo e ansiedade desenfreada e atribua valores distintos a esses dois sentimentos.

9. Decore e repita a bela oração de Juliana de Norwich: "Tudo ficará bem, tudo ficará bem e toda espécie de coisas ficará bem".[4]

10. A virtude contrária ao pecado capital do medo não é a coragem, mas sim a fé, que é um dom. Ore pedindo para recebê-la.

COMO É SER DO TIPO SETE

1. Sou sempre o primeiro a topar uma aventura de última hora.
2. Sou otimista até demais.
3. Não gosto de compromissos rígidos ou estabelecidos muito rapidamente.
4. Sofro com medo de estar perdendo oportunidades e diversão.
5. A expectativa é a melhor parte da vida.
6. As pessoas próximas dizem que gosto de argumentar e agir de maneira mais elaborada.
7. Variedade e espontaneidade são o tempero da vida.
8. Às vezes, fico tão impaciente pelo futuro que mal posso esperar para chegar lá.
9. Tenho dificuldade em terminar as coisas. Quando me aproximo do fim de um projeto, começo a pensar no próximo e me empolgo tanto que às vezes já avanço de uma vez.
10. Em geral, evito conversas e confrontos difíceis.
11. Quando as pessoas com quem me importo passam por dificuldade, eu as ajudo a ver o lado bom da situação.
12. Há quem pense que sou cheio de certeza em relação a mim mesmo, mas, na verdade, tenho muitas dúvidas.
13. Sou popular e tenho muitos amigos.
14. Quando as pessoas ficam sérias por tempo demais, normalmente encontro uma maneira de fazê-las relaxar.
15. Não gosto de encerrar relacionamentos, então costumo esperar que a outra pessoa termine comigo.
16. Eu me entedio com a rotina e sempre tento fazer coisas novas.
17. Quase tudo pode ser mais divertido e interessante com um pouco de esforço.
18. Acho que as pessoas se preocupam mais do que deveriam.
19. A vida é melhor do que as pessoas pensam.
20. Não gosto quando as pessoas esperam que eu me comporte de determinada maneira.

11

O Entusiasta

Pense apenas em coisas felizes.
Assim, seu coração ganhará asas para voar!

PETER PAN

O **Sete saudável** sabe que "menos é mais". Tem consciência de quanta energia investiu em fabricar *alegria*, mas sabe que *felicidade* é um dom ou uma graça que não se pode obter, apenas receber. Esse Sete aceitou todo o leque de emoções humanas e está sempre desenvolvendo a habilidade de aceitar a vida como ela é, em vez de esperar que fosse à sua maneira. Consegue incorporar dor e decepção à vida, em vez de meramente evitá-las. Quando o Entusiasta se encontra em um espaço saudável, ele não somente se mostra divertido e aventureiro, como também se revela prático, resiliente e espiritualmente sadio.

O **Sete regular** reestrutura tudo o que é triste, limitador ou que poderia ser considerado um fracasso, mudando a narrativa de tal modo que até os acontecimentos mais negativos são reconfigurados de maneira afirmadora. Encontra a maior parte de sua felicidade na *antecipação* e boa parcela da tristeza na realidade de que suas expectativas quase nunca se realizam. Esse tipo de

Sete entretém as pessoas para se sentir seguro e garantir seu lugar no grupo. Embora seja muito popular, acha desafiador estabelecer compromissos e tem grande dificuldade em concluir projetos; em geral, pula de uma coisa para outra.

O **Sete problemático** considera a si mesmo e seu ambiente inadequados, lamentando a própria sina e muitas vezes crendo que foi injustiçado. Tenta evitar a dor a qualquer preço, o que o leva a comportamentos irresponsáveis e à busca de gratificação imediata. Com frequência, esse Sete é negligente: arrisca mais do que pode perder e se mostra mais propenso a vícios do que qualquer outro número.

Certo sábado, Anne perguntou se eu poderia ir ao Whole Foods, uma rede de supermercados conhecida por seus produtos naturais e orgânicos, para comprar alguns ingredientes para o jantar e levar comigo nosso filho Aidan, que tinha 8 anos na época. Não sou pão-duro, mas fazer compras no Whole Foods faz tanto sentido financeiro para mim quanto comprar equipamentos de jardinagem em uma joalheria. Minha esposa é radical com saúde e sua insistência para que nossos filhos só comam alimentos sem pesticidas é motivo de conflito entre nós há muito tempo. E não adiantava. Todas as manhãs, por quinze anos, eu coloquei um pacote de Cheetos escondido na mochila deles para que pudessem ter algum traço de infância comum. Ela ainda não faz ideia de por que eles gostavam mais de mim. A despeito da minha frustração, porém, fui para o Whole Foods com Aidan.

A primeira coisa que se vê ao entrar em um supermercado da rede Whole Foods é a banca de maçãs — uma pirâmide gigante e perfeita de maçãs *fuji* e gala. É algo tão imponente e artisticamente organizado que dá até para pensar que chamaram o escultor Andy Goldsworthy para realizar o projeto. Como qualquer menino, a primeira coisa que Aidan fez naquele dia foi se dirigir diretamente à pirâmide.

— Não toque nessas maçãs! — ordenei em alta voz.

Assustado, Aidan deu um sobressalto e se afastou da banca de maçãs; então, eu me virei para continuar minha busca por leite de amêndoas. Menos de cinco segundos depois, ouvi um som surdo abafado, quase como o barulho de uma bola de tênis caindo na parte de cima de uma barraca de acampar, seguido por mais sons de mesma natureza. Ouvi o suspiro coletivo dos outros clientes, misturado ao estrondo daquilo que agora nossa família chama de a Maçãlanche de 2006. Quando olhei em volta, encontrei Aidan de quatro no chão, desesperado, tentando pegar as frutas rolantes como se achasse que teria tempo de recolher e reempilhar todas elas antes que eu descobrisse sua travessura.

Aidan me olhou aterrorizado quando percebeu que eu caminhava em sua direção com o semblante de Jonathan Edwards em seu sermão "Pecadores nas mãos de um Deus irado". Mas então, como se tivesse sido tomado por uma ideia brilhante de última hora para deter sua execução iminente, deu um largo sorriso, levantou-se e... começou a dançar.

Quando digo dançar, estou falando no estilo de James Brown, em sua apresentação ao vivo no teatro Apollo em 1962. Pego de calças curtas, eu o observei fazer a famosa dança de John Travolta no filme *Pulp Fiction*, com aquele sinal de paz passando pelos olhos. Onde é que um garoto de 8 anos aprende isso? Poucas coisas dissolvem a fúria de um pai como a visão de um garotinho risonho vestindo uma camiseta com os dizeres "A vida é boa" e dançando sobre uma camada de maçãs. Deus sabe que eu tentei, mas não consegui deixar de rir junto com todo mundo que estava no corredor. O garoto empinava o bumbunzinho e se balançava. Como é que se repreende uma criança assim? Pela enésima vez em sua breve vida, Aidan havia conseguido transformar crime em comédia.

Agora, no primeiro ano da faculdade, ele faz os passos de dança do Michael Jackson toda vez que passamos em frente à banca de maçãs do Whole Foods, lembrando-me de como conseguiu escapar da morte certa naquela dia. Sim, isso ainda me faz rir. Aidan é um típico Sete.

O PECADO CAPITAL DO TIPO SETE

Eu adoraria ser Sete. Quando saudável, esse número é meu favorito no Eneagrama.

O Sete é a personificação da alegria e de um amor sem limites pela própria existência. Na maioria das manhãs, ele mergulha na vida como uma criança que acabou de descobrir que está nevando lá fora. Ao mesmo tempo, não sou ingênuo. Como Aidan e muitos dos meus amigos próximos são tipo Sete, conheço muito bem seu lado obscuro. Assim como acontece com todos os tipos do Eneagrama, o melhor em sua personalidade também é o pior. Seu dom é igualmente sua maldição.

É só arranhar a tinta brilhante que cobre a superfície do Sete que você encontrará por baixo a necessidade de evitar a dor. Não dá para exagerar ao dizer isto: o Sete não quer sentir emoções desagradáveis, sobretudo aquele redemoinho de medo e vazio que ele vê se formar em seu íntimo. Ninguém gosta de se sentir assustado, triste, entediado, nervoso, decepcionado ou frustrado. Para o Sete, porém, emoções como essas são intoleráveis.

Tive certeza de que eu era tipo Sete quando descobri que a *glutonaria* é o pecado capital desse número. Passe uma semana na Itália comigo e você descobrirá porque identifiquei meu tipo incorretamente. Para o Sete, porém, o pecado da glutonaria não diz respeito a gostar demais de *pennete al salmone*, mas sim à necessidade compulsiva de devorar experiências positivas, ideias estimulantes e boas coisas materiais a fim de reprimir o sofrimento, as memórias dolorosas e o sentimento de privação crônica.

O Sete necessita de estímulos. Pergunte a um Entusiasta quanto é o suficiente e a resposta será: "Só um pouquinho mais".

**FAMOSOS
TIPO SETE**
Robin Williams
Wolfgang Amadeus
Mozart
Stephen Colbert

E esse é o problema: nunca há o bastante, pelo menos não para satisfazer o apetite voraz de um Sete. O psiquiatra e autor Gabor Maté compara os viciados a "fantasmas famintos", criaturas possuídas, com "pescoço esquelético, boca pequena, membros emaciados e uma grande barriga inchada e vazia".[1] A aparência é aterrorizante, mas trata-se de uma descrição correta do dilema do Sete. Como um "fantasma faminto", ele lida com seu tumulto interior se entupindo de ideias interessantes, adquirindo bens materiais refinados, lotando seu calendário com atividades e aventuras, fantasiando sobre um futuro cheio de possibilidades empolgantes e planejando sua próxima grande empreitada.

De acordo com o Eneagrama, o contrário de glutonaria é sobriedade. Para o Sete, sobriedade não significa parar de beber, mas sim diminuir o ritmo, viver o presente, exercitar o domínio próprio, colocar rédeas em sua mente inquieta e assumir responsabilidade pelos deveres da vida cotidiana. Você sabe, todas aquelas coisas comuns que cidadãos como nós precisam fazer.

Todos temos maneiras de nos defender da dor. O Sete faz isso mantendo as coisas positivas e cheias de vida. A pergunta que ele se faz o tempo inteiro é: "Como posso acrescentar o máximo possível de experiências prazerosas a este momento?". Sua fonte de satisfação nunca se encontra nele próprio ou no presente; sempre é algo externo e no futuro distante. Sempre existe algo que ele não experimentou, algo mais a fazer, uma nova conquista a planejar. Todos esses comportamentos cheios de empolgação são a forma que o Sete usa para desviar atenção das perdas e ansiedades não reconhecidas e desintegradas que o assombram. A maioria das pessoas sabe que é impossível evitar indefinidamente os sentimentos e as verdades desagradáveis, mas o Sete não. Ele crê que pode se esquivar deles para sempre. Como Richard Rohr diz: "O Sete tenta imaginar uma vida sem a Sexta-Feira da Paixão, na qual seja Páscoa o tempo inteiro".[2]

É difícil compreender isto, mas o Sete tem tanto medo quanto o Cinco e o Seis. A diferença está no modo como eles se defendem desse sentimento: o Cinco espanta o medo com conhecimento; o Seis, com pessimismo; e o Sete, com otimismo inesgotável.

> "Vamos sair em meio à noite e ir em busca daquela tentadora fugaz, a aventura."
>
> **J. K. ROWLING**

Se você me desse apenas três minutos para descrever a estratégia de sobrevivência do Sete, eu apenas cantaria alguns versos da música "I Whistle a Happy Tune" [Assobio uma melodia feliz], do musical *O Rei e Eu*:

Sempre que sinto medo
Ergo bem alto a cabeça
Assobio uma melodia feliz
E ninguém suspeita de meus temores.[3]

Assim é a vida do Sete, cuja determinação em negar entrada aos sentimentos negativos acaba lhe custando seu eu mais autêntico. Ele engana a si próprio também — e quantidade nenhuma de experiências novas e aventuras empolgantes é capaz de preencher esse vazio.

TUDO SOBRE O TIPO SETE (OU O ENTUSIASTA)

Viver pensando no amanhã e se cegar para os sofrimentos dolorosos e inevitáveis de hoje pode parecer uma excelente forma de passar pela vida, e sem dúvida há ocasiões em que o otimismo infatigável do Sete é um dom. Há momentos, porém, em que tal comportamento cria problemas para o Sete e para as pessoas que o amam.

O Sete deseja evitar a dor. Ele acredita que pode usar o *pensamento* para fugir da dor. Certa vez, pedi à minha amiga Juliette que descrevesse como era sua vida de Sete. Entre outras coisas, ela compartilhou como lida com as emoções negativas por meio da intelectualização. "Para mim, é mais fácil lidar com preocupação ou estresse, pois posso trabalhar com eles na mente", conta. "Emoções como decepção, luto ou tristeza são bem mais difíceis, pois preciso realmente senti-las."

Quando perguntei a Juliette se ela já havia procurado um terapeuta, ela riu e disse: "Sim, mas toda vez que um conselheiro consegue chegar perto demais de um tema doloroso, eu instantaneamente conto uma piada ou uma história engraçada sobre algo que as crianças fizeram naquela semana. Faço isso para desviar o assunto de minhas emoções negativas". O Sete faz tudo e mais um pouco para evitar a dor e a introspecção. Isso torna maior para o Sete do que para a maioria dos outros tipos o desafio da consciência acerca de quem se é, tão necessária para o crescimento.

Mas as maneiras que o Sete usa para evitar a dor são tão divertidas! Se minha experiência com Aidan no supermercado ensina alguma lição, é que o charme é uma das primeiras estratégias de defesa para o Sete. Pais, professores e técnicos irritados acham praticamente impossível disciplinar o Sete travesso. Ele consegue se safar de quase tudo.

Quando as situações se tornam muito intensas ou perturbadoras na esfera emocional, os indivíduos do tipo Sete sentem o ímpeto irreprimível de alegrar um pouco as coisas. São eles que conseguem inserir uma piada que arranca risadas no meio de um discurso fúnebre, riem incontrolavelmente durante a cena triste de um filme ou fingem um caso grave de soluço para distrair os colegas enquanto o patrão está anunciando cortes obrigatórios. Embora as escolhas que o Sete faça para lidar com a ansiedade ou os sentimentos desagradáveis o torne popular por ser o palhaço da turma, ele não parece conseguir estabelecer a conexão entre seu comportamento imaturo e o fato de as pessoas dizerem que lhe falta profundidade intelectual e emocional. Se o Sete adulto nunca fizer o próprio trabalho, ganhará a reputação de não conseguir nadar fora da parte rasa da piscina.

A última coisa que eu gostaria é de um mundo sem gente tipo Sete. Eles são seres humanos maravilhosos, sobretudo quando aprendem a encarar o fato de que a vida consiste tanto em momentos de agonia quanto de êxtase. O problema é que muitos se contentam em ser Peter Pan: nunca querem crescer.

O Sete é vulnerável a vícios. Eu participo de reuniões dos Alcoólicos Anônimos várias manhãs por semana. Não é comum, em outros contextos, ver tantos Setes reunidos ao mesmo tempo. Nem todo Sete se torna viciado, mas sua impulsividade e sua dificuldade em adiar a gratificação, combinadas ao desejo de fugir de emoções aflitivas a todo custo, o tornam mais propenso a vícios do que qualquer outro número do Eneagrama. Para que sofrer uma enchente de emoções terríveis e assustadoras quando meia garrafa de vinho, algumas horas em um *site* pornográfico, um bocado de pílulas opioides, um jogo de azar, meio quilo de sorvete ou uma maratona de compras são uma fonte rápida de alívio para a dor?

"Não sou alcoólatra, mas certo dia percebi que, toda vez que vou a uma festa, acabo tomando três taças de vinho para colocar uma camada protetora entre mim e a pessoa bisonha que quer me arrastar para uma conversa sobre algum assunto deprimente", Juliette me contou. "Para falar a verdade, não gosto de nada nem de ninguém que me deixe para baixo."

Na minha opinião, o Sete é particularmente vulnerável ao vício em pornografia. Pense nisto: dá para aproveitar a empolgação erótica que entorpece os sentimentos negativos, com o bônus de que você pode se enganar na crença de estar tendo uma experiência íntima com outra pessoa sem precisar se abrir e se comprometer — algo que o Sete hesita em fazer. Jogos de azar também são uma tentação particular para o Sete, cujo otimismo natural o convence de que ele será o vencedor ou de que sua sorte está prestes a mudar. Os jogos de azar contêm todos os elementos que o Sete acha atraentes, como possibilidades excitantes e boa sorte futura; então, é fácil demais para ele ser arrastado. Como eu disse, nem todo Sete se torna viciado, mas é preciso vigiar.

O Sete é mestre na arte da distorção. O Sete é especialista no que se costuma chamar de "dourar a pílula". Em um piscar de olhos, ele pode pegar uma situação ruim e colocá-la sob uma luz positiva, a fim de evitar sentir a dor que você e eu vivenciaríamos se o mesmo nos acontecesse. Esse mecanismo de defesa é inconsciente, instantâneo e impressionante.

Em certa época, meu amigo Bob era um dos mais procurados produtores de videoclipes musicais do mundo. Depois de um tempo, ele ficou tão entediado e enojado por dirigir filmes de quatro minutos com mulheres seminuas dançando ao som de música detestável que se prometeu nunca mais dirigir um clipe.

Recentemente, enquanto almoçávamos, Bob me contou que, alguns meses antes, havia descumprido seu voto e concordado em filmar o clipe de um grande cantor de música *country* porque "era dinheiro demais para não aceitar". Naquela manhã, o agente do artista havia ligado para dizer que estavam decepcionados com o material e contratariam outro diretor para fazer o clipe.

"Sinceramente, acho que isso é uma bênção", explicou. "Vejo como uma confirmação divina de que devo continuar afastado da produção de videoclipes e continuar em minha nova carreira."

Bob e eu somos amigos há bastante tempo e ele é bem versado no Eneagrama. Então, perguntei se aquela reação ao telefonema não era apenas um exemplo típico de um Sete colocando purpurina em cima de uma nuvem negra. Ele fez rodeios sobre minha pergunta, até que finalmente cedeu e comentou rindo:

— Eu sempre tenho o bolso cheio de purpurina.

— Você precisa dar um jeito de sentir as emoções que surgiram da perda dessa oportunidade de trabalho — disse eu.

— Vou *pensar* — afirmou, sabendo que era a resposta perfeita para alguém que pertence à Tríade da Cabeça.

(Só para constar, a nova carreira de Bob envolve se pendurar da porta de um helicóptero e fazer filmagens aéreas de leões correndo pelo Serengeti. Ele vende os filmes para agências de turismo de aventura que os usam como vídeos promocionais em seus *sites*. Eu sei, é mais que perfeito!)

Observe e surpreenda-se ao ver um Sete começar a racionalizar. Se você chamar a atenção dele por ter agido de maneira egoísta ou ter demonstrado uma atitude ruim, ou se o advertir para que não tome uma decisão nada inteligente, ele se esconderá por trás de uma barricada e defenderá até a morte a racionalidade de sua posição. Ele lhe apresentará um milhão de bons motivos para fazer o que ele quer, sem se importar com o preço que a escolha cobrará dele ou dos outros. A ladainha de justificativas não passa de uma estratégia para não se sentir culpado por ser egoísta, ou imbecil por tomar uma decisão nada sábia.

Por ser esperto e aprender rápido, o Sete pode desenvolver um senso exagerado de seu talento, de sua inteligência e de suas conquistas, tornando-se arrogante. Ele ama debater ideias; é tão articulado e rápido nos argumentos que raramente perde uma batalha verbal, mesmo quando conhece menos sobre o assunto do que seu oponente. Pode sofrer com um sério complexo de superioridade.

O Sete é um escapologista do gabarito de David Blaine. Sempre precisa de uma comporta de escape ou plano B, e os terá caso a vida se torne assustadora, entediante ou desconfortável. Certo dia, enquanto estávamos a caminho do cinema, Bob e eu passamos por uma galeria de arte onde havia pessoas reunidas para a inauguração de uma mostra fotográfica. "Perfeito!", disse ele. "Se o filme não prestar, podemos sair de fininho e vir para este lugar." É impressionante! Mesmo.

O Sete não quer se sentir preso. Ele necessita de flexibilidade e evita fazer compromissos de longo prazo que restrinjam suas opções. Anne e eu dizemos com frequência que lamentamos o fato de não termos conhecido o Eneagrama quando nossos filhos eram crianças. No quinto ano, Aidan parecia promissor como baterista, mas se esquivava toda vez que sugeríamos que ele entrasse para a banda da escola.

> "Nunca é tarde demais para ter uma infância feliz."
>
> TOM ROBINS

Assumir o compromisso de participar do ensaio da banda duas vezes por semana após as aulas lhe parecia mais uma espécie de encarceramento voluntário do que diversão. Depois de um tempo, Anne e eu conseguimos convencê-lo a tentar participar da banda apenas uma vez. Sua resposta foi previsível. "Eu odiei", resmungou. "O diretor disse que eu precisava me limitar a tocar as notas da página, como todos os outros. Eu gosto é de *improvisar!*"

Por experiência, posso lhe garantir que não querer tocar só as notas que estão na página é o padrão de muitas pessoas tipo Sete. Helen Palmer as chama de Epicuros, porque se deleitam com todas as melhores possibilidades da vida.[4] Se você não acredita em mim, leve um Sete para jantar. Em geral, ele é a primeira pessoa a sentir o cheiro do menu especial. "Uau, sentiu o aroma desse *curry*?", ele se delicia, com uma expressão eufórica no rosto.

Se você quer ver um Sete se esbaldar, leve-o a um restaurante com *buffet* livre. Ele vai encher o prato porque não consegue suportar a ideia de não provar um pouquinho de cada coisa! Se você o levar a um restaurante ao qual ele já foi antes, sem dúvida ele não repetirá o pedido, mesmo que tenha amado. Que tipo de pessoa se contenta com a mesma refeição quando pode provar algo diferente e empolgante?

O Sete vive à espera da próxima aventura. O Sete sabe exatamente o que Andy Warhol queria dizer com a frase "A ideia de esperar por algo o torna ainda mais empolgante". Aquele que busca o prazer também saboreia a expectativa. Para ele, a melhor parte de uma refeição, festa ou viagem não é quando chega; o que mais o anima é a empolgação da expectativa que conduz ao evento. É por isso que, às vezes, o Sete se sente um pouco decepcionado quando se vê diante do prato principal, quando os convidados de sua festa chegam ou quando está debaixo da torre Eiffel. A realidade nunca consegue alcançar suas expectativas. O prazer está na espera, não na saciedade. (Sim, eu que inventei essa máxima. Pode usar à vontade.)

O Entusiasta garante que sempre haja algo a fazer para que um sentimento adverso não encontre um buraquinho por onde entrar em sua agenda. "Identifico que estou ansiosa se não paro de olhar para o calendário para ver o que está para acontecer", minha amiga Juliette me confessou.

Aidan passou seu penúltimo ano do Ensino Médio fazendo estudos clássicos na Itália. Algumas semanas antes de voltar para casa, ele ligou para nos contar sobre um programa de verão com o mesmo tema, que seria oferecido em Oxford. "Vai ser ótimo para quando eu me inscrever para as faculdades", alegou ele. "E, além de tudo, os voos da Itália para a Inglaterra estão bem baratos agora." Eu sabia exatamente o que meu campeão em racionalizar estava fazendo. Em vez de se entristecer por ter de se despedir dos amigos e enfrentar a perspectiva de voltar para casa e participar de seu décimo e último acampamento de verão, ele havia mergulhado no computador e vasculhado a Internet em busca de mais uma aventura.

Infelizmente, o Sete tem muita dificuldade em permanecer no presente porque nunca aprecia plenamente as aventuras que está vivendo, pois está sempre pensando na próxima e fazendo planos.

O SETE QUANDO CRIANÇA

Em geral, o Sete descreve a infância como uma fase cheia de balanços na árvore, tardes preguiçosas de verão pescando com o tio, dias de inverno construindo fortes na neve e dormindo fora em acampamentos. Sério? Não é tão fácil assim para ninguém.

Se você conseguir fazer o Sete se abrir acerca da própria infância, ele descreverá os momentos em que se sentiu abandonado ou sem apoio porque a situação era avassaladora demais — a noite em que mamãe e papai anunciaram que não viveriam mais juntos, a doença grave do irmão que desviou a atenção da mãe ao longo de anos, a mudança de última hora que aconteceu tão depressa que ele mal teve tempo de se despedir dos amigos, ou a perda de alguém cuja morte mais pareceu um abandono.

Em seus anos formativos, o Sete ouviu a mensagem prejudicial: "Você está por conta própria. Ninguém está aqui para apoiá-lo ou tomar conta de você". Em resposta, ele argumentou: "Se ninguém mais está aqui para isso, eu mesmo faço". Mas enquanto o Cinco lida com a mesma crise reduzindo sua necessidade de depender de alguém, e o Seis a resolve tentando prever cada desastre possível, a estratégia do jovem Sete envolve criar em sua mente uma Terra do Nunca livre de qualquer dor, na qual pode se esconder e pensar em coisas felizes até que o sofrimento se dissolva.

A despeito dos fatores subjacentes, quando criança o Sete adota a estratégia de se refugiar na mente para planejar aventuras, ter ideias cativantes e imaginar uma vida na qual o céu é o limite, tudo isso com o intuito de dissipar emoções assustadoras que ele teme estarem além do que pode suportar. Esse tipo de criança não apenas se diverte com o Peter Pan; assim como o personagem, acredita de verdade na mágica. Vive cenas imaginárias no quarto, no quintal e no banco de trás do carro. Fica feliz por brincar com os outros, mas se contenta quando está sozinho.

A curiosidade define o Sete. Isso é parte do dom que ele é para si mesmo e para o mundo. No entanto, a curiosidade sem limites também faz parte do problema. Regras são necessárias, mas crianças do tipo Sete as consideram insuportavelmente limitadoras. A grama sempre é um pouquinho mais verde do outro lado da cerca. Quando restringidas por limites de qualquer tipo, refugiam-se na mente, onde usam a imaginação para proporcionar todo o entretenimento de que necessitam até que as restrições terminem.

Crianças do tipo Sete não são tão voltadas para conquistas, mas sim para experiências. Elas gostam da parte divertida dos escoteiros, mas não se interessam muito em conquistar medalhas ou avançar rumo a um objetivo. Isso não quer dizer que sejam preguiçosas. Longe disso! Estão sempre em movimento. São as crianças que querem ficar mais e brincar por mais tempo. Dia após dia em seu mundo, dispõem de energia ilimitada e parecem nunca ter vontade de parar.

Emocionalmente, o pequeno Sete já aprende a arte de negar os sentimentos tristes. Para essas crianças, sentir-se bem em vez de mal parece uma escolha; por isso, ficam confusas com a tristeza dos outros. Elas se afastam do que é negativo para o que houver de positivo, mesmo que isso signifique reestruturar suas experiências a fim de criar uma narrativa mais feliz. O Sete aprende a ficar longe do medo e da dor no início da infância e carrega essa estratégia consigo para a vida adulta.

O SETE NOS RELACIONAMENTOS

Nunca há um momento de tédio com o Sete. Mais que qualquer outro tipo, ele precisa de espontaneidade. Ou está planejando a próxima grande aventura e falando sobre ela, ou convidando você a participar. Seja uma noite com uma refeição exótica em um novo restaurante étnico, um dia saltando nu de paraquedas, uma palestra sobre arte cubista no museu, uma apresentação de ópera ou uma viagem de última hora, o Sete sempre é o primeiro a gritar: "O banco da frente é meu!" e a sair correndo até o carro. Se você não está pronto para ir a algum lugar de última hora, é bem provável que seu relacionamento com o Sete não dure.

O Sete não quer se envolver em relacionamentos que o confinem. É o clássico indivíduo com fobia de compromisso. Para ele, "preso" e "compromisso" parecem e soam a mesma coisa. Conforme Helen Palmer observa, o Sete, por valorizar a independência acima de tudo, precisa ser levado a crer que o compromisso no relacionamento é ideia dele, não algo que lhe é imposto. No longo prazo, alguns têm dificuldade em permanecer com o mesmo cônjuge enquanto atravessam as agruras da vida.[5]

Se você está ou já esteve em um relacionamento com alguém do tipo Sete, sabe o companheiro maravilhoso que ele é. Como seu estilo de comunicação é *contação de histórias*, o Entusiasta consegue manter um grupo na pontinha da cadeira enquanto encena com toda empolgação algo que lhe aconteceu. O Sete sempre está interessado no que você tem para contar. Quer conhecer sua história de vida e atrair você ao empolgante mundo dele. Às vezes, porém, esse fascínio com sua vida é mais um sintoma de glutonaria do que sinal de interesse genuíno. A despeito disso, seu relacionamento com o Sete precisará continuar evoluindo ao longo do tempo; caso contrário, ele começará a procurar a porta dos fundos.

O medo dos sentimentos ruins que surgem em situações de conflito desencadeiam negação no Sete. Talvez você precise pôr uma melancia no pescoço para chamar a atenção do Sete e fazê-lo admitir que alguma coisa não está dando certo. O momento crucial acontece quando ele não consegue protelar a decisão quanto a assumir ou não um compromisso de longo prazo com você.

O fim de um relacionamento com um tipo Sete pode ser muito difícil. É complicado escapar da tristeza associada a um término ou reprimi-la. Mas alguns indivíduos desse tipo já me contaram que conseguem terminar relacionamentos quase sem experimentar sentimento negativo. E seus amigos ratificam isso. Essa repressão das emoções pode fazer o Sete parecer insensível ou sem empatia.

O Sete sempre quer manter suas opções em aberto. É o tipo de pessoa que diz que confirma depois se você o chamar para jantar na sexta à noite. Afinal, e se alguém o chamar para fazer algo mais empolgante entre hoje e sexta-feira?

Não é incomum ouvir os amigos do Sete dizerem que se sentiram abandonados por ele em uma ocasião ou mais. Ele tende a assumir compromissos sociais em excesso, já que abomina o vácuo e sente a ameaça do tédio diante de um calendário vazio. Às vezes, seus relacionamentos bem estabelecidos são a última prioridade, enquanto corre atrás de novos amigos e experiências divertidas.

Sem perceber, as pessoas confiam que o Sete providenciará uma bela porção de entusiasmo contagiante para toda atividade que forem fazer juntos. Percebemos isso em uma viagem recente da família à Itália. Toda manhã, nós nos juntávamos durante o café a fim de planejar as atividades do dia. Em uma ocasião, Aidan disse que queria andar de gôndola pelo rio Arno, mas o restante votou em fazer a famosa subida ao domo da igreja principal da cidade. Assim como todo Sete, Aidan às vezes fica genioso quando os outros acabam com seus planos, mas, nesse dia, ele deu de ombros e concordou em ir junto.

São 463 degraus bem íngremes até o topo da catedral. Se Aidan estivesse com seu humor exuberante costumeiro, a subida teria sido uma maravilha. Ao longo de todo o caminho, ele contaria piadas ou correria à frente, gritando para que nos apressássemos. Naquele dia, porém, Aidan estava mais para mingau de aveia do que para sorvete. Não estava emburrado nem se vingando de nós. Mas o que escolhemos fazer simplesmente diminuiu o nível da chama de seu entusiasmo. Subir ao domo sem o benefício do entusiasmo característico de Aidan foi como escalar o Everest sem oxigênio.

Meus filhos são bem versados no Eneagrama; então, durante o jantar daquela noite, conversamos sobre como nossa família havia passado a depender de Aidan para encher nossas atividades com seu espírito efervescente. Nós lhe garantimos que ele não precisava mais fazer o papel de bobo da corte. Mas aprendemos a lição. Na manhã seguinte, se ele anunciasse que queria desentortar a torre de Pisa, nós concordaríamos em ajudar, contanto que ele estivesse empolgado. Sabemos agora que o sol não brilha quando Aidan não está conosco.

O Sete prefere comer vidro a sofrer de tédio. Quando, na superfície, fica hiperativo e conversa muito, sua mente corre mais que de costume e seu temperamento fica ruim. Lembro-me com frequência de um amigo que tem dois meninos que enlouquecem quando não têm nada para fazer e começam a correr em círculos pela casa como cavalos de corrida que tomaram anfetamina. Para interromper o circuito, meu amigo precisa pegá-los, fazê-los respirar fundo dez vezes e repetir a frase: "Esteja aqui agora". De maneira semelhante, quando o Sete adulto começa a correr freneticamente de um lado para outro ou a pular de um projeto para outro sem terminar nada, precisa de amigos ou de um cônjuge que o façam parar e digam: "Esteja presente".

O Sete é fascinado pela vida de outras pessoas e, contrariando a intuição, sente-se atraído por gente sofrida. É como se soubesse institivamente que tais indivíduos apresentam a profundidade emocional pela qual ele tanto anseia, mas que não consegue desenvolver. Também pode ser por não querer encarar o fato de que o sofrimento seja a única porta de entrada para uma vida mais profunda.

Para deixar claro, o Sete consegue entrar em espaços emocionais sombrios, mas só permanece ali o tempo necessário antes de conseguir escapar. Muitas pessoas do tipo Sete protestam quando alguém descreve sua necessidade de evitar a dor. "Estou sempre ouvindo trilhas sonoras melancólicas, passo tempo sozinho e penso sobre a vida", objeta. É verdade. De tempos em tempos, o Sete escolhe colocar a ponta dos pés nas águas da tristeza, mas é sempre de acordo com os próprios termos e sob seu controle.

O SETE NO TRABALHO

O Sete faria de tudo pela oportunidade de assumir o emprego de Anthony Bourdain como apresentador do programa de viagens e gastronomia *Parts Unknown* [Partes desconhecidas]. Percorrer o planeta explorando novas culturas, conhecendo pessoas fascinantes, comendo refeições exóticas, sem jamais saber o que o espera na próxima esquina — melhor impossível! Empregos como esse não aparecem com frequência, mas o Sete gosta de trabalhar em ambientes igualmente criativos, de ritmo rápido, que lhe dê independência, atividades variadas e flexibilidade.

O Sete é sonhador e cheio de iniciativa. Entregue-lhe um pincel e um quadro branco e saia do caminho. Sua capacidade de sintetizar informações das mais diversas, detectar padrões imprevistos e ligar os pontos dentro de um corpo complexo de conhecimento, notando onde os sistemas se intersectam, faz dele um excelente gerador de ideias. Acrescente a isso a aguda capacidade de análise e de visão do futuro ideal da organização e você encontrará alguém que injeta adrenalina nas equipes e dá uma contribuição inestimável ao avanço da missão de qualquer entidade.

O Sete arrasa no que diz respeito a trabalhar em projetos de curto prazo ou alavancar empresas iniciantes. Seu otimismo, sua criatividade e sua energia fazem as coisas acontecerem rapidamente. Mas saiba de antemão: o Sete não é gerente nem mantenedor, então você precisa encontrar outra pessoa para supervisionar a fase de execução enquanto o libera para uma nova iniciativa. Além disso, o Sete trabalha muito bem em equipe. Amigável e popular, acrescenta diversidade e a tão necessária espontaneidade ao ambiente de trabalho.

O Sete não gosta que lhe digam o que deve fazer; por isso, para ele, trabalhar com um líder controlador que imponha muitos limites raramente dá certo. Às vezes, manipula figuras de autoridade com seu charme e carisma, mas essa não é uma situação sustentável no longo prazo. O Sete se sai melhor sob condições que ofereçam tanto firmeza quanto flexibilidade. Sim, ele precisa prestar contas e mostrar que está se mantendo nos trilhos, mas é melhor dar uma coleira longa ao Sete, uma função multifacetada e incentivo para que se mantenha no rumo desejado. O Sete pode se tornar um excelente líder, contanto que não precise carregar o peso de muitas responsabilidades. Em geral, tem dificuldade em tomar decisões profissionais. Afinal, dizer "sim" para uma coisa significa dizer "não" para outra, e isso implica reduzir as opções.

ASAS

Sete com asa Seis (7a6). Esse Sete é mais estável que os outros. Alimentado pela consciência escrupulosa do Seis, dedica mais tempo tanto a projetos quanto a pessoas antes de passar para a próxima novidade. É sensível e um pouco mais ansioso, mas usa o charme com sucesso para desarmar os outros. Quando se compromete com um relacionamento, tem boas chances de permanecer conectado e se esforçar para resolver os desafios que surgirem. Esse Sete é cumpridor de seus deveres e leal à família e aos amigos. É engraçado, alegre e aceita os outros.

Sete com asa Oito (7a8). O 7a8 é competitivo, ousado e agressivo. Refletindo a bravata característica do Oito, é convincente e assertivo em relação às próprias ideias e agendas e, em geral, consegue as coisas do jeito que quer. Ainda assim, é brincalhão e se interessa mais por diversão do que por poder. Esse Sete se entedia com facilidade, por isso, com frequência, começa as coisas, mas não as termina. Gosta de estar em relacionamentos, contanto que consiga contribuir para a felicidade do outro. Viver em um relacionamento infeliz é muito frustrante para esse Sete, no entanto os términos são devastadores para ele.

ESTRESSE E SEGURANÇA

Estresse. Quando está estressado, o Sete pode adotar os comportamentos problemáticos e perfeccionistas do Um. Ele se torna pessimista, julgador e argumentador. Começa a culpar os outros por seus problemas e cai em um padrão de pensamento dicotômico.

Segurança. Quando o Sete se sente seguro, pode começar a se comportar como o Cinco saudável. Para de consumir e começa a contribuir, sente-se confortável com o silêncio e a solidão, torna-se mais sério e passa a refletir no sentido e no propósito da própria vida. Ao ocupar o lado positivo do Um, ele explora as coisas em um nível bem mais profundo que os outros indivíduos de seu tipo e é capaz de nomear e enfrentar seus temores. O Sete conectado ao lado positivo do Cinco é capaz de experimentar satisfação no sentido mais verdadeiro da palavra.

TRANSFORMAÇÃO ESPIRITUAL

O que faríamos sem as pessoas tipo Sete? Elas trazem tanta alegria para nossa vida! Quem mais consegue despertar nossa empolgação infantil, nos livrar de nos levar a sério demais e nos ajudar a apreciar o milagre da vida como o Sete?

Mas eis a verdade dura: a dor é inevitável. No caminho da transformação espiritual, o Sete precisa aprender a aceitar e a direcionar seu sofrimento, em vez de fugir dele.

Como Michel de Montaigne disse certa vez: "Aquele que teme o que sofrerá já sofre o que teme".[6] Em outras palavras, as estratégias do Sete para evitar a dor criam mais sofrimento. Até aprender isso, o Sete é como um viciado que não para de aumentar a dose de ideias fascinantes, experiências novas e sentimentos agradáveis fabricados por ele mesmo a fim de reprimir aqueles que deseja manter fora da consciência. Chegou a hora de o Sete parar de consumir e começar a contribuir. Verdadeira felicidade e satisfação não podem ser tomadas à força ou forjadas sempre que necessitamos delas; são o resultado de uma vida focada e produtiva que oferece algo ao mundo. Como Thomas Merton escreveu: "Em um mundo de tensão e rupturas, é necessário haver aqueles que buscam integrar sua vida interior não evitando a angústia e fugindo dos problemas, mas sim enfrentando-os em sua realidade crua e em sua trivialidade".[7]

A mensagem de cura que o Sete precisa ouvir e na qual deve acreditar é: *Deus cuidará de você*. Eu sei, é mais fácil falar do que fazer. É preciso coragem, determinação, honestidade, apoio de um conselheiro ou diretor espiritual e suporte de amigos compreensivos para ajudar o Sete a confrontar lembranças dolorosas e ajudá-lo a permanecer no presente quando sentimentos aflitivos surgem. Se o Sete cooperar com o processo, seu coração se aprofundará e ele se tornará uma pessoa verdadeiramente integrada.

DEZ CAMINHOS DE TRANSFORMAÇÃO PARA O SETE

1. Pratique o comedimento e a moderação. Saia do círculo vicioso de achar que mais é sempre melhor.

2. Você sofre da "mentalidade de macaco", pulando de galho em galho. Desenvolva a prática diária da meditação para se libertar da tendência de pular de uma ideia, tópico ou projeto para o outro.

3. Desenvolva e pratique regularmente a disciplina espiritual da solitude.

4. Reflita em seu passado sem recuar e faça uma lista das pessoas que o magoaram, ou que você magoou. Então, perdoe-as e perdoe a si próprio. Faça as pazes quando necessário.

5. Dê um tapinha em suas costas sempre que se permitir sentir emoções negativas — como ansiedade, tristeza, frustração, inveja ou decepção —, sem sair correndo para fugir delas. É um sinal de que você está começando a crescer!

6. Traga-se de volta para o momento presente sempre que começar a fantasiar sobre o futuro ou fazer planos demais para ele.

7. Faça exercícios físicos diariamente para queimar o excesso de energia.

8. Você não gosta que lhe digam que você tem potencial porque isso significa uma pressão para se comprometer com o desenvolvimento de um talento específico, o que inevitavelmente limitará suas opções. Mas você realmente tem potencial; então, com que carreira ou caminho de vida você gostaria de se

comprometer no longo prazo? Dê passos concretos para fazer bom uso dos dons que Deus lhe deu.

9. Adquira um diário e registre suas respostas a perguntas como: "Qual é o sentido da minha vida? De que memórias ou sentimentos estou fugindo? Onde está a profundidade pela qual anseio para complementar minha inteligência?". Não abandone esse exercício até terminá-lo.

10. Assuma o compromisso de tentar simplesmente estar presente quando um amigo ou cônjuge estiver sofrendo. Não busque animá-lo de maneira artificial.

E AGORA?

O PRINCÍPIO DO AMOR

*O princípio do amor é a vontade de permitir que aqueles
que amamos sejam exatamente quem são, a resolução de
não distorcê-los para que se conformem à nossa imagem.
Se, ao amá-los, não amamos quem são, mas apenas sua
potencial semelhança conosco, então não os amamos; amamos
apenas o reflexo de nós mesmos que neles encontramos.*

THOMAS MERTON

Rebecca, amiga de Suzanne, é enfermeira e trabalha com crianças
com deficiência visual. Parte de seu trabalho envolve liderar grupos de apoio para pais que acabaram de receber o diagnóstico dos
filhos. Esses pais, em sua maioria jovens mães, estão confusos,
magoados e, às vezes, bravos. Rebecca lhes proporciona orientação sobre como superar os desafios que eles nunca imaginavam
que a vida lhes entregaria.

Além de conselhos práticos, a parte mais valiosa das oficinas
de Rebecca é quando ela entrega aos pais óculos correspondentes
à deficiência específica de cada criança. Quase sempre, eles caem
no choro. "Eu não fazia ideia de que meu filho enxerga o mundo
desse jeito", contam para ela. Depois que passam pela experiência

de observar as coisas pelos olhos do filho, nunca mais vivenciam o mundo da mesma maneira. Podem até continuar bravos com o diagnóstico, mas não se sentem mais frustrados com o filho, pois até mesmo uma breve exposição da realidade de como a vida é difícil para essas crianças inspira somente compaixão neles.

Esse é o dom do Eneagrama. Às vezes, as pessoas definem o Eneagrama como uma ferramenta que revela a lente através da qual as pessoas enxergam o mundo. Quando você reconhece que seu marido tipo Seis Leal vê o planeta como um lugar repleto de perigos e incertezas, e ele, por sua vez, compreende que, ao acordar pela manhã, você, uma Realizadora tipo Três, sente a necessidade urgente de competir e se sobressair em tudo o que faz, é impressionante como desenvolvem mais compaixão um pelo outro. As coisas deixam de ser levadas tanto para o lado pessoal. Você entende que o comportamento da pessoa amada é fruto de uma biografia singular, uma ferida particular, uma visão fraturada da vida.

Agora que você entende o básico do Eneagrama, Suzanne e eu esperamos que duas coisas lhe aconteçam. A primeira é simplesmente que em você desperte mais compaixão pelos outros e por si mesmo. Se todos pudéssemos ter os nove óculos do Eneagrama e usá-los um de cada vez, conseguiríamos estender graça e entendimento infinitamente maiores uns aos outros. Tal compaixão é o alicerce dos relacionamentos. Ela muda tudo.

> "Compaixão é um verbo."
> **THICH NHAT HANH**

O Eneagrama nos mostra que não podemos mudar o que a outra pessoa vê, mas podemos tentar vivenciar o mundo com os olhos dela e ajudá-la a mudar aquilo que *faz* com o que enxerga. Gosto de como o mestre budista Thich Nhat Hanh explica esse ponto:

Quando nosso coração é pequeno, nosso entendimento e nossa compaixão são limitados. E isso nos causa sofrimento. Não conseguimos aceitar os outros nem tolerar seus defeitos, e exigimos que mudem. Mas quando nosso coração se expande, essas mesmas coisas não nos fazem mais sofrer. Ganhamos bastante entendimento e compaixão para envolver os outros. Nós os aceitamos da maneira que são e, então, eles têm a chance de se transformar.[1]

Pondere esta última frase por um instante. É quando paramos de tentar mudar as pessoas e simplesmente as amamos que elas têm a chance de passar por uma transformação. O Eneagrama é uma ferramenta que desperta nossa compaixão pelas pessoas assim como são, e não o que gostaríamos que se tornassem para que nossa vida fosse mais fácil.

Após a leitura deste livro, nossa esperança é que você se sinta tocado a ampliar o círculo da compaixão para incluir mais e mais pessoas dentro dele — inclusive você mesmo. Disse anteriormente no livro que almejo que as pessoas saibam que Deus nos contempla com o mesmo olhar de ternura que a mãe apaixonada lança para seu bebê adormecido. Se pudéssemos nos enxergar com esse mesmo afeto, quanta cura ocorreria em nossa alma!

A ideia de autocompaixão levanta outra questão que gostaríamos que você levasse consigo: cada número do Eneagrama nos ensina algo sobre a natureza e o caráter do Deus que nos criou. Dentro de cada número existe um presente escondido que revela algo sobre o coração divino. Quando você se sentir tentado a se acusar por seus defeitos de caráter, lembre que, no íntimo, cada tipo é uma placa que nos aponta para a viagem rumo à aceitação de um aspecto do caráter de Deus do qual necessitamos.

O Um mostra a perfeição de Deus e seu desejo de restaurar o mundo à sua bondade original, ao passo que o Dois testemunha do caráter doador incessantemente altruísta de Deus. O Três nos lembra da glória do Senhor, e o Quatro, da criatividade e da ternura divinas. O Cinco revela a onisciência divina. O Seis, o amor constante e a lealdade de Deus. O Sete, a alegria e o deleite de

Deus em sua criação, como uma criança que se entusiasma muito com algo que lhe agrada. O Oito espelha o poder e a intensidade divinos, ao passo que o Nove reflete o amor de Deus pela paz e o desejo do Pai de unir-se a seus filhos.

Os problemas surgem quando exageramos essas características, quando nos apropriamos de um único traço e o transformamos em valor supremo ou em um ídolo. Quando privilegiamos uma dessas nove características acima de todas as outras coisas, tornamo-nos grotescos e irreconhecíveis ou, ouso dizer, pecaminosos.

A paixão do Um por melhorar o mundo dá errado quando ele começa a crer que, para ser amado, precisa ser perfeito e não cometer erros. O amor autodoador que o Dois demonstra resvala em codependência problemática. O Três toma seu amor pela glória e o desfigura na necessidade narcisista de ser constantemente elogiado. O Quatro se fecha demais em si mesmo quando dá rédeas a seus sentimentos exagerados, enquanto o Cinco tem praticamente o problema contrário, retirando-se para dentro da mente e privando-se dos riscos inevitáveis intrínsecos a todos os relacionamentos humanos. O Seis é incapaz de confiar em um futuro no qual Deus já esteja esperando por ele, e o Sete foge da dor que aprofunda a alma, trocando-a por uma festa que só o distrai. A necessidade do Oito de estar certo e desafiar os outros pode se deteriorar em intimidação dos fracos. Por sua vez, o desejo do Nove de evitar os conflitos a todo custo significa que ele se mostra disposto demais a aceitar a paz a qualquer preço.

> "Para mim, ser santo significa ser eu mesmo."
>
> **THOMAS MERTON**

Por trás de cada uma dessas distorções, há uma estratégia equivocada para conseguir felicidade e amor, da mesma maneira que Adão e Eva foram longe demais e comeram do fruto. Tentamos roubar aquilo que só pode ser recebido como dom de Deus.

Parte do objetivo do Eneagrama é nos ajudar a soltar esse aperto que nos paralisa em uma única dimensão do caráter de

Deus, levando-nos a abrir as mãos para receber as outras características que nossos punhos cerrados nos privam de alcançar. É possível que o Um nunca pare totalmente de tentar atingir a perfeição, mas ele pode abrir as mãos para receber os dons de que os outros números dispõem. O Seis não se desfará de toda e qualquer ansiedade, mas pode começar a perceber e a cultivar os dons da alegria de viver do Sete e da assertividade do Oito, equilibrando suas expectativas. O desejo de todos nós é buscar saúde dentro do próprio número, bem como respeitar e reconhecer o fato de que temos acesso a todos os dons dos outros números. Nosso objetivo é *integritas*, ou plenitude.

Em sua obra de referência *Novas sementes de contemplação*, o monge católico Thomas Merton escreveu: "Para mim, ser santo significa ser eu mesmo. Logo, o problema da santidade e da salvação consiste, na verdade, no problema de descobrir quem eu sou e de encontrar meu verdadeiro eu".[2]

Embora tenha demorado vinte anos para compreender o significado desse *insight* de Merton, hoje eu o entendo. Nós nos deleitamos muito mais e refletimos melhor a glória de Deus quando descobrimos e tomamos posse da identidade que nos foi dada por ele, com a qual perdemos contato pouco depois de nossa chegada a este mundo caído.

Devemos nos tornar "santos" para, assim, honrar ao Deus que nos criou, a nós mesmos, às pessoas que amamos e a todos aqueles com quem compartilhamos este planeta difícil. De que outra maneira poderemos realizar e concluir a tarefa à qual Deus nos enviou?

E, agora, permita-nos ter a alegria de transmitir a você a Bênção da Solitude de John O'Donohue, que o irmão Dave orou para mim no momento em que eu embarcava em minha jornada de autodescoberta e autoconhecimento pelo Eneagrama.

Que você reconheça em sua vida a presença, o poder e a luz de sua alma.

Que perceba que nunca está sozinho, que sua alma, em seu brilho e pertencimento, o conecta intimamente ao ritmo do universo.

Que você respeite sua individualidade e diferença.

Que você reconheça que o formato de sua alma é único, que você tem um destino especial aqui e que, por trás da fachada de sua vida, há algo belo e eterno acontecendo.

Que aprenda a ver seu eu com o mesmo prazer, orgulho e expectativa com que Deus enxerga você a todo instante.[3]

Amém. Que assim seja.

Notas

CAPÍTULO 1

[1] John O'Donohue, "For Solitude", em *To Bless the Space Between Us: A Book of Blessings*. Nova York, NY: Doubleday, 2008.

CAPÍTULO 2

[1] *Telling Secrets*. San Francisco, CA: HarperSanFrancisco, 2000.

[2] *No Man Is an Island*. Boston, MA: Mariner Books, 2000. [Publicado no Brasil sob o título *Homem algum é uma ilha*. Campinas: Verus, 2003.]

[3] *Conjectures of a Guilty Bystander*. Nova York, NY: Doubleday Religion, 2009. [Publicado no Brasil sob o título *Reflexões de um espectador culpado*. Petrópolis: Vozes, 1970.]

[4] Richard Rohr e Andreas Ebert, *The Enneagram: A Christian Perspective*. Nova York, NY: Crossroad, 2001.

[5] *The Gift of Being Yourself: The Sacred Call to Self-Discovery*. Downers Grove, IL: InterVarsity Press, 2004. [Publicado no Brasil sob o título *O dom de ser você mesmo: O chamado sagrado para a autodescoberta*. São Paulo: Códex, 2004.]

[6] "How Leaders Become Self-Aware" em *Harvard Business Review*, 19 de jul. de 2012. Disponível em <https://hbr.org/2012/07/how-leaders-become-self-aware>. Acesso em 6 de jul. de 2017.

[7] Jean Seligmann e Nadine Joseph, "To Find Self, Take a Number" em *Newsweek*, 11 de set. de 1994. Disponível em <www.newsweek.com/find-self-take-number-188156>. Acesso em 6 de jul. de 2017.

[8] *Finding Meaning in the Second Half of Life*. Nova York, NY: Gotham Books, 2005. [Publicado no Brasil sob o título *Encontrando significado na segunda metade da vida*. São Paulo: Novo Século, 2011.]

[9] *Small Victories: Spotting Improbable Moments of Grace.* Nova York, NY: Riverhead Books, 2014.

[10] *Infinite Jest.* Boston, MA: Little, Brown & Co, 1996. [Publicado no Brasil sob o título *Graça infinita.* São Paulo: Companhia das Letras, 2014.]

CAPÍTULO 3

[1] Helen PALMER, *The Enneagram: Exploring the Nine Psychological Types and Their Inter-Relationships in Love and Life.* Sounds True Audio Learning Course, 2005, 8 CDs.

[2] *The Holy Longing: The Search for a Christian Spirituality.* Nova York, NY: Doubleday, 1999.

[3] *The Gifts of Imperfection: Let Go of Who You Think You're Supposed to Be and Embrace Who You Are.* Center City, MN: Hazelden, 2010. [Publicado no Brasil sob o título *A arte da imperfeição: Abandone a pessoa que você acha que deve ser e seja você mesmo.* Ribeirão Preto: Novo Conceito, 2012.]

CAPÍTULO 4

[1] Susan REYNOLDS, *The Everything Enneagram Book: Identify Your Type, Gain Insight into Your Personality, and Find Success in Life, Love and Business.* Avon, MA: F+W Media, 2010.

[2] Mary OLIVER, *New and Selected Poems.* Boston, MA: Beacon Press, 1992.

[3] C. S. LEWIS, *The Last Battle.* Nova York, NY: HarperCollins, 2001. [Publicado no Brasil sob o título *A última batalha.* São Paulo: WMF Martins Fontes, 2010.]

[4] Este tópico se baseia no que Eli JAXON-BEAR afirma em *From Fixation to Freedom: The Enneagram of Liberation.* Bolinas, CA: Leela Foundation, 2001.

[5] *The Wisdom of the Enneagram: The Complete Guide to Psychological and Spiritual Growth for the Nine Personality Types.* Nova York, NY: Bantam Books, 1999. [Publicado no Brasil sob o título *A sabedoria do Eneagrama: Guia completo para o crescimento psicológico e espiritual dos nove tipos de personalidade.* São Paulo: Cultrix, 2002.]

[6] *The Everyday Enneagram: A Personality Map for Enhancing Your Work, Love and Life—Every Day*. Petaluma, CA: Nine Points, 2000.

[7] Baseado no filme *Clinton* (2012), produzido pela emissora britânica PBS e disponível em <www.pbs.org/wgbh/americanexperience/films/clinton/>. Acesso em 6 de jul. de 2017.

[8] Eli JAXON-BEAR, *From Fixation to Freedom: The Enneagram of Liberation*. Bolinas, CA: Leela Foundation, 2001.

CAPÍTULO 5

[1] Harper LEE, *To Kill a Mockingbird*. Franklin Center, PA: Franklin Library, 1977. [Publicado no Brasil sob o título *O sol é para todos*. Rio de Janeiro: José Olympio, 2015.]

[2] *The Gifts of Imperfection: Let Go of Who You Think You're Supposed to Be and Embrace Who You Are*. Center City, MN: Hazelden, 2010. [Publicado no Brasil sob o título *A arte da imperfeição: Abandone a pessoa que você acha que deve ser e seja você mesmo*. Ribeirão Preto: Novo Conceito, 2012.]

[3] "The Power of Vulnerability", TEDxHouston, jun. de 2010. Disponível em <www.ted.com/talks/brene_brown_on_vulnerability>. Acesso em 6 de jul. de 2017.

CAPÍTULO 6

[1] Helen PALMER, *The Enneagram: Exploring the Nine Psychological Types and Their Inter-Relationships in Love and Life*. Sounds True Audio Learning Course, 2005, 8 CDs.

CAPÍTULO 7

[1] *The Scarlet Letter*. Nova York, NY: Bloom's Literary Criticism, 2007. [Publicado no Brasil sob o título *A letra escarlate*. São Paulo: Penguin/Cia. das Letras, 2011.]

[2] *Open: An Autobiography*. Nova York, NY: Vintage Books, 2010. [Publicado no Brasil sob o título *Agassi: Autobiografia*. Porto Alegre: Globo, 2010.]

[3] *The Enneagram in Love and Work: Understanding Your Intimate and Business Relationships*. San Francisco, CA: HarperSanFrancisco,

1995. [Publicado no Brasil sob o título *O Eneagrama no amor e no trabalho: Entendendo os seus relacionamentos íntimos e profissionais*. São Paulo: Paulinas, 2002.]

[4] Richard ROHR e Andreas EBERT, *The Enneagram: A Christian Perspective*. Nova York, NY: Crossroad, 2001.

CAPÍTULO 8

[1] Richard ROHR e Andreas EBERT, *The Enneagram: A Christian Perspective*. Nova York, NY: Crossroad, 2001.

[2] Beatrice M. CHESTNUT, *The Complete Enneagram: 27 Paths to Greater Self-Knowledge*. Berkeley, CA: She Writes, 2013.

[3] Tom CONDON, "The Nine Styles: Fours". Disponível em <www.ni nepointsmagazine.org/the-nine-styles-fours-tom-condon>. Acesso em 10 de jul. de 2017.

[4] *The Enneagram: Understanding Yourself and the Others in Your Life*. San Francisco, CA: HarperSanFrancisco, 1991. [Publicado no Brasil sob o título *O Eneagrama: Compreendendo-se a si mesmo e aos outros em sua vida*. São Paulo: Paulinas, 1993.]

[5] Idem.

[6] Idem.

CAPÍTULO 9

[1] Helen PALMER, *The Enneagram: Exploring the Nine Psychological Types and Their Inter-Relationships in Love and Life*. Sounds True Audio Learning Course, 2005, 8 CDs.

[2] "Detachment and Engagement". Disponível em <www.drdavidgbenner. ca/detachment-and-engagement>. Acesso em 11 de jul. de 2017.

CAPÍTULO 10

[1] Disponível em <www.goodreads.com/quotes/77987-if-everything-seems-to-be-going-well-you-have-obviously>. Acesso em 11 de jul. de 2017.

[2] Beatrice M. CHESTNUT, *The Complete Enneagram: 27 Paths to Greater Self-Knowledge*. Berkeley, CA: She Writes, 2013.

[3] Helen Palmer, *The Enneagram: Exploring the Nine Psychological Types and Their Inter-Relationships in Love and Life*. Sounds True Audio Learning Course, 2005, 8 CDs.

[4] Grace Warrack (ed.), *Revelations of Divine Love*. Londres: Methuen, 1901.

CAPÍTULO 11

[1] *In the Realm of Hungry Ghosts: Close Encounters with Addiction*. Berkeley, CA: North Atlantic Books, 2010.

[2] Richard Rohr e Andreas Ebert, *The Enneagram: A Christian Perspective*. Nova York, NY: Crossroad, 2001.

[3] Richard Rodgers e Oscar Hammerstein, *The King and I*, 1951.

[4] *The Enneagram: Exploring the Nine Psychological Types and Their Inter-Relationships in Love and Life*. Sounds True Audio Learning Course, 2005, 8 CDs.

[5] Idem.

[6] M. A. Screech (trad. e ed.), *The Complete Essays*. Nova York, NY: Penguin, 1993.

[7] *Cistercian Life*. Conyers, GA: Our Lady of Holy Spirit Abbey, 2001 (reimp.).

CAPÍTULO 12

[1] *How to Love*. Berkeley, CA: Parallax Press, 2015. [Publicado no Brasil sob o título *A arte de amar*. Rio de Janeiro: Agir, 2015.]

[2] *New Seeds of Contemplation*. Nova York, NY: New Directions, 2007 (reimp.). [Publicado no Brasil sob o título *Novas sementes de contemplação*. Rio de Janeiro: Fisus, 1999.]

[3] "For Solitude" em *To Bless the Space Between Us: A Book of Blessings*. Nova York, NY: Doubleday, 2008.

Compartilhe suas impressões de leitura escrevendo para:
opiniao-do-leitor@mundocristao.com.br
Acesse nosso *site*: www.mundocristao.com.br

Equipe MC:	Daniel Faria (editor)
	Heda Lopes
	Natália Custódio
Diagramação:	Luciana Di Iorio
Preparação:	Luciana Chagas
Fonte:	Warnock Pro